校企合作双元开发"岗课赛证"融通教材
高等职业教育轨道交通类技能型人才培养新形态活页式教材

城市轨道交通安全管理与应急处理

主　编　侯晓娟　蒋　晶　邱剑波
副主编　生庆月　段佳丽　陈　科

西南交通大学出版社
·成都·

图书在版编目（CIP）数据

城市轨道交通安全管理与应急处理 / 侯晓娟，蒋晶，邱剑波主编. -- 成都：西南交通大学出版社，2024.2（2025.2 重印）

校企合作双元开发"岗课赛证"融通教材　高等职业教育轨道交通类技能型人才培养新形态活页式教材

ISBN 978-7-5643-9663-3

Ⅰ. ①城… Ⅱ. ①侯… ②蒋… ③邱… Ⅲ. ①城市铁路 – 交通运输安全 – 交通运输管理 – 高等职业教育 – 教材 ②城市铁路 – 交通运输事故 – 处理 – 高等职业教育 – 教材 Ⅳ. ①U239.5

中国国家版本馆 CIP 数据核字（2023）第 249931 号

校企合作双元开发"岗课赛证"融通教材
高等职业教育轨道交通类技能型人才培养新形态活页式教材

Chengshi Guidao Jiaotong Anquan Guanli yu Yingji Chuli

城市轨道交通安全管理与应急处理

主　编 / 侯晓娟　蒋　晶　邱剑波	责任编辑 / 宋浩田
	封面设计 / GT 工作室

西南交通大学出版社出版发行
（四川省成都市金牛区二环路北一段 111 号西南交通大学创新大厦 21 楼　610031）
营销部电话：028-87600564　028-87600533
网址：http://www.xnjdcbs.com
印刷：四川玖艺呈现印刷有限公司

成品尺寸　185 mm × 260 mm
印张　15　字数　375 千
版次　2024 年 2 月第 1 版　　印次　2025 年 2 月第 2 次

书号　ISBN 978-7-5643-9663-3
定价　49.80 元

课件咨询电话：028-81435775
图书如有印装质量问题　本社负责退换
版权所有　盗版必究　举报电话：028-87600562

PREFACE 前言

安全是人类最重要和最基本的需求。安全生产既是人们生命健康的保证，也是企业生存与发展的基础，更是社会稳定和经济发展的前提和条件。党的二十大报告指出，坚持把发展经济的着力点放在实体经济上，推进新型工业化，加快建设制造强国、质量强国、航天强国、交通强国、网络强国、数字中国。实施产业基础再造工程和重大技术装备攻关工程，支持专精特新企业发展，推动制造业高端化、智能化、绿色化发展。近年来，城市轨道交通迅速发展，对改善群众的出行条件、解决交通拥堵问题、节约土地资源、促进节能减排、推动城市经济发展起到了重要作用。在发展的过程中，城市轨道交通安全问题却层出不穷，由于城市轨道交通本身的特点，其安全问题除了具有普遍性外，还具有明显的特殊性，主要表现在社会影响大、风险大、涉及面广、救援困难等方面，一旦出现安全事故，极易造成严重后果和恶劣影响。因此，安全管理是城市轨道交通运营单位管理工作的重中之重，应急处理是从业人员的必备技能。

本书在编写过程中贯彻国家教育教学改革的有关精神，严格落实教学标准要求，力求体现以下特色：

1. 教育性与知识性共融

坚持以习近平新时代中国特色社会主义思想引领职业教育专业教材建设，提升教材的思想性、科学性、时代性。从城市轨道交通发展、岗位职责、企业标准、榜样力量、现场案例、应急处理实务等多个维度将正面教育与纪律约束相结合铸魂教材内容，以期实现教学过程中厚植爱国情怀、培育敬业精神、塑造轨道工匠、弘扬奉献精神、增强安全意识、提升职业素养、培育创新思维的目标。

2. 创新性与实用性并存

本书对接岗位能力需求将新知识、新技术、新工艺、新方法融入教材内容，以"项目描述——知识目标——能力目标——思政目标——知识讲解——任务实施——项目测试——项目考评"为线索进行编写，注重思想性、实用性。以学生为中心，全面构建教学、讨论、应用实务的素质和技能框架。本书在每章后都附有具有代表性的思考题与实践练习题，可帮助学生巩固所学的基础知识，提高认识，锻炼学生动手能力、激发学生学习积极性，培养学生的应用意识和创新能力。

3. 合理性与灵活性兼具

本书内容体系设计合理，遵从学生综合成长规律和技能养成规律构建学习情境，突出学生的主体地位和能力培养目标，体例新颖，层次分明，课程思政元素与教材内容贴合度高。编者团队由一线教师与城市轨道交通运营企业等专业人员组成，知识内容、案例安排、任务实施均来自企业的实践经验，教材内容与企业生产过程深度对接，教学内容有弹性、教学要求层次分明、教材结构逻辑性强。

本书由侯晓娟、蒋晶、邱剑波任主编，生庆月、段佳丽、陈科任副主编，具体编写分工如下：侯晓娟（重庆公共运输职业学院）编写项目一、项目二和项目七；蒋晶（重庆公共运输职业学院）编写项目三、项目六；邱剑波［重庆轨道交通（集团）有限公司］编写项目五；生庆月（重庆公共运输职业学院）编写项目四；段佳丽［重庆轨道交通（集团）有限公司］、陈科［重庆轨道交通（集团）有限公司］参与了部分项目的编写。本书是2021年重庆市教育科学"十四五"规划课题"互联网+职业教育背景下高职院校教师信息化教学能力的'模块化递阶式'培养模式的研究"（编号：2021-GX-182）的阶段性成果。

由于编者水平有限，加之编写时间仓促，书中难免有错误和遗漏，恳请使用本书的广大师生和读者指正，以便修订时改进。

编 者

2023 年 9 月

CONTENTS 目 录

项目一　城市轨道交通安全管理基础 …………………………………………001
  任务一　认识安全管理 ……………………………………………………003
  任务二　认识城市轨道交通安全 …………………………………………011

项目二　城市轨道交通应急管理 ……………………………………………021
  任务一　应急管理概述 ……………………………………………………023
  任务二　认识城市轨道交通危险源 ………………………………………033
  任务三　安全色与安全标志 ………………………………………………042

项目三　城市轨道交通消防安全管理与应急处理 …………………………051
  任务一　城市轨道交通消防安全管理概述 ………………………………053
  任务二　城市轨道交通消防设施与器材 …………………………………059
  任务三　城市轨道交通消防应急处置 ……………………………………068

项目四　城市轨道交通车站应急管理与应急处理 …………………………077
  任务一　车站突发事件的应急处置原则及报告程序 ……………………078
  任务二　车站突发运营事件应急处置 ……………………………………087
  任务三　车站自然灾害应急处置 …………………………………………096
  任务四　车站公共安全事故应急处置 ……………………………………115

项目五　城市轨道交通设备安全管理与应急处理 …………………………129
  任务一　城市轨道交通设备安全管理概述 ………………………………131
  任务二　城市轨道交通信号设备安全 ……………………………………147
  任务三　城市轨道交通车辆设备安全 ……………………………………158
  任务四　城市轨道交通站台门设备安全 …………………………………168

项目六 城市轨道交通行车安全管理与应急处理 ·········· 185
任务一 城市轨道交通行车安全管理概述 ·········· 186
任务二 城市轨道交通行车安全管理工作流程和方法 ·········· 191
任务三 城市轨道交通行车安全应急处理流程和技巧 ·········· 198

项目七 法律法规与职业素养 ·········· 213
任务一 国家安全生产法律法规 ·········· 214
任务二 城市轨道交通安全管理法规 ·········· 223
任务三 职业道德 ·········· 226

参考文献 ·········· 233

项目一

城市轨道交通安全管理基础

项目描述

党的二十大报告指出,坚持把发展经济的着力点放在实体经济上,推进新型工业化,加快建设制造强国、质量强国、航天强国、交通强国、网络强国、数字中国。实施产业基础再造工程和重大技术装备攻关工程,支持专精特新企业发展,推动制造业高端化、智能化、绿色化发展。

随着我国经济的快速发展,城市轨道交通建设也进入了快速发展的阶段。我国政府高度重视公共交通体系建设尤其是城市轨道交通的发展进程,明确提出要逐步构建以城市轨道交通为骨干的城市公共综合交通体系,建立安全便捷、可持续发展的城市轨道交通模式,解决大城市空气污染、交通拥堵问题,更好地服务于公众。近年来随着运营里程迅速增加、线网规模不断扩大,城市轨道交通安全运行压力日趋增大。

安全是城市轨道交通运营永恒的主题。城市轨道交通系统应牢固树立安全发展理念,坚持"安全第一、预防为主、综合治理"的方针,确保运营设备稳定可靠、从业人员人身安全可控,确保运输安全持续稳定。

本项目主要介绍了城市轨道交通安全管理的基本知识,现代安全生产管理理论,影响城市轨道交通运营安全的因素和城市轨道交通安全管理措施。通过学习本项目,使学生具备较高的安全意识和安全生产的责任感。学生通过理论学习和案例分析掌握安全管理知识,通过实训实践运用安全管理知识,从而具备基本的安全管理技能。

学习目标

知识目标	能力目标	思政目标
1. 理解安全管理的相关概念,包括安全、危险、风险等术语含义。 2. 理解现代安全管理理论。 3. 理解城市轨道交通安全管理的意义和影响因素、内容及措施	1. 能够与实际案例结合,分析影响城市轨道交通运营安全的主要因素。 2. 能够与实际案例结合,体会城市轨道交通安全管理的内容和措施	1. 培养良好的职业道德。 2. 提升安全意识和团队合作精神。 3. 通过对安全基础知识的理解,为实现安全管理的目标,落实安全管理的内容,培养学生求真务实、精益求精、追崇质量的工匠精神

任务导航

任务一　认识安全管理
任务二　认识城市轨道交通安全

任务一　认识安全管理

任务引导

引导问题 1　什么是安全？
_____
_____

引导问题 2　什么是危险？
_____
_____

引导问题 3　事故的特点有哪些？
_____
_____

引导问题 4　什么是安全管理？
_____
_____

引导问题 5　安全管理的对象有哪些？
_____
_____

知识讲解

一、安全管理相关概念

（一）安全

国家标准《职业健康安全管理体系》（GB/T 28000）对安全的定义是"免除了不可按受的损害风险的状态"。安全是在人类生产过程中，将可能对人类的生命、财产、环境产生的损害控制在人们能接受水平内的状态。

安全具有以下基本特性：

（1）必要性：安全是人类生产的必要前提，安全作为人的身心状态及其保障条件是绝对必要的。在人类活动的一切领域，人们需尽力减少失误、降低风险、尽量使物趋向本质安全化，使人能控制和减少灾害。

（2）依附性：安全依附于生产而存在。只要存在生产活动，就会出现安全问题，也只有在保障安全的前提下，生产才能顺利进行。

（3）持续性：安全工作是一个长期的过程，必须坚持不懈，始终如一地努力。

(4) 相对性：安全是相对的，绝对的安全是不存在的。

(二) 危险

危险是指在生产活动中，人或物遭受损失的可能性超出了可接受范围的一种状态。危险与安全一样，也是与生产过程共存的过程，是一种连续型的过程状态。危险包含了尚未被人所认识的，以及虽为人们所认识但尚未为人所控制的各种隐患。

(三) 事故

事故指因工作或在工作过程中引发的造成了伤害（包括死亡）和健康损害（包括职业病）、财产损失或其他损失的事件。

《生产安全事故报告和调查处理条例》（国务院令第493号）将"生产安全事故"定义为：生产经营活动中发生的造成人身伤亡或直接经济损失的事件。

事故具有以下特点：
(1) 事故是违背人们意愿的一种现象。
(2) 事故是不确定的事件，既受必要性支配，也受偶然性支配。
(3) 事故可以预防和减少，但不能被消灭。
(4) 事故只要发生，往往会造成人、物的损害。
(5) 事故发生分为：目前尚未认识到的；已经认识到，但目前尚不可控制的；已经认识到，目前可以控制但未能有效控制的三种原因。
(6) 事故是隐患的突变，并失去控制的外在表现。

(四) 隐患

隐患是指在生产活动中，由于人们受到科学知识和技术力量的限制，或者由于认识上的局限，而客观存在的可能对系统造成损失的不安全行为或不安全状态。隐患是事故发生的必要条件。

事故隐患，泛指生产系统中可导致事故发生的人的不安全行为、物的不安全状态和管理上的缺陷。事故隐患可归纳为21大类：火灾、爆炸、中毒和窒息、水害、坍塌、滑坡、泄漏、腐蚀、触电、坠落、机械伤害、煤与瓦斯突出、公路设施伤害、公路车辆伤害、铁路设施伤害、铁路车辆伤害、水上运输伤害、港口码头伤害、空中运输伤害、航空港伤害、其他类隐患等。

在企业安全生产检查中，要注意检查以下几种最常见的事故隐患。

(1) 人的不安全行为。主要有11类，是造成生产安全事故中人的主要直接原因：① 忽视安全，忽视警告，操作错误。② 人为造成安全装置失效；③ 使用不安全设备；④ 用手代替工具操作；⑤ 物体存放不当；⑥ 冒险进入危险场所；⑦ 攀、坐不安全位置；⑧ 有干扰和分散注意力的行为；⑨ 忽视个体劳动防护用品、用具的使用或未能正确使用；⑩ 不安全装束；⑪ 对易燃、易爆等危险物品的接触和处理错误等。

(2) 物的不安全状态。主要有4类，是造成生产安全事故中物的主要直接原因：① 防护、保险、信号等装置缺乏或有缺陷；② 设备、设施、工具、附件有缺陷；③ 劳动防护用品用具缺乏或有缺陷；④生产施工场地作业环境不良。

（3）管理上的缺陷。主要有7类，是造成生产安全事故中管理上的主要间接原因：①技术和设计上缺陷；②安全生产教育培训不够；③劳动组织不合理；④对现场工作缺乏检查或指导错误；⑤没有安全生产管理规章制度和安全操作规程，或者不健全；⑥没有事故防范和应急措施或者不健全；⑦对事故隐患整改不力，经费不落实。

（五）安全管理

安全管理是企业管理的重要组成部分，是企业为实现安全生产目标而进行的有关决策、计划、组织和控制等方面的活动。它主要运用现代安全管理理论、方法和手段，分析和研究企业生产经营活动中的各种不安全因素，并从技术上、组织上和管理上采取有力的措施，解决这些不安全因素，从而防止安全事故的发生，使企业生产经营活动处于安全状态。

安全管理的对象是企业生产经营活动中一切人、物和环境。企业在生产经营活动中必须坚持"全员、全过程、全方位、全天候"的"四全"动态安全管理，要发挥全体员工的主观能动性，防止走过场、搞形式主义。

二、现代安全生产管理理论

任何事故的发生都有其自身的规律和特点，只有掌握了事故发生的规律和特点，才能对引起事故的各种因素进行控制和预防，从而保证企业生产处于安全状态。世界各国学者站在不同的角度对事故进行了研究，得出了多种事故致因理论，下面简要介绍其中的几种。

（一）事故致因理论

1931年，美国人海因里希（W. H. Heinrich）在《工业事故预防》一书中论述了事故因果连锁理论（又名海因里希模型或多米诺骨牌理论）（见图1-1）。该理论阐述导致伤亡事故各种原因因素间及各因素与伤害间的关系，认为伤亡事故的发生不是一个孤立的事件，而是一系列原因事件相继发生的结果。

海因里希把工业伤害事故的发生发展过程描述为具有一定因果关系的事件的连锁：

（1）人员伤亡的发生是事故的结果。
（2）事故发生的原因是人的不安全行为或物的不安全状态。
（3）人的不安全行为或物的不安全状态是由于人的缺点造成的。
（4）人的缺点是由于不良环境诱发或者是由先天的遗传因素造成的。

海因里希将事故因果连锁过程概括为以下五个因素：遗传及社会环境、人的缺点、人的不安全行为或者物的不安全状态、事故、伤害。他用多米诺骨牌形象地描述了事故的因果连锁关系，在多米诺骨牌系列中，一枚骨牌被碰倒了，事故过程被中止。他认为，企业安全工作的中心是防止人的不安全行为，消除机械的或物质的不安全状态，终止事故连锁的进程而避免事故的发生。

随着社会的发展，人们逐渐认识到管理因素在事故致因理论的中的重要作用。博德（Frank Bird）在海因里希事故因果连锁理论的基础上，提出了现代事故因果连锁理论（见图

1-2）。该理论阐述了人的不安全行为或物的不安全状态只不过是征兆，是管理缺陷的反映，只有找出深层原因，改进企业安全管理，才能有效地防止事故发生。

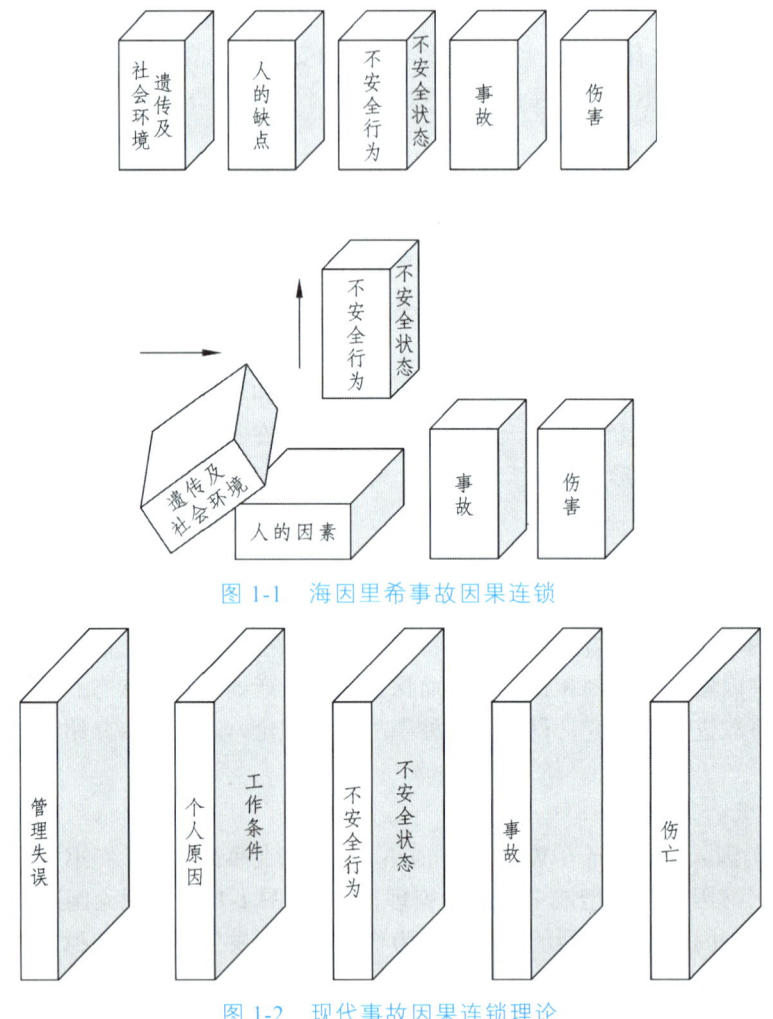

图 1-1　海因里希事故因果连锁

图 1-2　现代事故因果连锁理论

（二）能量意外释放论

1961 年美国人吉布森提出了能量意外释放理论，他认为事故是一种不正常的或不希望的能力释放，意外释放的各种形式的能量是构成伤害的直接原因。因此，应该通过控制能量，或控制能量载体来预防伤害事故。

1966 年美国运输交通部安全局局长哈登完善了能量意外释放理论，认为"人受伤害的原因只能是某种能量的转移"。哈登认为，在一定条件下某种形式的能量能否产生伤害造成人员伤亡事故，取决于能量大小、接触能量时间长短和频率以及力的集中程度。

从能量意外释放理论出发，预防伤害事故就是防止能量或危险物质的意外释放，防止人体与过量的能量或危险物质接触。防止人体与能量接触的措施称为屏蔽，屏蔽设置得越早，效果越好，按能量的大小不同可建立单一屏蔽或多重屏蔽。在工业生产中常用的防止能量意外释放的屏蔽措施有用安全的能源代替不安全的能源，如采用水力采煤代替火药爆破；限制能量，如利用低压电气设备防止电击，限制设备运转速度以防止机械伤害；设置屏蔽装置，如安装在机械转动部分外面的防护罩、工作人员佩戴的个体防护用品；提高防护标准，如采用双重绝缘工具防止高压电触电事故等。

（三）事故三角理论

事故三角（Accident triangle），又称海因里希三角，是一种工业事故预防理论，它显示了严重事故、轻微事故和未遂事故之间的关系，如果轻微事故（包括未造成任何损失的违章现象）发生的频率很大，次数达到一定的数量，造成严重损失的重特大事故则无法避免。1931年，海因里希首次展示了该三角图形（见图1-3），并提出"每一起严重事故的背后，必然有29次轻微事故和300起未遂先兆"的结论。

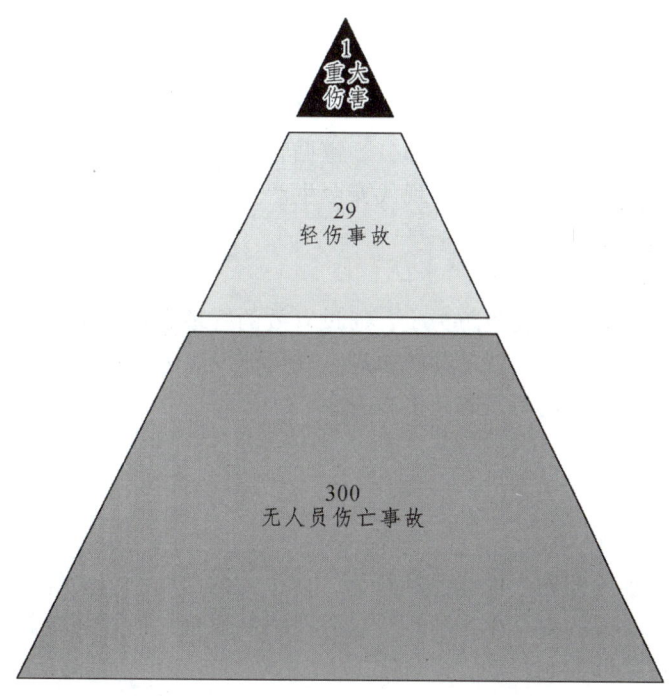

图 1-3　海因里希三角

该理论指出，如果减少轻微事故的数量，那么严重事故的数量也会相应下降。该理论被描述为20世纪工作场所健康和安全理念的基石。

（四）轨迹交叉理论

轨迹交叉理论（见图1-4）的基本思想是：伤害事故是许多相互联系的事件顺序发展的结果。这些事件概括起来不外乎人和物（包括环境）两大发展系列。当人的不安全行为和物的不安全状态在各自发展过程中（轨迹），在一定时间、空间上发生了接触（交叉），能量转移于人体时，伤害事故就会发生。而人的不安全行为和物的不安全状态之所以产生和发展，是多种因素作用后的结果。

轨迹交叉理论作为一种事故致因理论，强调人的因素和物的因素在事故致因中占有同等重要的地位。按照该理论，可以通过避免人与物两种因素运动轨迹交叉，以预防事故的发生。同时，该理论也可作为工具，运用于调查事故发生的原因。

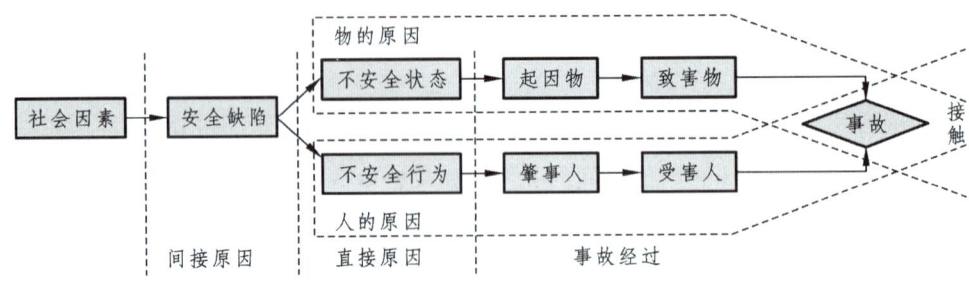

图 1-4　轨迹交叉理论模型

三、现代安全管理基本原理

安全生产管理作为管理的主要组成部分，遵循管理的普遍规律，它既服从管理的基本原理与原则，也有特殊性的原理与原则。现代安全生产管理的原理如下。

（一）预防原理

安全生产管理工作应该做到预防为主，通过有效的管理和技术手段，减少和防止人的不安全行为和物的不安全状态，这就是预防原理。在可能发生人身伤害、设备或设施损坏和环境破坏的场合，应事先采取措施，防止事故发生。

（二）强制原理

1. 强制原理的含义

采取强制管理的手段控制人的意愿和行为，使个人的活动、行为等受到安全生产管理要求的约束，从而实现有效的安全生产管理，这就是强制原理。所谓强制就是绝对服从，不必经被管理者同意便可采取控制行动。

2. 运用强制原理的原则

（1）安全第一原则：安全第一就是要求在进行生产和其他活动时把安全工作放在一切工作的首要位置。当生产和其他工作与安全发生矛盾时，要以安全为主，生产和其他工作要服从安全，这就是安全第一原则。

（2）监督原则：监督原则是指在安全工作中，为了使安全生产法律法规得到落实，必须设立安全生产监督管理部门，对企业生产中的守法和执法情况进行监督。

（三）系统原理

系统原理是现代管理学的一个最基本原理。它是指人们在从事管理工作时，运用系统观点、理论和方法，对管理活动进行充分的系统分析，以达到管理的优化目标，即用系统论的观点、理论和方法来认识和处理管理中出现的问题。

所谓系统是由相互作用和相互依赖的若干部分组成的有机整体。任何管理对象都可以作为一个系统，系统可以分为若干个子系统，子系统可以分为若干个要素，即系统是由要素组成的。按照系统的观点，管理系统具有六个特征，即集合性、相关性、目的性、整体性、层次性和适应性。

安全生产管理系统是生产管理的一个子系统，它包括各级安全管理人员、安全防护设备与设施、安全管理规章制度、安全生产操作规范和规程以及安全生产管理信息等。安全贯穿生产活动的方方面面，安全生产管理是全方位、全天候和涉及全体人员的管理。

（四）人本原理

1. 人本原理的含义

在管理中必须把人的因素放在首位，体现以人为本的指导思想，这就是人本原理。以人为本有两层含义，其一是一切管理活动都是以人为本展开的，人既是管理的主体，又是管理的客体，每个人都处在一定的管理层面上，离开人就无所谓管理；其二是管理活动中，作为管理对象的要素和管理系统各环节，都是需要人掌管、运作、推动和实施的。

2. 运用人本原理的原则

（1）动力原则：推动管理活动的基本力量是人，管理必须有能够激发人的工作能力的动力，这就是动力原则。对于管理系统，有三种动力，即物质动力、精神动力和信息动力。

（2）能级原则：现代管理认为，单位和个人都具有一定的能量，并且可按照能量的大小顺序排列，形成管理的能级，就像原子中电子的能级一样。在管理系统中，建立一套合理能级，根据单位和个人能量的大小安排其工作，才能发挥不同能级的能量，保证结构的稳定性和管理的有效性。

（3）激励原则：管理中的激励就是利用某种外部诱因的刺激调动人的积极性和创造性。以科学的手段激发人的内在潜力，使其充分发挥积极性、主动性和创造性，这就是激励原则。人的工作动力来源于内在动力、外部压力和工作吸引力。

扩展知识

什么是安全管理中的"三违"？

"三违"是指违规作业、违章指挥、违反劳动纪律。

违规作业包括：（1）不正确使用个人劳保用品；（2）不遵守工作场所的安全操作规程；（3）不执行安全生产指令。

违章指挥包括：（1）不落实、不执行安全生产制度和安全措施或擅自变更安全工艺和操作程序；（2）生产经营管理人员不遵守安全生产规程；（3）指挥者使用未经安全培训或无资质的劳动者；（4）指挥劳动者在安全防护设施、设备有缺陷，隐患未解决的条件下冒险进行作业，发现违章不制止。

违反劳动纪律：不同行业制定的安全生产工作条例，都对劳动纪律作出了严格、明确的规定，如果在生产工作中违反了有关劳动纪律的规定，可能导致不良后果。

什么是"四不伤害原则"

"四不伤害原则"是指:(1)不伤害自己;(2)不伤害他人;(3)不被他人伤害;(4)保护他人不受伤害。

任务实施　分析"××地铁电扶梯事故"案例

一、实施流程

(1)通读阅读材料"××地铁四号线电梯事故"。
(2)讨论阅读材料后的问题。

二、阅读材料

××地铁四号线电梯事故

2011年7月5日上午09:36,××地铁四号线动物园站A出口电梯的固定零件损坏,导致扶梯驱动主机发生位移,造成驱动链断裂,致使扶梯出现逆向下行的现象。由于上行的电梯突然之间进行了倒转,正在搭乘电梯的乘客防不胜防,人群纷纷跌落,导致踩踏事件发生,最终造成1人死亡,数人受伤。

三、任务实战

分析案例,回答以下问题:
结合本任务所学知识,运用事故致因理论、能量意外释放论、事故三角理论、轨道交叉理论分析安全中事故发生的原因。

任务二　认识城市轨道交通安全

任务引导

引导问题 1　什么是城市轨道交通运营安全？

_____

引导问题 2　城市轨道交通安全的意义有哪些？

_____

引导问题 3　城市轨道交通安全影响因素有哪些？

_____

引导问题 4　城市轨道交通运营安全管理措施有哪些？

_____
_____

知识讲解

一、城市轨道交通运营安全的基本内容

（一）城市轨道交通运营安全的概念

对于城市轨道交通系统来说，安全是指不发生行车、客运、人员伤亡、火灾爆炸、设备实施故障等事故。

（二）城市轨道交通安全关系方针

《中华人民共和国安全生产法》规定："安全生产工作应当以人为本，坚持安全发展，坚持安全第一、预防为主、综合治理的方针。"

其中，"安全第一"要求运营企业在组织生产、指挥生产时，坚持把安全生产作为企业生存与发展的第一要素和保证条件。在城市轨道交通系统中，"安全第一"就是把安全工作放在第一位。各级领导是安全生产的第一责任人，必须亲自抓安全工作，确保把安全工作列入本单位的议事日程。"安全第一"就是要求运营单位在组织生产、指挥生产时，坚持把安全生产作为企业生存与发展的第一要素和保证条件。具体体现就是安全具有"一票否决权"，当安全与其他工作出现矛盾时，应首先服从于安全。

"预防为主"要求运输企业以主动积极的态度，从组织管理和技术措施上，增强安全保

障系统的整体功能,把事故遏制在萌芽状态,做到防患于未然。因此,轨道交通运输企业必须将工作的立足点纳入"预防为主"的轨道。"预防为主"是安全生产方针的核心和具体体现,是实施安全生产的根本途径。

(三)城市轨道交通安全的意义

(1)城市轨道交通运营安全是其满足乘客出行安全需求、获得良好社会效益和经济效益的根本保证。

(2)城市轨道交通安全是满足乘客出行安全需求的保证。由于城市轨道交通大部分线路处于地下空间,环境封闭、人员密集,一旦发生事故,极易导致乘客伤亡,因此必须加强安全管理。

(3)城市轨道交通安全是获得良好社会效益的保证。城市轨道交通是城市的重要公共交通运输工具,是解决交通拥堵问题的重要方式之一,具有明显的社会效益。只有保障乘客的安全出行,才能吸引更多的客流,才能在更大范围内解决城市中的交通拥堵问题,提高其社会效益。

(4)城市轨道交通安全是获得良好经济效益的保证。城市轨道交通企业通过为乘客提供运输服务来实现其经济效益,如果在运输过程中发生安全事故,会为企业带来一系列经济损失。例如,停运会减少企业收入、维修受损设备需要资金付出、需赔偿伤亡乘客等。

二、城市轨道交通安全影响因素分析

城市轨道交通系统是一个在时间、空间上分布广,且开放、动态的系统,而且城市轨道运营安全影响因素错综复杂、涉及面广。1976年,纽约工业学院 E. J. Cantilli 等人揭示了以管理为边界的人、机、环境之间的关系(见图1-5)。从系统论的观点出发,影响轨道交通安全的因素可总结为人、机、环境和管理。

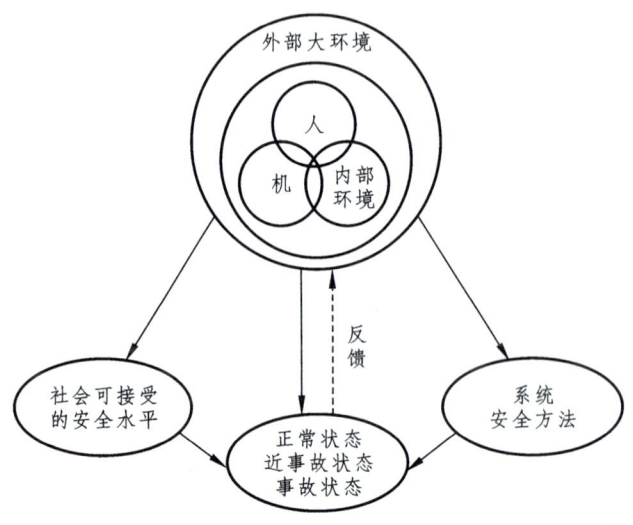

图1-5 影响城市轨道交通运营安全管理的因素关系图

（一）人的因素

影响城市轨道交通安全的人有两类：城市轨道交通工作人员和运营系统以外的人员。

1. 工作人员

工作人员影响安全的原因分为四个方面：安全意识、专业技能、遵守规章制度的习惯和应急能力。

2. 运营系统以外人员

系统外人员不直接从事运输生产活动，因此，对他们的安全素质要求主要体现在要严格遵守城市轨道交通运营安全法规有关规定，具备城市轨道交通安全法规常识，具有较强的安全意识和一定的安全技能等方面。

（二）设备因素

城市轨道交通的设备主要包括列车车辆设备、信号设备、客运机电设备、线路设备、供电与变电设备、消防设备、环控设备、监控设备等，任何一个设备的故障都可能导致安全事故发生。同时，这些设备绝大多数为电气设备，一旦发生电气火灾事故后果不堪设想。要保证设备安全，城市轨道交通应做好以下工作：一是优化设备设施配置，采用技术先进的设备，并保证设备有一定的冗余量，在设备故障时能提供备用设备；二是加强设备安全排查，采取班检、日检、周检、月检、年检和不定期检查等方式对设备的安全隐患进行排查，保证设备良好的运行状态；三是加强设备的养护维修，给维修人员提供学习培养机会，提升员工的维修技术技能，减少设备故障对运营的影响。

（三）环境因素

环境因素是指系统所处的自然环境和社会环境的异常状态。例如：暴雨带来的洪水泛滥，暴风雨暴雷引起的停电，社会不稳定引起的罢工或怠工，以及恐怖分子造成的爆炸等。一般来说，环境因素是影响安全的间接原因，而且是短时间内不易消除的因素。环境因素包括运营环境、社会环境和自然环境三部分内容。

1. 运营环境

运营环境是指由城市轨道交通系统硬件组成的环境，包括车站、线路的建成环境和设备设施的配置环境等。因为城市轨道交通的运营环境非常特殊（如地下车站和隧道区间这些密闭的空间环境），加上人员密集、流线交叉，所以会给乘客和工作人员的心理和情绪产生不良影响，并因此带来一些安全隐患。又如单轨列车在高架区间故障时的救援难题等，使得城市轨道交通的安全管理工作十分被动。为此，城市轨道交通应严格按照建设标准做好工程建设，同时努力改善运营硬件环境，不断思考和进行技术创新，给运营安全增添保障。

2. 社会环境

社会环境包括系统内部安全文化氛围环境和外部社会大环境。内部安全文化氛围环境主要与员工的知识文化水平、社会经济地位以及家庭环境有关，而外部社会大环境与整个国家的政治环境、经济环境、技术环境、管理环境、法律环境以及社会风气有关。

3. 自然环境

自然环境是指由自然界提供的、非人工加工的大自然环境，它包括天气（暴雨、大风、浓雾、冰雪天气等）、季节（春、夏、秋、冬）、时间（白天、黑夜）、自然灾害（地震、台风、瘟疫）和地形地质条件等。

（四）管理因素

管理方面的安全因素来自三个方面：其一是领导干部对企业的管理不到位；其二是运营企业对工作人员、设备设施、运营环境等各方面的管理不到位；其三是运营企业对乘客或其他运营系统外部人员的管理不到位。为此，城市轨道交通应建立健全管理机构，制定完善的管理制度和条例，划清各管理单位的职责，落实安全生产管理措施，把安全管理工作贯穿于生产活动的各环节中。

三、城市轨道交通运营安全管理的内容

城市轨道交通安全管理是管理者按照安全的客观规律，对城市轨道交通运营和生产作业过程中的人、财、物、信息等资源进行计划、组织、指挥、协调和控制，以达到减少或避免事故的目的而进行的管理活动。城市轨道交通安全管理包括运营安全管理、新线建设安全管理以及资源物流安全管理，其中尤以运营安全管理为重。城市轨道交通运营安全管理的内容如下。

（一）行车安全管理

（1）运营企业应当加强与行车相关的设备（车辆、线路、供电、通信、信号等设备）的基建养护工作，以保障行车安全顺畅。

（2）与行车相关的工作人员（列车乘务员、车站行车值班员、调度员）应持证上岗，遵守岗位安全操作规程，具备及时快速处理异常情况和突发事件的应急能力。

（3）车辆段和停车场要有完善的安全管理制度、维护检修规章和操作规程，明确安全管理职责。车辆段及停车场要落实以下安全防护措施：① 按照"故障导向安全"的原则设计各类作业场所设备设施功能；② 设置视频监控系统，覆盖重点区域、重点部位；③ 保证安全标志醒目、安全通道及出入口畅通；④ 落实应急值守制度和每日安全检查制度。

（二）客运安全管理

（1）运营车站应完善以下安全管理工作：① 做好客流管理和大客流应急组织工作；② 制定车站设备设施安全管理制度；③ 制定本站安全检查、安全学习、隐患排查等具体工作制度；④ 确保本站安全管理记录完备、清晰和规范。

（2）车站工作人员应当履行下列安全管理职责：① 维护车站内秩序，引导乘客有序乘车，发生险情时，及时引导乘客疏散；② 经常巡视检查，按照车站客运组织方案进行宣传疏导；③ 及时劝阻、制止可能导致危险发生的行为，对劝阻、制止无效的，报告公安机关处置；④ 发现事故隐患，及时报告。

（3）安全标识及设备配置：车站、列车车厢及其他运营场所的醒目位置设置安全标志标识和安全设备设施，并定期进行检查和维修，保证完好。

（4）车站安检工作管理：安检工作站（点）设置及设备、人员配备需要满足安全运营需要；安检现场需要建立明确的工作规范、工作程序和违禁物品的处理制度；建立安全检查的应急处置制度；安全检查人员经过培训后持证上岗。

（5）运营信息发布：发生影响运营安全的事故时，运营企业应通过广播、告示以及网络媒体等方式及时向乘客发布相关信息，做好乘客的疏散、转移工作。

（三）设备设施安全管理

1. 设备维护

运营企业应建立设备设施巡视、维修和必要的检测制度，按照技术规范和相关标准，定期进行维护、检查，确保其处于安全可靠状态，维修记录应至少保存2年。

2. 设备安全隐患排查

运营企业应加强隐患排查，发现隐患及时监控整改。对危及运营安全的重大隐患，应及时上报并制定专项整改措施，对一时难以消除的安全隐患，应采取监控和安全防范措施。

3. 设备配置

轨道交通运营系统应配备必要的车辆设备备品备件、抢修和应急救援器材及设备，并做好日常维修和定期检测，确保完好可靠。

4. 施工作业安全管理

运营企业应对轨道交通控制保护区内的施工作业制定安全监督方案，加强施工过程的安全控制，督促施工单位做好安全措施和应急预案。

5. 委外设备安全管理

运营企业对委托给其他单位的管理项目、场所、设施设备，应与受托单位签订安全管理协议书，或者在合同中约定安全职责。运营企业应当加强对受委托单位的安全工作监管，并承担相应的安全责任。

（四）商业设施的安全管理

（1）运营企业在车站内设置的广告设施和商业网点不得影响轨道交通运营安全，禁止在车站出入口、站台及通道设置未经允许的商业网点。

（2）广告设施、商业网点应采用阻燃材料，并符合消防法律、法规、规章和技术规范的规定。

（3）广告设施、商业网点应在轨道交通非运营期间进行设置或者维护。

（五）试运营安全管理

（1）运营企业应建立完善的管理体系，试运营前各专业维护人员及时配备到位。

（2）建设单位和运营企业要保障试运营期间线路、通信、信号、供电等设备设施环境符合安全行车条件。

（3）试运营期间，建设单位、施工单位和设备厂家是运营保障主责单位，应分别与运营企业签订抢险抢修协议，进行应急抢险和故障处理。

（4）建设单位应会同运营企业对试运营期间存在的问题进行整改，并将整改情况报行业主管部门备案。

（5）试运营一年内，建设单位应将建设图纸、资料、相关证书、文件等交付运营企业。

四、城市轨道交通运营安全管理措施

（一）建立健全安全管理组织机构

运营企业应当成立以法定代表人牵头的安全生产委员会，下设专门的安全生产管理机构，明确不同层级安全管理组织的管理职责和分工，设置足够数量的专职安全员，实行分级管理、各负其责制度。

（二）投入必要安全生产资金

安全生产资金投入包括：工程建设资金投入、技术设备资金投入，劳保用品资金投入和安全风险保证金投入。

（三）制定和完善安全生产管理制度

安全生产管理制度有三种层次：一是基础管理制度，包括安全生产责任制度、安全例会制度、安全检查制度、安全教育培训制度；二是专项管理制度，包括安全技术操作规程、特种作业操作规程、特种作业人员管理制度（如列车驾驶员、调度员、接触网维修人员的持证上岗制度）、隐患排查治理、事故报告处理和统计分析制度、安全奖惩考核制度、应急预案和演练制度、较大危险因素的安全管理制度、消防安全制度；三是监督管理制度，包括运营风险分析和评估制度、民主管理监督制度、作业场所职业安全卫生健康管理制度、安全生产承诺制度等。

（四）科学合理地进行安全教育培训

运营企业应当按照国家和本市有关规定对从业人员进行安全培训和考核。安全教育和培训，使从业人员掌握安全生产知识，提高安全生产技能，增强事故预防及应急处理能力，自觉遵守国家安全生产法律法规、制度和安全技术操作规程。培训内容要切合实际，对于培训过程和考核情况要进行记录，未经安全生产培训教育合格的人员不得上岗作业。

（五）实施有效的安全监督检查

对于安全检查分为对内的安全监督检查和对外的安全检查。

对内的安全监督检查有日常安全检查、定期安全大检查、专项安全检查、季节性安全检查、节前安全大检查和重大活动前安全大检查、临时突击检查以及暗访八种形式。对外的安全检查主要指对乘客携带物品的安全检查（以下简称安检）。

（六）做好事故应急管理

1. 事前

事前制定好突发事件的应急预案和应急演练。应急预案是指预先制定好的应对突发事件方案，它规定了在突发事件情况下谁在什么时候做什么以及如何做的问题。

2. 事发

事发时的应急管理包括事件信息的报告和事故应急响应两大内容。信息报告管理应明确各类事件的信息报告程序和信息报告内容。事故应急响应管理应明确各类事件的应急响应级别和应急启动条件。

3. 事中

事中的应急管理主要指具体事件的应急处理过程，它应明确各单位、各岗位在何时做什么以及如何做等细节。

4. 事后

事后的应急管理主要指事后恢复、应急能力评估和应急预案的修订等。

（七）落实安全宣传与防护

落实安全宣传与防护可以从以下三方面着手：一是利用安全宣传视频、海报、宣讲会等途径向乘客进行安全宣传教育；二是利用安全标识、员工服务等来做好乘客安全乘降引导工作；三是利用微博、公众号、城市轨道交通 App 等网络平台发布安全宣传信息。

任务实施　分析"××地铁一号线一日内连发 4 起事故"案例

一、实施流程

（1）通读阅读材料"××地铁一号线一日内连发 4 起事故"。
（2）讨论阅读材料后的问题。

二、阅读材料

××地铁一号线一日内连发 4 起事故

事故概况：2009 年 12 月 22 日××地铁一号线连发四起事故：05:50 分，突发供电触网跳闸故障，造成该区列车停驶；07:00，两车发生侧面碰撞；20:55，列车故障致晚点；20:40，1 号线陕西南路站一变电箱冒出浓烟，几处站点短暂限流进出站口被封闭。

事故详情如下。

2009年12月22日××轨道交通1号线在接连发生停运和两车侧碰两起事故后，当晚，轨道交通1号线再次接连发生两起事故：20:55，1号线××火车站往莘庄站方向因列车故障造成晚点；20:40，1号线陕西南路站一变电箱冒出浓烟，几处站点短暂限流进出站口被封闭。

05:50，××地铁1号线突发供电触网跳闸故障，经初步检查，发现故障区间隧道顶部的碳纤维脱落造成短路。当时为确保运营不中断，采取非故障段两头小交路运行。07:06，故障基本排除。

07:00，××地铁1号线运营调整恢复中，07:00，由中山北路至火车站下行的1号线150号车，运行至××火车站折返站时，由于该车冒进信号，与正在折返的117号车侧面碰撞，造成了这天早上的第二次事故。所幸当时两车速度较慢，且150号车司机立即采取了紧急制动措施，被撞的117号车为空车，150号车上的乘客无人受伤，但造成部分线路停运。

20:40，轨交1号线陕西南路站一变压器发生火警，冒出滚滚浓烟。虽未影响地铁的运营，但陕西南路站、人民广场站都采取了短暂的限行措施，大约半小时后，陕西南路等站点再度开放。

20:55，1号线再次因列车故障停运，20:55，1号线××火车站站往莘庄站方向因列车故障造成晚点，21:08，运营恢复正常。

三、任务实战

运用本项目所学知识，回答以下问题：
（1）从人员、设备、管理等因素分析事故发生的原因。
（2）根据城市轨道交通安全管理的内容提出改进措施。

项目测试

一、填空题

1. 安全具有____、____、____、____等基本特征。
2. 安全管理的对象是生产中的一切____、____和____。
3. 能量意外释放理论,他认为事故是一种不正常的或不希望的____。
4. 现代安全生产管理具有____、____、____、____等原理。
5. 四不伤害原则是指____、____、____、____。

二、选择题

1. (　　)是指在生产活动中,由于人们受到科学知识和技术力量的限制,或者由于认识上的局限,而客观存在的可能对系统造成损失的不安全行为或不安全状态。
   A. 安全　　　　B. 危险　　　　C. 隐患　　　　D. 事故
2. 城市轨道交通安全影响因素之环境因素不包括(　　)。
   A. 自然环境　　　　　　　　B. 运营环境
   C. 社会环境　　　　　　　　D. 经济环境
3. 城市轨道交通运营安全管理的内容不包括(　　)。
   A. 行车安全管理　　　　　　B. 客运安全管理
   C. 环境安全管理　　　　　　D. 设备安全管理
4. 与行车相关的工作人员(列车乘务员、车站行车值班员、调度员)应(　　),遵守岗位安全操作规程,具备及时快速处理异常情况和突发事件的应急能力。
   A. 培训上岗　　B. 轮流上岗　　C. 持证上岗　　D. 考核上岗
5. 不属于安全生产方针的是(　　)。
   A. 综合治理　　B. 安全第一　　C. 预防为主　　D. 防治结合

三、简答题

1. 影响城市轨道交通运营安全的因素有哪些?
2. 事故具备哪些特点?
3. 现代安全管理的基本原理有哪些?

扫码进行在线答题

项目考评

考核内容		考核评分		
项目	内容	配分	得分	批注
学习态度（30%）	能够做到课前预习，并查阅本项目相关资料	10		
	积极参与课堂，参加教学中第实训、讨论、练习	10		
	按要求完成课堂练习和课后作业	10		
学习效果（50%）	能够陈述并辨别安全、安全管理、危险、隐患、事故的基本概念	10		
	能够陈述事故致因理论的内涵	10		
	能够陈述城市轨道交通安全的意义	10		
	能够分析城市轨道交通安全管理的因素	10		
	能够陈述城市轨道交通安全管理的措施	10		
综合素养（20%）	有效运用多种交流形式进行沟通	10		
	尊重他人，能与他人团结协作	10		
考核评语　　　　　　　　　考核人员：　　　　　日期：　　年　月　日		考核成绩		

项目二

城市轨道交通应急管理

项目描述

2006年1月8日，国务院发布了《国家突发公共事件总体应急预案》，明确了各类突发公共事件的分级分类和预案框架体系，是指导预防和处置各类突发公共事件的规范性文件。随后，国务院又相继发布了《国家处置城市地铁事故灾难应急预案》等多个事故灾难类突发公共事件专项应急预案。《国家处置城市地铁事故灾难应急预案》颁布的目的是辅助相关单位做好城市地铁事故灾难的防范与处置工作，保证及时、有序、高效妥善地处置城市地铁事故灾难，最大限度地减少人员伤亡和财产损失，维护社会稳定，支持和保障经济发展。随着社会发展和进步，在我们的生产和生活中，安全与应急管理工作变得越来越重要，2018年3月，中华人民共和国应急管理部设立。党的二十大报告强调，加强重点领域安全能力建设，确保粮食、能源资源、重要产业链供应链安全，加强海外安全保障能力建设，维护我国公民、法人在海外合法权益，维护海洋权益，坚定捍卫国家主权、安全、发展利益。

危险源辨识与控制是安全风险管理的基础。通过建立城市轨道交通危险源辨识和控制体系，可以消除危险源带来的安全隐患，将被动防范转向源头管理，从而确保城市轨道交通运营安全。在控制危险源的措施中，布置安全标志是一项基础性的工作，它不仅可以提醒工作人员和乘客预防危险，还可以在危险发生时指示人们采取正确、有效、得力的措施，对危险加以遏制。

学习目标

知识目标	能力目标	思政目标
1. 了解危险源的概念及危险源的分类。 2. 掌握危险源辨识的含义、方法、要求和流程。 掌握城市轨道交通危险源辨识、控制。 3. 了解安全色与安全标志	1. 能够辨识和控制城市轨道交通系统中的危险源。 2. 认识城市轨道交通安全标志并了解其意义	通过行车事故案例，引导学生理解安全运输的责任必须严格按照安全管理要求，提前排查并消除危险源，避免事故的发生。让学生牢记使命，有责任感，牢固树立"以人为本，生命至上"的理念

任务导航

任务一　应急管理概述
任务二　认识城市轨道交通危险源
任务三　安全色与安全标志

任务一　应急管理概述

任务引导

引导问题1　什么是应急管理？
_____
_____

引导问题2　城市轨道交通事故有哪些分类？
_____
_____

引导问题3　应急处置的过程是怎样的？
_____
_____

引导问题4　应急处置结束后需要做哪些工作？
_____
_____

知识讲解

一、应急管理

（一）应急管理的概念

应急管理是安全管理的重要组成部分，是为了减少突发事件发生或控制突发事件不让其续扩大，尽可能降低突发事件的后果和影响，基于事件情景分析和风险管理过程及后果进行的一系列有计划、有组织的管理活动。

应急管理的目标可以概括为：预防事故的发生、控制事态的发展、保障生命财产安全、恢复正常。

（二）应急管理的原则

1. 统一指挥，逐级负责

参与应急救援的单位在应急指挥机构的统一领导下，各司其职、逐级负责。

2. 以人为本，科学决策

遇突发事件，要贯彻"安全第一，生命至上"的原则，把保障乘客生命财产安全作为应急处置工作的出发点，采取有效措施将人员伤亡和经济损失降到最低程度。

3. 先通后复，有效应对

在应对突发事件的过程中，要以最快的速度设法先行通车、疏通线路，尽量缩短行车中断时间。

4. 常备不懈，预防为主

城市轨道交通企业对突发事件要有充分的思想准备，把应对突发事件落实在日常工作中，增强预警分析，提高防范意识。

二、城市轨道交通事故分类、预防与处理

城市轨道交通系统安全管理中所称的事故，是指在运营生产过程中，因违反规章制度、违反劳动纪律、违反作业纪律或技术要求，或因人员技能不高、设备技术状态不良及其他原因，造成人员伤亡、设备损坏、影响正常生产作业或危及安全生产的事件，达到事故规则规定的标准的部分。城市轨道交通安全管理主要工作是划分事故类型及等级、分析事故原因、制订事故预防和处理方法。

（一）事故分类

1. 按事故的内容分类

城市轨道交通事故按其内容分为行车事故、客运事故、设备事故、职工伤亡事故、火灾爆炸事故、意外伤亡事故、自然灾害引起的事故等。

2. 按事故的性质和程度分类

2015年4月30日国务院办公厅发布的《国家城市轨道交通运营突发事件应急预案》(国函办〔2015〕32号)，对城市轨道交通运营突发事件分级标准做了如下规定：

（1）特别重大运营突发事件：造成30人以上死亡，或者100人以上重伤，或者直接经济损失1亿元以上的。

（2）重大运营突发事件：造成10人以上30人以下死亡，或者50人以上100人以下重伤，或者直接经济损失5 000万元以上1亿元以下，或者连续中断行车24小时以上的。

（3）较大运营突发事件：造成3人以上10人以下死亡，或者10人以上50人以下重伤，或者直接经济损失1 000万元以上5 000万元以下，或者连续中断行车6小时以上24小时以下的。

（4）一般运营突发事件：造成3人以下死亡，或者10人以下重伤，或者直接经济损失50万元以上1 000万元以下，或者连续中断行车2小时以上6小时以下的。

上述分级标准有关数量的表述中，"以上"含本数，"以下"不含本数。

（二）事故预防与处理

1. 事故预防

城市轨道交通运营安全不仅涉及人、车辆、轨道等系统因素，还受到自然环境和列车运

行相关设备（信号系统、供电系统）等因素的影响。数据分析表明，人、车辆、轨道、供电、信号及自然灾害等是影响地铁事故的主要因素。

"安全第一，预防为主"是安全生产管理最基本的方针，事故预防是安全工作的重点，就是要根据具体工作的要求和事故发生的原因，采取积极有效的措施，减少或制止事故的发生。为了预防事故发生，需做到以下几点：

（1）加强对乘客和工作人员的教育；
（2）采用先进的设备及其检测体系；
（3）建立自动监视及自动报警系统；
（4）制定应急方案并进行模拟演练。

2. 事故处理

处理事故（事件）要以事实为依据，以规章为准绳，按照"四不放过"原则（事故原因没有查清不放过，事故责任者没有严肃处理不放过，防范措施没有落实不放过，广大员工没有受到教育不放过）处理事故，认真调查分析，查明原因，分清责任，吸取教训，制定对策，防止同类事故（事件）再次发生。

对事故责任者，应根据事故性质和情节，予以批评教育、经济处罚、行政处分直至追究法律责任。事故性质、情节严重的，要按有关规定逐级追究领导责任。

重大事故、较大事故、一般事故，负责事故调查的人民政府应当自收到事故调查报告之日起15日内做出批复，特别重大事故，30日内做出批复。特殊情况下，批复时间可以适当延长，但延长的时间最长不超过30日。

有关机关应当按照人民政府的批复，依照法律、行政法规规定的权限和程序，对事故发生单位和有关人员进行行政处罚，对负有事故责任的国家工作人员进行处分。

事故发生单位应当按照负责事故调查的人民政府的批复，对本单位负有事故责任的人员进行处理。负有事故责任的人员涉嫌犯罪的，依法追究刑事责任。

事故发生单位应当认真吸取事故教训，落实防范和整改措施，防止事故再次发生。防范和整改措施的落实情况应当接受工会和职工的监督。安全生产监督管理部门和负有安全生产监督管理职责的有关部门应当对事故发生单位防范和整改措施的落实情况进行监督检查。

事故处理的情况由负责事故调查的人民政府或者其授权的有关部门、机构向社会公布，依法应当保密的除外。

三、信息报告

（一）信息报告程序

（1）城市轨道交通运营突发事件发生后，事件现场作业人员或者其他人员应当立即向调度员、邻近车站和相关单位负责人报告。

（2）调度员接到事故报告后立即向值班主任报告，值班主任向部门负责人及应急指挥部办公室报告，并指派人员向轨道公司相关领导及部门负责人通报。

（3）发生有人员伤亡的突发事件时，应急指挥部办公室应在规定时间内向政府应急机构、主管部门报告。

（4）发生火灾、爆炸等事故，需要报告119、120、110或城市轨道交通公安分局时，由现场负责人或目击者在第一时间直接报告；如果无法直接报告，则应以尽快报告的原则，向就近的车站、车厂、地铁运营控制中心（OCC）或上级报告，接报单位报告119、120、110或城市轨道交通公安分局。

（5）突发事件的发生、发展、结束是一个由轻微到严重再到平复的动态过程，应急信息的通报也根据事态情况及时更新，各信息接报单位应根据突发事件的进展和影响范围，判别事件等级，按照各单位的信息发布对象和范围立即开展应急信息通报工作。

（二）信息报告内容

（1）发生时间和地点（区间、车站、上行线或下行线、车次、车号等）。
（2）突发事件性质、主要经过和原因。
（3）事件概况（已造成或可能造成的人员伤亡及设备损坏，是否影响正线运营及预计恢复时间）。
（4）先期处置情况及控制措施、是否需要抢险和支援。
（5）报告人和关系人姓名、职务、联系方式。
（6）其他需要补充的事项。

在进行信息上报时，报告人应认真检查确认现场情况，及时提供准确信息。对一时难以确定的现场情况，可先简报而后继续跟进，随时续报。如发现内容有误，应立即更正。

四、应急响应

一般情况下，应急响应行动可以按照事件的可控性、严重程度和影响范围，由高到低划分为Ⅰ级（特别严重）Ⅱ级（严重）、Ⅲ级（较重）、Ⅳ级（一般）四个级别。

Ⅰ级响应行动，由城市轨道交通企业总公司（以下简称总公司）应急指挥部组织实施，运营总部应急抢险领导小组（以下简称"抢险领导小组"）及现场指挥部配合，相关单位执行应急预案；

Ⅱ级响应行动，由运营总部抢险领导小组组织实施，处置方案必要时需报总公司领导决策，现场指挥部配合，相关单位执行应急预案；

Ⅲ级响应行动，由运营总部事发中心抢险领导小组组织实施，现场指挥部配合，相关单位执行应急预案；

Ⅳ级响应行动，由运营总部运营中心下属单位收到应急信息报告后执行应急预案。

超出本级应急处理能力时，报请上一级应急机构启动上一级应急预案。

五、应急处置过程

接报相应级别的突发事件信息后，运营总部抢险领导小组和现场指挥部即成立，抢险领导小组和现场指挥部的相关人员立即赶赴事件现场，指挥、布置相关工作。现场指挥机构自低向高分为三个层级：事故处理主任、现场指挥部、运营总部抢险领导小组，抢险指挥机构的下一级必须服从上一级的指挥，并向上一级报告抢险工作。

应急处置过程中，抢险救援工作组织分两种情况：现场指挥部到达现场前和达到现场后。

（一）现场指挥部到达前的工作组织

1. 现场工作组织

（1）车站发生突发事件时，站务人员应及时疏散乘客、做好乘客安抚工作，稳定乘客情绪、防止事态扩大。

（2）列车上发生突发事件时，列车司机应千方百计将列车运行到前方车站停车疏散乘客，及时报告行车调度员，做好乘客安抚工作，稳定乘客情绪、维持车内秩序，防止事态扩大，避免人员伤亡及减少财产损失。

（3）列车在车站或区间发生突发事件时，车站值班站长应组织站务人员配合列车司机做好清客及乘客的疏散工作。

（4）设备机房、管理用房发生突发事件时，由各专业值班人员负责抢险救援工作。

（5）发生突发事件的车站需要人员、器材、物资增援时，值班站长应立即报告相关物资调度室。

（6）发生治安突发事件时，由公安轨道支队担任现场指挥。

2. 控制中心工作组织

应急处置过程中，应急信息的报告由控制中心负责，信息报告应当做到及时、客观、真实，不得迟报、谎报、瞒报、漏报。若突发事件直接影响到行车组织、客运服务，相关地铁运营控制中心（OCC）应及时预判故障影响和行车恢复时间，将故障原因、预计晚点、公司歉意等信息向乘客进行传达，争取乘客的理解和支持。应急抢险救援中，各岗位的工作组织内容如下：

（1）行车调度员。

尽快了解现场情况后报告线路值班主任。

正确、及时地发布指示列车运行的调度命令。

当部分区段运行中断时，最大限度地组织其他区段列车小交路运行。

采取有效措施防止事态扩大，避免人员伤亡及减少财产损失。

（2）电力调度员。

尽快了解现场情况后报告线路值班主任和电力工程师。

保证其他具备供电条件的区段正常供电。

根据行车调度员的命令，正确、及时地完成停、送电。

采取有效措施控制事态扩大，避免人员伤亡及减少财产损失。

（3）环控调度员。

尽快了解现场情况后报告线路值班主任和环控工程师。

正确、及时地按各种工况和设备联动模式进行控制，若中央级控制无法操作，环控调度员下放站控，由车站值班员在车站级操作，操作失败后在 IBP 盘上操作。

采取有效措施控制事态扩大，避免人员伤亡及减少财产损失。

（4）线路值班主任。

负责本线路的统一指挥，协调本线路行车调度员、电力调度员和环控调度员之间的工作。

及时向总调度长报告，按电话报告程序进行报告。

（5）电力工程师。

负责指挥本班电力调度员，严格按规章、规定、预案处理各类运营突发事件。

及时向总调度长报告，协调行车调度员、电力调度员、环控调度员及供电设备部门之间的工作。

（6）环控工程师。

组织本班组环控调度按预案、规章处置网络运营突发事件。

及时向总调度长报告，协调行车调度员、电力调度员和环控调度员之间的工作。

（7）总调度长。

负责对突发事件的集中统一指挥。

采取有效措施控制事态扩大，避免人员伤亡及减少财产损失。

按报告程序及时将事件有关情况向上级报告。

（二）现场指挥部到达现场后的工作组织

（1）现场指挥部成员到达现场后，即行使指挥权利，确定抢险救援方案并组织实施。

（2）现场指挥部确定现场指挥长后，由指挥长负责现场抢险救援的指挥工作。

（3）事件涉及的相关部门应提出救援、抢险方案，方案应明确相关部门的任务，报经现场指挥部批准后实施。

（4）抢险工作由事件涉及的相关部门组织实施，在实施过程中，现场指挥长须及时向现场指挥部汇报抢险进展情况。

六、应急结束

（一）恢复通车

在确保安全的前提下，按照"先通后复"的原则恢复通车。现场总指挥接到抢险保障组组长抢险结束报告和恢复通车的信息后（包括列车运行限制条件），通知安全保障组会同抢险保障组对轨行区进行最后的安全检查和确认。经安全检查确认具备行车条件和人员出清后，由安全保障组组长向总指挥或联络员报告（需明确相关列车运行要求如是否限速等）。经现场总指挥批准后，由抢险保障组组长下达恢复行车和相关行车要求的指令。

（二）制定后续跟进安排

现场指挥部结合现场抢险情况，制定后续跟进安排或措施，由各单位负责落实。协调保障组和抢险保障组接到恢复通车的信息后，通知地铁运营控制中心（OCC）对外发布运营恢复信息。

（三）信息发布

信息发布组负责组织编制新闻通稿，向媒体发布。如为影响较大的事件（故），信息发布组负责组织媒体应对工作，明确信息口径，必要时经总公司分管领导同意后召开新闻发布会（或事件通报会）。

（四）解除应急

突发事件应急处置工作结束，或者相关危险因素消除后，现场指挥机构予以解除。

七、后期处置

（一）生产秩序的恢复

各当事部门应尽快组织本单位的生产秩序恢复工作，消除事故后果对正常办公的影响，其他相关部门要大力支持和协助。

（二）应急能力评估

在应急抢险结束后应进行总结，对应急救援能力做出评估，就事故应急救援过程中暴露出来的问题，及时进行调整、完善，制定改进的措施。评估的内容有：应急抢险过程中发现的问题；对应急抢险物资准备情况的评估；对各专业救援组在抢险过程中的救援能力、协调的评估；对应急指挥部的指挥效果的评估；应急抢险过程中通信保障的评估；对预案有关程序、内容的建议和改进意见；在防护器具、抢救设置等方面的改进意见。

（三）预案修订

各单位应及时对抢险过程和应急救援能力进行评估，并根据评估结果及时修订应急预案。应急预案应当至少每三年修订一次，预案修订情况应有记录并归档。有下列情形之一的，应急预案应当及时修订：

（1）单位（部门）因兼并、重组、转制等导致隶属关系、经营方式、法定代表人发生变化的。
（2）周围环境发生变化，形成新的重大危险源的。
（3）应急组织指挥体系或者职责已经调整的。
（4）依据的法律、法规、规章和标准发生变化的。
（5）应急预案演练评估报告要求修订的。
（6）应急预案管理部门要求修订的。

（四）善后处置

Ⅰ级突发事件的善后处置工作由运营总部抢险领导小组配合城市轨道交通企业总公司实施，Ⅱ级突发事件的善后处置工作由运营总部抢险领导小组组织实施，相关的补偿、赔偿等善后处置工作，按照国家、地方政府有关法律、法规和规定执行。Ⅲ级及以下级别的突发事件的善后处置工作，由主要责任单位牵头实施。

（五）调查报告

对突发事件组织调查并提交事故（事件）调查分析报告。

（六）总结与奖惩

应急工作结束后，城市轨道交通企业对突发事件认真进行总结、分析，吸取事件教训，及时整改安全隐患，对有关单位和人员提出奖惩建议。

对在应急抢险救援、指挥、信息报送等方面有突出贡献的单位和个人给予表彰，并将有关单位和个人的主要事迹报送运营总部，作为年度考评和评先的依据。

对瞒报、迟报、漏报、谎报、误报突发事件信息，造成重大损失的人员，或在处置突发事件中玩忽职守，不听从指挥，不认真负责或临阵脱逃、擅离职守，以及妨碍抢险救援工作的人员，按照有关规章制度，给予行政处分，并将其主要错误报送运营事业总部作为年度考核处罚的依据；构成犯罪的，依法追究刑事责任。

八、公共安全防范与突发事件应急处置

（一）公共安全防范

城市轨道交通自然灾害主要包括地震、洪水、暴雨雷电、台风等，事故灾难主要包括行车事故、设备故障等，公共卫生事件主要包括传染病疫情、群体性不明原因疾病等，社会安全事件主要包括恐怖袭击、突发异常行为事件等。

公共安全防范需做到以下几点：

（1）形成统一指挥、功能齐全、反应灵敏、运转高效的应急机制。
（2）居安思危，预防为主。
（3）强化法治，要用法治来确保公共安全。
（4）加大科技研发力度，把科技产品运用于维护公共安全。
（5）建立公共安全应急救援体系，制定公共安全应急预案，搞好安全技术培训，提高安全防范和管理水平。
（6）提高基层应对突发公共事件的处置能力，提高群众应急能力和自救能力。
（7）广泛宣传相关法律法规和应急预案，增强全民的危机意识、社会责任意识。

（二）突发事件应急处置知识

突发事件应急处置应从应急预案编制、应急人员组织培训及物质准备等方面加强管理。

1. 应急预案内容

（1）应急预案的适用范围。
（2）事故可能发生的地点和可能造成的后果。
（3）事故应急救援的组织机构及其组成单位、组成人员职责分工。
（4）事故报告的程序。
（5）事故应急救援流程。

（6）应急保障措施。

2. 应急队伍建设

建设专兼职救援抢险队伍，并定期培训、演练。根据应急救援的需要，配备救援必需的设备设施、器材物资。安排专人管理应急救援设备设施及器材物资，并定期进行检测和维护，保证救援物资齐全、完好，满足救援抢险的需要。

3. 应急预案演练及评估

应急预案应按事故类别定期组织演练，以检验应急预案的合理性，提升应急抢险组织机构的现场指挥、各级抢险组织的响应能力，锻炼员工的事故处置及事后恢复重建能力。

应急预案演练时，应由预案演练主办部门成立演练评估组。演练评估组应对演练方案、系统设备工况、各岗位人员应急处置程序、演练过程中存在的不足及改进措施进行评估，并对应急预案的可行性进行评估。演练评估还应包含对各级组织机构应急响应时间进行的评估，并建立应急处理过程的各单项处置时间表。

任务实施　分析"某市地铁 10 号线列车追尾事故"案例

一、实施流程

（1）通读阅读材料"某市地铁 10 号线列车追尾事故"。
（2）讨论阅读材料后的问题。

二、阅读材料

某市地铁 10 号线列车追尾事故

事故概况：2011 年 9 月 27 日 14:37，某市地铁 10 号线发生两列列车追尾事故。
事故经过：

2011 年 9 月 27 日 13:58，某市自动化仪表股份有限公司电工在进行地铁 10 号线新天地车站电缆孔洞封堵作业时，造成供电缺失，导致 10 号线新天地集中站信号失电，造成中央调度列车自动监控红光带、区间线路区域内车站列车自动监控面板黑屏。地铁运营由自动系统向人工控制系统转换。此时，1016 号列车在豫园站下行出站后显示无速度码，司机即向 10 号线调度控制中心报告，行车调度员命令 1016 号列车以手动限速（RMF）方式向老西门站运行。

14:00，1016 号列车在豫园站至老西门站区间遇红灯停车，行车调度员命令停车待命。14:01，行车调度员开始进行列车定位。14:08，行车调度员发布调度命令，交通大学站至南京东路站上下行区段实行电话闭塞法行车。

14:35，1005 号列车从豫园站发车。14:37，1005 号列车以 54 km/h 的速度行进到豫园站至老西门站区间弯道时，发现前方有列车（1016 号）停留，随即采取制动措施，但由于惯性，仍以35 km/h的速度与1016号列车发生追尾碰撞。

分析：

在未进行风险识别、未采取有针对性防范措施的情况下，申通集团维保中心供电公司签发了不停电作业的工作票，并经某市地铁第一运营有限公司同意，造成供电缺失，导致集中站信号失电。行车调度员发布调度命令，由自动闭塞改为电话闭塞（调度员未认真了解现场情况，直接发布命令，导致区间列车停留）。受令区间车站值班员未在严格执行行车闭塞法的情况下允许电话闭塞，导致两列车追尾碰撞。

经事故调查组认定，事故发生的直接原因是：地铁行车调度员在未准确定位故障区间内全部列车位置的情况下，违规发布电话闭塞命令；接车站值班员在未严格确认区间线路是否空闲的情况下，违规同意发车站的电话闭塞要求，导致地铁10号线1005号列车与1016号列车发生追尾碰撞。

三、任务实战

结合案例，填写事故调查分析报告（见表2-1）。

表2-1 事故调查分析报告

事故（事件）调查分析报告							
事发时间		事发地点		处理人		联系方式	
事故概况	事发情况、处理情况、客运组织、应急运营组织、抢险组织、目前状态等						
现场调查	乘客证词、现场照片等						
影响损失	退票、关闸、关站等服务影响；限速、晚点、抽线、中断行车等行车影响；设备降级运转、损坏、关停等影响；人员伤亡、经济损失等						
原因分析	直接原因、间接原因；主要原因、次要原因、一定原因、管理原因						
定性	定性分为特别重大事故、重大事故、较大事故、一般事故						
防范措施	根据原因分析，制定防范措施，包括：人员管理、设备设施、运营组织、操作规程、应急措施、整改措施等						
部门意见	负有责任的单位及人员和表现突出的员工，根据总公司及运营总部的规章，提出奖励或处理意见 负责人：（签字/盖章）　　　　　　　　　　　　　　　　年　　月　　日						

任务二　认识城市轨道交通危险源

任务引导

引导问题 1　什么是危险源？
_____
_____

引导问题 2　危险源辨识的方法有哪些？
_____
_____

引导问题 3　城市轨道交通危险源辨识的步骤有哪些？
_____
_____

知识讲解

一、危险源相关概念

（一）危险源

危险源又称为危险、有害因素，是指可能导致人员伤害、疾病、财产损失、环境破坏或这些情况组合的根源或状态。根据能量意外释放理论，可将根源归结为能量、能量载体和危险物质，而状态是指控制能量、危险物质意外释放措施的失效状态。

（二）风险

风险是指发生某种危险事件的可能性以及由危险事件造成伤害、损失、疾病等后果的严重程度的组合。

二、危险源辨识

（一）危险源辨识的含义

危险源辨识是指识别危险源的存在并确定其特性的过程。从定义可以看出，危险源的辨识应从以下两个方面开展。

第一是识别危险源的存在，即找出系统中存在的人的不安全行为、物的不安全状态、作业环境中存在的危害、危险因素及管理缺陷等安全隐患。

第二是确定危险源的特性，即进一步理解和分析危险源，确定危险源可能带来的危害、危险及危害、危险的严重程度等，这样才能针对危险源制定约束条件和控制措施。

(二)危险源识别的方法

目前,国内外已经开发出的危险源识别方法有几十种之多,包括直观经验法、工作危害分析法(HA)、工作安全分析法(JSA)、失效模式与效应分析法(FMEA)、危害与操作性分析法(HAZOP)、事故树分析法(ATA)等。这些方法各有优缺点,且适用范围不同,应根据辨识对象的特性,综合使用多种方法辨识危险源。下面简单介绍其中的几种方法。

1. 直观经验法

直观经验法一般适用于有可供参考先例、有以往经验可以借鉴的危险源辨识过程,其又分为对照经验法和类比法两种类型。

(1)对照经验法:对照有关标准、法规、安全检查表(或依靠分析人员的观察和分析能力),借助于经验和判断能力直观地分析、评价对象的危险性和危害性。

(2)类比法:利用相同或相似系统的经验和相关统计资料来类推、分析和评价对象的危险性和危害性。

直观经验法的优点是简单、易行;缺点是受辨识人员知识、经验和占有资料的限制,可能出现遗漏。为弥补个人判断的不足,常采取专家会议的方式来相互启发、交换意见、集思广益,使危险源的辨识更加细致、具体、准确。

2. 工作危害分析法

工作危害分析的英文全称是 Job Hazard Analysis,简写为 JHA。工作危害分析法是一种比较细致的分析作业过程中存在危险和危害的方法。它从活动清单中选定一项作业活动,将作业活动分解为相关联的若干个步骤,识别每个步骤中的潜在危险和危害因素,然后判定风险等级,以便制定控制措施。

3. 事故树分析法

事故树分析法是从可能发生或已经发生的事件(顶事件)开始,层层分析其发生原因,找出引起顶故事的各种事件及其组合,从而识别危险源或找出事故原因。

(三)危险源辨识的步骤

(1)辨识准备:包括确定分工、收集辨识范围内的资料等。

(2)划分辨识范围:可以从地址、建筑平面布局、建筑物、生产过程、设备设施、作业环境和管理措施六个方面划分危险源辨识范围,分类辨识危险源。

(3)划分辨识单元:辨识单元是分类辨识危险源的细化,可以按照部门、作业,工序等来划分危险源辨识单元。

(4)辨识危险源:先找出可能的事故伤害方式,再找出其原因并分析其危害性。

(5)填写危险源登记表。

三、城市轨道交通危险源的辨识

(一)城市轨道交通危险源的辨识准备

(1)首先确定危险源辨识的依据。各种安全法律法规和标准是进行危险源辨识的重要依据。要进行城市轨道交通系统的危险源辨识，首先应收集与本组织的活动、人员、设施有关的安全法律法规和安全标准，如《城市轨道交通运营管理规范》《地铁运营安全评价标准》等，并以此为依据进行危险源辨识、分析、评价和控制。

（2）组建危险源辨识小组并明确分工。辨识小组成员一般包括安全、消防、动力、电气、设备和土建方向的专业人员，以便在辨识时尽量将存在的危险源辨识完全。

（3）收集辨识范围内的资料。需要收集的资料包括设备的设计说明书、使用说明书，作业场地的结构图、施工图，作业技术操作规程，作业指导书，发生过的事故或类似企业发生过的事故案例等。

（二）确定辨识范围

城市轨道交通危险源辨识范围包括城市轨道交通覆盖范围内工作区域及其他相关范围内的生产经营活动、人员、设施等。

（三）划分危险源辨识单元

在确定危险源辨识范围后，还需要根据活动流程等划分具体的识别单元。一般可以根据以下几个方面来划分。

基于城市轨道交通技术特点和行业经验，危险源辨识单元可按照业务板块分为设施监测养护、设备运行维修、行车组织、客运组织、运行环境等。

（1）设施监测养护类：桥梁、隧道、轨道、路基、车站、控制中心和车辆基地等方面的危险源。

（2）设备运行维修类：车辆、供电、通信、信号、机电等方面的危险源。

（3）行车组织类：调度指挥、列车运行、行车作业、施工管理等方面的危险源。

（4）客运组织类：车站作业、客流疏导、乘客行为等方面的危险源。

（5）运行环境类：生产环境、自然环境、保护区环境、社会环境等方面的危险源。

（四）找出危险源并分析其诱因、影响范围及后果

城市轨道交通危险源、诱因、影响范围及后果如表2-2所示。

表2-2 城市轨道交通危险源辨识结果

序号	危险源类别	危险源	诱因	后果	影响范围
1	车辆系统	电客车车辆的牵引系统、制动系统、转向架、受电弓、集电靴、轮轴等部位和工程车、平板车等	车辆设计或制造的缺陷、车辆检修不到位、车辆设备故障、车辆设备老化等	列车超速运行、错开车门、开门走车、夹人夹物走车；列车冲突、脱轨、追尾、冒进信号；车辆制动系统失灵、悬挂装置脱落、电机超限；弓网事故、轮轨事故等	运营车站、区间、车辆段、列车内

续表

序号	危险源类别	危险源	诱因	后果	影响范围
2	工建系统	钢轨、道床、轨枕、道岔、感应板、路基等线路附属设备等工务专业设备和建筑装饰、隧道结构等桥隧房建专业设备	线路建造缺陷、线路设备检修不到位等原因造成钢轨断裂、轨距误差、路基坍塌、感应板超限、隧道结构变形等后果影响运营	列车脱轨、运营中断、机械伤害等	运营车站、区间、车辆段
3	供电系统	变电所变压器、开关柜、电缆等变电专业设备和接触网（轨）、接触网（轨）作业车、作业工具等接触网专业设备	检修不到位或设备质量原因造成供电故障或引发火灾、供电系统检修作业过程中违反作业规程造成触电伤亡	大面积停电、运营中断、触电、火灾等	运营车站、区间、车辆段
4	机电系统	电扶梯、屏蔽门等门梯专业设备和通风系统、动力照明系统、给排水系统、消防系统等环电专业设备以及主控等自动化专业设备等	机电设备检修不到位或设备质量原因造成乘客被困或伤亡、无法提供正常的客运服务条件、影响列车正常运行	乘客伤害、触电、窒息、透水、运营中断等	运营车站、区间、车辆段
5	通信信号系统	无线、交换、通信等通信专业设备和联锁、车载、轨旁、列车自动监控等信号专业设备	通信设备因检修不到位或设备故障原因影响运营信息的传递，信号设备故障下采用降级运营，可能导致运营晚点、中断、行车事故等	运营晚点、运营中断、列车冲突、脱轨、追尾、冒进信号	运营车站、区间、车辆段、列车内
6	资源、采购物流	民用通信、广告、商业、出租物业、仓库等	商铺或仓库内用电、消防风险、危化物品、油品的储存及使用风险等	人员伤亡、火灾、触电等	运营车站、区间、出租物业场所、仓库
7	运营服务场所	大客流、危险品、消防隐患	大客流可能引发人员踩踏、乘客违规携带的危险品进站乘车、火灾及消防联动设备失效	乘客伤害、踏踩、火灾、爆炸等	运营车站、列车内
8	人为因素	施工作业、人员违章操作、人员误操作	施工人员违反施工管理规定进行施工作业、人员在操作设备时违反规章制度或因疏忽出现误操作	人身伤亡、设备损坏、错办进路、错发调度命令、未确认信号、道岔、进路动车、列车超速运行、错开车门、开门走车、夹人夹物走车等	运营车站、区间、车辆段

续表

序号	危险源类别	危险源	诱因	后果	影响范围
9	运营沿线	地铁隧道沿线、高架线路、过江隧道、车站、控制中心、主变电所、车辆段周边施工作业或危化品	地铁沿线、车站、控制中心、主变电所、车辆段周边50 m范围内外单位在地铁线路上空或地下作业、挖掘、爆破、地基加固、在过江隧道段疏浚河道等未按要求施工作业；沿线加油站、加气站及危险化学品仓库爆炸、泄露；地铁沿线、车站、控制中心、主变电所、车辆段周边50 m范围内加油站、加气站充气及危化品存储等活动不满足安全要求	人员伤亡、设备损坏、运营中断、水灾、火灾、爆炸、中毒等	运营车站、区间、车辆段及沿线周边区域
10	自然灾害	台风、暴雨、高温、山体滑坡、地震等特殊气象及自然灾害	地震、台风等恶劣天气损坏地铁设施、影响地铁列车正常运行	人员伤亡和重大经济损失	运营车站、区间、车辆段
11	公共卫生	公共卫生有关的各种场所与载体，如集体食堂、携带传染病毒的人或人群	由于公共卫生隐患带来的风险	群体性传染病、食物中毒、职业危害等	运营车站、区间、车辆段
12	社会安全	运营场所进行危害社会安全活动的人或社会组织等	因打架斗殴、参与非法组织活动、三人以上聚集上访、游行等行为带来的风险，恐怖袭击事件带来的风险	地铁声誉损失、危及社会稳定、人员伤亡和重大经济损失等	运营车站、区间、车辆段

（五）填写危险源登记表

表2-3　危险源辨识及风险评价登记表

序号	地点	作业	危险源	危害事故/事件	事故类型	风险评价			风险级别	控制措施	备注
						危害概率	事故后果严重程度	风险度			

（六）定期开展危险源辨识

根据交通运输部关于印发《城市轨道交通运营安全风险分级管控和隐患排查治理管理办法》的通知，运营单位每年对所辖线路开展一次危险源全面辨识，持续关注未知安全风险，并及时更新风险数据库。城市轨道交通新线投入初期运营和正式运营时，运营单位应同步组织开展危险源全面辨识。初期运营期间，可视情况增加辨识频次。

遇到以下情况之一的，还应对特定领域、特定环节、特定对象开展专项辨识：

（1）运营环境发生较大变化。
（2）运营单位部门分工进行较大调整。
（3）发生运营险性事件。
（4）新设备、新技术、新工艺投用。
（5）车辆、信号等关键系统更新，以及车站、线路等改造后投入使用。
（6）法律法规、规章制度发生较大变化。
（7）需开展风险专项辨识的其他情况。

四、城市轨道交通危险源控制

（一）危险源监控

1. 危险源监控方式、方法

运营企业通过安全管理有关制度来保障运营监控的有效性。主要通过如下手段对运营危险源进行监控。

（1）通过车站设备监控系统（BAS系统等）、电力监控系统（SCADA系统）、主控系统（MCS系统）、火灾自动监控系统（FAS系统）等自动化系统实现对车站机电设备、供电设备、重要系统接口、火灾危险源等的实时监控。

（2）通过客流系统对大客流进行监控，在高架线路设置风力检测装置实现对特殊气象的监控，在城市轨道交通车辆段建立周界报警系统实现车辆段治安监控。

（3）其他人为的控制方法，包括定时、定人进行轨道巡检、设备检修、定期的安全检查和危险源识别等。

2. 监控内容

运营监测的内容主要包括规章制度、强制性标准、设施设备及安全运营管理情况。

（二）安全风险控制措施

针对城市轨道交通系统中各类危险源可能导致的风险，主要采取如下风险控制措施（见表2-4）。

表 2-4　城市轨道交通危险源预防措施

序号	危险源类别	事故类别	主要预防措施
1	车辆系统	列车超速运行、错开车门、开门走车、夹人夹物走车；列车冲突、脱轨、追尾、冒进信号；车辆制动系统失灵、悬挂装置脱落、电机超限；弓网事故、轮轨事故等	（1）加强对列车空气开关、司控器、车门防夹功能、车门安全回路和旁路开关等的检查。 （2）严格根据规程对电客车和工程车的轮对轮缘厚度、内侧距、轮对直径、踏面磨耗等进行检查，发现列车轮对数据异常时应立即处理。 （3）检查车轴有无损伤、转向架和车底设备紧固件是否松动或存在裂纹。 （4）开展对车辆制动系统的专项检查，确保制动系统状态良好。 （5）严格执行检查制度，加强对受电弓、集电靴功能和状态的检查。 （6）严格执行悬挂装置的紧固，检查各运动部件螺栓的紧固状态，检查列车电机吊杆是否移位，确保电机气隙在正常值
2	工建系统	列车脱轨、运营中断、机械伤害等	（1）严格按照规程对线路设备进行保养、维修，确保线路设备正常。 （2）加强设备巡检和专项普查。 （3）严格执行施工清场的确认制度
3	供电系统	大面积停电、运营中断、触电、火灾等	（1）严格遵守《广州地铁接触轨区域安全管理规定》，穿戴好劳动保护用品方可进入接触轨区域，防止接触轨触电伤亡。 （2）严格遵守操作规程，严格执行保证安全的组织措施、技术措施，严防接触网（轨）错送电、漏停电。 （3）严禁无证上岗、操作，认真执行双人作业制度。 （4）加强设备检查及设备监控
4	机电系统	乘客伤害、触电、窒息、透水、运营中断等	（1）严格落实设备操作和维修保养规程。 （2）加强对乘坐电扶梯安全注意事项的宣传，配合市政府《广州市城市轨道交通管理条例》的实施，规范乘客搭乘地铁的安全行为
5	通信信号系统	运营晚点、运营中断、列车冲突、脱轨、追尾、冒进信号	（1）严格落实设备操作和维修保养规程。 （2）防止道岔失控、信号显示错误。 （3）禁止设备检修完毕或更换后，未经彻底试验良好即交付使用。 （4）严格执行软件升级管理规定，防止软件出错，设备故障时遵循"故障导向安全"的原则
6	资源、采购物流	人员伤亡、火灾、触电等	（1）加强用电安全监管。 （2）加强商铺、仓库等场所消防安全检查和培训。 （3）定期检查仓库化学危险品的储存及使用状况。 （4）加强现场装修工程监管

续表

序号	危险源类别	事故类别	主要预防措施
7	运营服务场所	乘客伤害、踏踩、火灾、爆炸等	（1）做好客流控制，落实《客流组织办法》《车站运作手册》的要求，加强对重点站、换乘站、换乘通道的客流监控，及时采取客流控制措施。 （2）加强乘客搭乘地铁的安全指引和宣传，加强对乘客携带物品的检查力度，严禁乘客携带危险品进站乘车。 （3）严格遵守《消防安全管理办法》的要求，实行属地管理，按规定对消防重点部位、消防设备进行检查，做好相应检查记录，及时对故障设备进行处理，对存在的危险品和可燃物进行清理。 （4）对车站建筑结构和各项设备设施进行监测和普查
8	人为因素	人身伤亡、设备损坏、错办进路、错发调度命令、未确认信号、道岔、进路动车、列车超速运行、错开车门、开门走车、夹人夹物走车等	（1）严格执行《行车设备施工管理规定》等施工管理规章制度，作业前做好安全交底，作业后确保线路出清。 （2）加强作业过程的安全监控，落实《作业通用守则》的要求；加强作业人员安全培训，做好个人防护。 （3）操作设备时严格执行操作规程，遵守"呼唤应答""双人确认"等安全防控制度
9	运营沿线	人员伤亡、设备损坏、运营中断、水灾、火灾、爆炸、中毒等	（1）做好运营沿线危险源识别，落实防范措施。 （2）加强区间隧道的日常监测。 （3）加强巡视，配合好市政府《广州市城市轨道交通管理条例》的实施
10	自然灾害	人员伤亡和重大经济损失	（1）加强对特殊气象、自然灾害的监测和预报。 （2）根据气象预报及时采取应对措施和准备应急物资。 （3）定期开展安全检查，检查应急准备工作
11	公共卫生	群体性传染病、食物中毒、职业危害等	（1）密切注意公共卫生事件发生时的信息，做好应对公共卫生事件发生时的各项准备工作。 （2）加强对公共卫生环境如食堂、集体宿舍的管理和检查。 （3）保持健康的生活方式和拥有积极的心态，合理膳食，加强锻炼。 （4）做好个人安全卫生防护
12	社会安全	地铁声誉损失、危及社会稳定、人员伤亡和重大经济损失等	（1）保证监控系统的正常运作，加强保安巡查，强化防范意识和应对突发事件能力的教育。 （2）加强对不稳定因素的排查和处理。 （3）设置岗亭，加强巡视，注意观察。 （4）加强对出入地铁控制中心、车站、主所和车辆段人员的检查力度。 （5）控制事件影响

 **任务实施**

一、实施流程

(1)将全班同学分为若干个危险源辨识小组,每组 5~6 人。
(2)实地考察自己所在城市某个城市轨道交通车站的运营情况,辨识危险源。
(3)在观察过程中收集相关素材,并填写危险源登记表(见表 2-5)。

表 2-5 某城市轨道交通车站危险源登记表

序号	危险源	危险源类型	危害事故/事件	事故类型	控制措施

二、任务实战

(1)以小组为单位,对车站的运营情况进行实地考察,考察分析结果以 PPT 的形式进行汇报演讲。
(2)小组成员分工明确,每个成员都必须积极参与到实训实践任务中,汇报时要能呈现出小组成员的具体分工情况。
(3)汇总材料中需重点介绍针对危险源提出的改进措施。

任务三　安全色与安全标志

任务引导

引导问题1　什么是安全色?
_____
_____

引导问题2　简述安全色的含义和用途。
_____
_____

引导问题3　什么是安全标志?
_____
_____

引导问题4　简述安全标志的含义和用途。
_____
_____

一、安全色和对比色

（一）安全色

安全色是用来表达禁止、警告、指令、提示等安全信息的颜色，常用于表示禁止、警告、指令、指示等含义，其作用是使人们能够迅速注意到影响安全、健康的对象或场所。安全色用途广泛，例如，用于安全标志牌、消防设备、防护栏及机器上不准乱动的部位等。

安全色有红、蓝、黄、绿4种，其含义和用途分别如下。

（1）红色：表示禁止、停止、消防和危险的意思。例如，禁止标志、停止标志、消防设备、有危险的物体和环境均以红色作为警示。

（2）蓝色：表示指令，即必须遵守的规定。

（3）黄色：表示警告、注意的意思。例如，城市轨道交通的小心碰头标志、当心触电标志、小心夹手标志、当心滑跌标志、站台的安全线等均使用黄色提醒人们注意。

（4）绿色。表示提示、通行、安全、允许的意思。例如，城市轨道交通的导流标志、紧急出口标志均通过绿色提示人们安全通行方向。

（二）对比色

对比色是使安全色更加醒目的反衬色，有黑、白两种颜色。黑色用于安全标志的文字、图形符号和警告标志的几何边框。白色既可用于安全标志红色、蓝色、绿色的背景色,也可用在文字和图案符号中。为了提高安全色的辨识度,一般使用对比色与安全色搭配。对比色与安全色的搭配规定如表2-6所示。

表2-6 安全色与对比色的搭配

安全色	对比色
红色	白色
蓝色	白色
黄色	黑色
绿色	白色

二、安全标志

安全标志由安全色、几何图形、图形符号或文字所构成,用以表达特定的安全信息。辅助标志是安全标志的文字说明或者补充,需与安全标志同时使用在一个矩形载体上,称为组合标志。在同一矩形载体上含有两个或两个以上安全标志并且有相应辅助标志,称为多重标志。安全标志的作用是引起人们对不安全因素的注意,以达到预防事故发生的目的,但不能代替安全操作规程和安全防护措施。

根据《安全标志及其使用守则》(GB 2894—2008)的规定,安全标志分为禁止标志、警告标志、指定标志和提示标志四类,这四类标志用四种不同的几何图形来表示。

(一)禁止标志

禁止标志是禁止人们出现不安全行为的图形标志。禁止标志的几何图形是带斜杠的圆环,图形符号为黑色,几何图形为红色,背景色为白色。部分禁止标志如图2-2所示。

图2-1 禁止标志

城市轨道交通中常用的禁止标志如图2-2所示。

图 2-2　城市轨道交通中常用禁止标志

（二）警告标志

警告标志是提醒人们注意周围环境，避免危险发生的图形标志。警告标志的几何图形是正三角形边框，图形符号、几何图形为黑色，背景色、衬边为黄色。部分警告标志如图 2-3 所示。

图 2-3 警告标志

城市轨道交通中常用的警告标志如图 2-4 所示。

图 2-4 城市轨道交通中常用警告标志

(三) 指令标志

指令标志是告诉人们必须遵守相关规定的图形标志。指令标志的几何图形是圆形边框，图形符号、衬边为白色，背景色为蓝色。部分指令指标如图 2-5 所示。

图 2-5　指令标志

城市轨道交通中常用的指令标志如图 2-6 所示。

图 2-6　城市轨道交通中常用指令标志

（四）提示标志

提示标志是向人们提示某种信息（如标明安全设施或场所等）的图形标志，提示标志的几何图形是矩形，图形符号、衬边是白色，背景色是绿色。部分提示标志如图 2-7 所示。

图 2-7 提示标志

城市轨道交通中常用的提示标志如图 2-8 所示。

图 2-8 城市轨道交通中常用提示标志

任务实施

一、实施流程

（1）将全班同学分为若干小组。
（2）以小组为单位，通过实地考察或查找资料，找出城市轨道交通常用安全标志。

（3）填写城市轨道交通安全标志登记表（表2-7）。

表2-7 城市轨道交通安全标志登记表

序号	安全标志图片	安全标志名称	安全标志位置	安全标志类型	安全标志作用

二、任务实战

（1）以小组为单位，提交城市轨道交通安全标志登记表，安全标志不少于6个。

（2）小组成员分工明确，每个成员都必须积极参与到实训实践任务中，汇报时呈现小组成员的具体分工情况。

（3）结合本任务所学知识，分析安全标志的类型和作用。

项目测试

一、填空题

1. 危险源又称为___、___因素,是指可能导致人员伤害、疾病、财产损失、环境破坏或这些情况组合的___或___。
2. 危险源辨识的步骤包括___划分辨识范围、划分辨识单元、___、___。
3. 城市轨道交通事故按其内容分为_____、_____、职工伤亡事故、火灾爆炸事故、意外伤亡事故等。
4. 安全色是用来表达___、___、___、___提示等___的颜色,其作用是使人们能够对威胁安全和健康的物体和环境作出尽量快的反应,以减少事故的发生。
5. 安全标志由___、___、___或___所构成,用以表达特定的安全信息。

二、选择题

1. (　　)是进行危险源辨识的重要依据。
   A. 各种事故的经验教训　　　　B. 地铁公司运营守则
   C. 各种安全法律法规和标准　　D. 乘客的意见反馈
2. 危险源辨识小组的成员不包括(　　)。
   A. 消防专业人员　　　　B. 电气专业人员
   C. 设备专业人员　　　　D. 翻译专业人员
3. 安全色有(　　)这4种颜色。
   A. 红、黑、白、黄　　　B. 红、蓝、黄、绿
   C. 青、紫、橙、灰　　　D. 黑、灰、红、黄
4. 对比色有(　　)这两种颜色。
   A. 黑、白　　B. 红、白　　C. 红、黑　　D. 红、黄
5. 以下应急管理原则错误的是(　　)。
   A. 统一指挥,逐级负责　　B. 以人为本,科学决策
   C. 先复后通,有效应对　　D. 常备不懈,预防为主

三、简答题

1. 什么是危险源?阐述危险源辨识的步骤。
2. 城市轨道交通的主要危险源有哪些?
3. 发生突发事件需进行信息报告,信息报告的内容有哪些?
4. 什么是安全色和对比色?简述其种类和用途。
5. 简述安全标志的种类。

扫码进行在线答题

项目考评

考核内容		考核评分		
项目	内容	配分	得分	批注
学习态度（30%）	能够做到课前预习，并查阅本项目相关资料	10		
	积极参加教学中的实训、讨论、练习	10		
	按要求完成课堂练习和课后作业	10		
学习效果（50%）	能够陈述应急管理的概念及其过程	10		
	能够陈述城市轨道交通事故的分类	10		
	能够陈述危险源和风险的概念	10		
	能够陈述城市轨道交通危险源辨识的步骤	10		
	能够陈述安全色和安全标志的概念及作用	10		
综合素养（20%）	有效运用多种交流形式进行沟通	10		
	尊重他人，能与他人团结协作	10		
考核评语	考核人员：　　　　　　日期：　　年　月　日	考核成绩		

项目三

城市轨道交通消防安全管理与应急处理

项目描述

城市轨道交通作为城市公共交通的主动脉，具有舒适、快捷、安全等优点。安全是城市轨道交通顺利运营的前提，因此，做好城市轨道交通消防安全管理工作，对保障乘客生命财产具有重要意义。作为城市轨道交通从业人员，应该通过掌握预防火灾的知识和技能并加强应急救援工作，来保护自身和乘客的人身、财产安全。做好城市轨道交通消防安全管理工作对保障乘客生命财产具有重要的意义。党的二十大报告中指出：坚持安全第一、预防为主，建立大安全大应急框架，完善公共安全体系，推动公共安全治理模式向事前预防转型。在目前形势下，城市轨道交通的从业人员必须提高消防安全意识，掌握消防安全技能，为确保运营安全提供保障。

本项目主要介绍了城市轨道交通消防管理基础知识、消防工作概述、火灾的定义与分类、火灾事故等级的划分及报告、防火的基本方法、灭火的基本方法、城市轨道交通火灾的特点、城市轨道交通火灾风险点、城市轨道交通消防设施与器材、城市轨道交通消防应急处置相关知识。通过学习本项目知识，使学生具备消防安全知识与城市轨道交通消防应急处置技能。掌握消防四懂四会，懂得火灾危险性、懂得必要的消防安全知识、懂得火场逃生的基本方法、懂得火灾预防措施，会报警、会用消防器材、会扑救初起火灾、会组织疏散逃生。掌握城市轨道交通包括车站、列车等处发生火灾时的应急处置程序。

本项目将理论与实践结合，通过理论学习和案例分析掌握城市轨道交通消防管理知识，通过实践运用消防管理知识，使学生具备基本的消防安全知识与消防安全技能。

知识目标	能力目标	素质目标
1. 掌握火灾定义与分类。 2. 掌握灭火基本方法。 3. 掌握城市轨道交通火灾的特点和危害。 4. 掌握城市轨道交通车站、列车火灾自救与逃生应急处置方法	1. 能够制定基本的防火安全措施。 2. 会辨识城市轨道交通火灾风险点。 3. 能够使用消防设施、设备，会扑救初起火灾。 4. 会报警，能够组织乘客自救与逃生	1. 培养良好的职业道德； 2. 提升消防安全意识和团队合作精神。 3. 培养学生爱岗敬业的工匠精神。 4. 培养学生敬畏生命、珍爱生命的意识

任务导航

任务一　城市轨道交通消防安全管理概述
任务二　城市轨道交通消防设施与器材
任务三　城市轨道交通消防应急处置

任务一　城市轨道交通消防安全管理概述

任务引导

引导问题1　消防安全管理应重点从哪些方面进行？
_____
_____

引导问题2　火灾事故等级如何划分？
_____
_____

引导问题3　城市轨道交通火灾的特点有哪些？
_____
_____

知识讲解

一、火灾与消防概述

（一）消防工作概述

消防工作贯彻预防为主、防消结合的方针，按照政府统一领导、部门依法监管、单位全面负责、公民积极参与的原则，实行消防安全责任制，建立健全社会化的消防工作网络。

任何单位和个人都有维护消防安全、保护消防设施、预防火灾、报告火警的义务。

任何单位和成年人都有参加有组织的灭火工作的义务。

任何人发现火灾时，都应该立即报警。任何单位、个人都应当无偿为报警提供便利，不得阻拦报警。严禁谎报火警。

机关、团体、企业、事业等单位，应当加强对本单位人员的消防宣传教育。

消防安全管理又称消防管理。其含义包括涉及火灾预防和扑救的各有关事项，即指遵循火灾发生、发展规律即社会经济发展的规律，运用管理科学的原理和方法，通过各种消防管理职能，合理有效地利用各种资源，为实现消防安全目标所进行的各种活动的总称。

消防安全重点单位还应当履行下列消防安全职责：

（1）确定消防安全管理人，组织实施本单位的消防安全管理工作。

（2）建立消防档案，确定消防安全重点部位，设置防火标志，实行严格管理。

（3）实行每日防火巡查，并建立巡查记录。

（4）对职工进行岗前消防安全培训，定期组织开展消防安全培训和消防演练。

（二）火灾的定义与分类

1. 火灾定义

火灾是指在时间或空间上失去控制的燃烧。燃烧是可燃物与氧化剂发生的一种氧化放热反应，通常伴有光、烟、或火焰。

2. 火灾分类

火灾根据可燃物的类型和燃烧特性，分为A、B、C、D、E、F六大类。

A类火灾：指固体物质火灾。这种物质通常具有有机物质性质，一般在燃烧时能产生灼热的余烬。如木材、干草、煤炭、棉、毛、麻、纸张、塑料（燃烧后有灰烬）等燃烧引起的火灾。

B类火灾：指液体或可熔化的固体物质火灾。如煤油、柴油、原油、甲醇、乙醇、沥青、石蜡等燃烧引起的火灾。

C类火灾：指气体火灾。如煤气、天然气、甲烷、乙烷、丙烷、氢气等气体燃烧引发的火灾。

D类火灾：指金属火灾。如钾、钠、镁、钛、锆、锂、铝镁合金等金属燃烧引起的火灾。

E类火灾：指带电火灾。物体带电燃烧的火灾。

F类火灾：指烹饪器具内的烹饪物（如动植物油脂）燃烧引起的火灾。

（三）火灾事故等级划分

火灾事故按照人员伤亡、财产损失情况划分为特别重大火灾、重大火灾、较大火灾和一般火灾四个等级。

特别重大火灾：指造成30人以上死亡，或者100人以上重伤，或者1亿元以上直接财产损失的火灾。

重大火灾：指造成10人以上30人以下死亡，或者50人以上100人以下重伤，或者5 000万元以上1亿元以下直接财产损失的火灾。

较大火灾：指造成3人以上10人以下死亡，或者10人以上50人以下重伤，或者1 000万元以上5 000万元以下直接财产损失的火灾。

一般火灾：指造成3人以下死亡，或者10人以下重伤，或者1 000万元以下直接财产损失的火灾（注："以上"包括本数，"以下"不包括本数）。

二、防火与灭火的基本方法

燃烧必须同时具备3个条件：可燃物质、助燃物质和着火源。灭火的目的就是破坏已经产生的燃烧条件，只要能去掉一个燃烧条件，火焰即可熄灭。人们在灭火实践中总结出了以下几种基本方法。

（一）冷却灭火法

将灭火剂直接喷洒在可燃物上，使可燃物的温度降低到自燃点以下，从而使燃烧停止；

用水冷却尚未燃烧的可燃物质便是一种防止物质温度达到燃点而着火的预防方法。

我们通常使用的用水扑救火灾,其主要作用就是冷却灭火,一般物质起火时我们都可以用水来冷却灭火。

(二)窒息灭火法

可燃物质在没有空气或空气中的含氧量低于 14% 的条件下是不能燃烧的。所谓窒息法,就是隔断燃烧物的空气供给。

采取适当的措施,阻止空气进入燃烧区,或用惰性气体稀释空气中的含氧量,使燃烧物质缺乏或断绝氧而熄灭,适用于扑救封闭空间、生产设备装置及容器内的火灾。火场上运用窒息法扑救火灾时,可采用石棉被、湿麻袋、湿棉被、沙土、泡沫等不燃或难燃材料覆盖燃烧或封闭孔洞;用水蒸气、惰性气体(如二氧化碳、氮气等)充入燃烧区域;利用建筑物上原有的门以及生产储运设备上的部件来封闭燃烧区,阻止空气进入。

(三)隔离灭火法

可燃物是燃烧条件中非常重要的,如果把可燃物与引火源或空气隔离开来,那么燃烧反应就会自动中止。如用喷洒灭火剂的方法,把可燃物同空气和热隔离开来、用泡沫灭火剂灭火产生的泡沫覆盖于燃烧液体或固体的表面,把可燃物与火焰和空气隔开等,都属于隔离灭火法。

采取隔离灭火的具体措施很多。例如,将火源附近的易燃易爆物质转移到安全地点;关闭设备或管道上的阀门,阻止可燃气体、液体流入燃烧区;拆除与火源相毗连的易燃建筑结构,形成阻止火势蔓延的空间地带等。

(四)抑制灭火法

将化学灭火剂喷入燃烧区参与燃烧反应,使游离基(燃烧链)的链式反应中止,从而使燃烧反应停止或不能持续下去。采用这种方法时可使用的灭火剂有干粉和卤代烷灭火剂。灭火时,将足够数量的灭火剂准确地喷射到燃烧区内,使灭火剂阻断燃烧反应,同时还应采取冷却降温措施,以防复燃。

三、城市轨道交通火灾的特点

(一)城市轨道交通空间相对较为封闭

城市轨道交通线路以及车站主要分为地下、地上和高架线路。其中 95% 以上线路与车站为地下和高架线路或车站。城市轨道交通运营时线路相对封闭,其空间连续性强,防火困难。城市轨道交通线路及车站的出入口少,一旦发生火灾,出入口还必须具有能够快速排烟、散热,给人员疏散和消防队员扑救提供便利等功能。

(二)人员心理恐慌度高

城市轨道交通车站出入口少、通道窄、疏散距离长、人流大,因此在火灾发生时,受灾人员的心理恐慌程度比在室外时高很多，这种恐慌容易造成乘客行动混乱，从而发生挤踩踏事故。

（三）浓烟疏散难度大

城市轨道交通地下车站及隧道空间密闭，发生火灾时最重要的特征就是形成浓烟和热气浪，同时产生大量的有毒气体，一旦发生火灾，十分不利于人员疏散工作的开展。

（四）温度上升快

由于城市轨道交通建筑物是一个相对封闭的空间，在发生火灾后，大量的热量积聚后无法散去，空间温度很快升高，高温时会造成气流方向变化，对逃生人员产生较大影响。

（五）人员疏散难度大

一般地铁车站的安全疏散出口设置为 4~6 个，数量有限，而且位于地铁内部的排烟口与乘客安全出口的距离比较长。当人员处于地下空间时，人员从地下到地面开阔空间是一个垂直上升的过程，因人员数量多、行动混乱，从而影响疏散速度。同时，自下而上的疏散路线与内部烟、热气流自然流动的方向一致，人员的疏散必须在烟和热气流的扩散速度超过步行速度之前完成。这一时间差较短，难以控制，因为人员疏散工作的开展较为困难。

（六）扑救困难

由于地下空间限制，加上浓烟、高温、缺氧、视线不清、通信中断等原因，救援人员很难了解现场情况，且大型的灭火设备无法进入现场，救人、灭火困难大，救护工作的开展十分困难。

（七）通信系统容易瘫痪

地铁发生火灾时，由于水流和高温对通信器材的影响，使消防员携带的普通无线电对讲机不能正常工作，甚至整个通信系统都容易陷入瘫痪状态。

四、可能导致城市轨道交通发生火灾的危害因素

（一）电气线路、电气设备故障引发火灾

城市轨道交通车站（含城市轨道交通列车）内电气线路、电气设备高度密集，这些电气线路和设备在运行中发生短路、过负荷、过热等故障是引发城市轨道交通火灾事故的重要因素。

（二）人为因素引发火灾

工作人员违章操作、用火不慎，违章动火作业（电气焊、气割、明火烧接、喷灯作业等），乘客携带易燃易爆危险品乘车，在城市轨道车站内吸烟，人为纵火等也可能引发城市轨道交通火灾事故。

（三）环境因素引发火灾

引发火灾的环境因素主要包括城市轨道交通内部潮湿、高温、粉尘大、鼠害等：
（1）城市轨道交通内部通风不畅、隧道散热不良等导致温度过高；
（2）隧道内漏水情况比较普遍，地下湿气不易排出，导致地下空间湿度大；
（3）老鼠等小动物啃咬电缆电线。
上述环境因素可能造成电气设备、线路绝缘性能下降，导致电气设备短路从而引起火灾。

（四）与城市轨道交通车站合建的外来建筑物带来的危害因素

外来建筑的存在可能会增加车站周边的火灾风险。比如建筑物本身的材料、设计和使用方式都可能影响火灾的发生和蔓延。应该注意以下几方面的危害因素：

（1）疏散通道受阻：外来建筑的施工或存在可能导致车站周边的疏散通道被堵塞或受阻，影响乘客在火灾发生时的疏散速度和安全性。

（2）消防车辆通行困难：外来建筑可能影响消防车辆在车站周边的通行，阻碍消防救援工作的进行。

（3）消防设施受阻：外来建筑的存在可能会遮挡或阻碍车站周边的消防设施，如消防栓、灭火器等，影响火灾应急处理的效率。

（4）建筑材料安全性：外来建筑的材料选择和使用可能存在安全隐患，如易燃材料的使用，可能加剧火灾风险。

因此为减少这些危害因素带来的风险，城市规划者和建筑设计者应该在规划和设计阶段就考虑消防安全因素，确保外来建筑与城市轨道交通车站的整体消防安全性。同时，定期进行消防演练、加强消防设施的维护和管理，以及加强外来建筑的消防安全监管，也是减少消防危害的重要措施。

任务实施　分析韩国大邱地铁火灾事故案例

一、任务流程

（1）通读阅读材料《韩国大邱地铁火灾事故案例》和《香地铁起火致12人受伤，港铁：有乘客点燃危险品》
（2）讨论文后提出的几个问题。
（3）自评与总结。

二、阅读材料

韩国大邱火灾事故

事故概况：2003年2月18日09:00，韩国大邱市1号线1079号地铁列车行驶至市中心中央车站时，一名男性乘客在车门打开的瞬间，点燃装满易燃液体的罐子，大火瞬间蔓延，致使火灾发生。在1079号地铁列车迅速燃烧时，地铁调度员仍允许另一辆列车1080号进站，此时地铁断电，列车不能行驶，1080号列车在无法打开车门的情况下，随机燃烧起来，地铁列车司机不仅未采取任何果断措施疏散乘客，还依旧选择请示调度如何处理。更不可思议的是，在事故发生5 min后，调度还下达"允许1080号列车出发"的指令。致使此次火灾事故伤亡惨重，共造成198人死亡。

香港地铁起火致12人受伤，港铁：有乘客点燃危险品

2017年2月10日，据香港《明报》网站报道，10日晚19:15，港铁一辆由金钟开往荃湾的列车在开往尖沙咀期间，车上突然有浓烟冒出。消息指出，事件导致12人受伤，大部分人是被烧伤，伤者陆续被送往医院。港铁表示，事件由乘客点燃危险品引起。

香港医管局称已启动应变措施，严重个案分流到伊利沙伯、广华及明爱医院，目前已接收全部12名伤者。

一名男生目击了过程的发生，他忆述过程时双手仍然颤抖。他说，当时列车由金钟开出不久，车厢相当拥挤。一名男子突然大叫，随后该男生便见到有液体泼出，及后见到有火光。

人群立即向车厢另一方撤退，有人跌倒，人群亦有小朋友。部分乘客站在椅上，将窗户打开。

由于怕发生"人踩人"事件，有乘客呼吁大家冷静。该名男生见到一名女子腰部至腿部烧伤，一名长发女子更被烧着头发，目击者下车后，该男生亦见一名男子头发着火。

另一名目击者张小姐则表示，当时她亦在事发位置附近，见到一团火光后，她便立即退后。但因人太多，她跌倒在地上，双脚擦伤。她靠着扶手起身，见到一名男子被人推跌。其他乘客大叫"冷静"，秩序良好。

三、任务实战

通过阅读以上案例后，讨论及回答以下问题：
（1）按火灾事故等级划分，韩国大邱地铁火灾事故属于何种事故？
（2）分析韩国大邱地铁火灾事故的发生原因，联系所学知识分析地铁火灾事故特点。
（3）根据案例1和案例2，分析哪些因素可能导致城市轨道交通火灾事故的发生？

任务二　城市轨道交通消防设施与器材

任务引导

引导问题 1　常用的消防灭火设施和器材有哪些？

_____

引导问题 2　城市轨道交通发生火灾时，可以通过哪些报警器材与设施进行报警？

_____

_____

知识讲解

一、消防灭火设施与器材

（一）灭火器

灭火器的种类很多，按其移动方式不同可分为：手提式和推车式；按驱动灭火剂的动力来源不同可分为：储气瓶式、储压式、化学反应式；按所充装的灭火剂不同可分为：泡沫、干粉、卤代烷、二氧化碳、酸碱、清水等。下列介绍常见的几种灭火器。

1. 泡沫灭火器

泡沫灭火器适用于扑救一般 B 类火灾，如油制品、油脂等燃烧引发的火灾，也可适用于 A 类火灾，但不能扑救 B 类火灾中的水溶性可燃、易燃液体燃烧引发的火灾，如醇、酯、醚、酮等物质火灾，也不能扑救带电设备及 C 类和 D 类火灾。

2. 二氧化碳灭火器

二氧化碳灭火器适用于扑救易燃液体及气体的初起火灾，也可用于扑救带电设备的火灾。常应用于实验室、计算机房、变配电所，以及对精密电子仪器、贵重设备或物品维护要求较高的场所。

3. 干粉灭火器

碳酸氢钠干粉灭火器适用于易燃、可燃液体、气体及带电设备的初起火灾；磷酸铵盐干粉灭火器除可用于扑救上述几类火灾外，还可扑救固体类物质的初起火灾。但两种灭火器都不能扑救金属燃烧火灾。

图 3-1　手提式干粉灭火器　　　　图 3-2　手提式干粉灭火器

手提式干粉灭火器的使用方法：提起灭火器、拔出保险销、按下压把、对准火焰根部进行扫射，如图 3-3 所示。

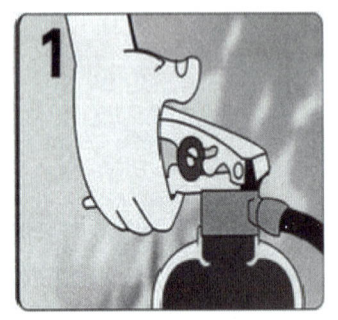
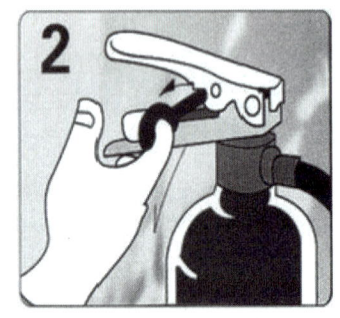

（1）提起灭火器　　　　　　　　（2）拔出保险销

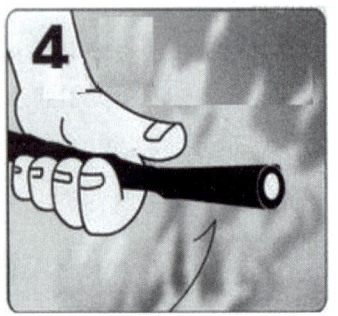

（3）按下压把　　　　　　　　（4）对准火焰根部进行扫射

图 3-3　手提式干粉灭火器的使用方法

（二）消火栓

消火栓是管网向火场供水的、带有阀门的接口，是固定的消防设施，通常安装在消火栓箱内，与消防水带和水枪等器材配套使用，如图 3-4 所示。

图 3-4　消火栓相关设施

消火栓的使用步骤如下：
（1）打开消火栓门，按下内部启泵报警按钮。
（2）一人接好枪头和水带后奔向起火点。
（3）另一人将水带的另一端接在和栓头铝口中。
（4）逆时针打开阀门，水即可喷出。

（三）消防喷淋系统

消防喷淋系统是一种消防灭火装置，是应用十分广泛的一种固定消防设施，它具有价格低廉、灭火效率高等优点。根据功能不同，可以分为人工控制和自动控制两种形式。系统安装报警装置，可以在火灾发生时自动发出警报，自动控制的消防喷淋系统可以自动喷淋并且和其他消防设施联动工作，因此能有效控制、扑灭初期火灾。

消防喷淋系统控制相关内容如下。

人工控制就是当发生火灾时需要工作人员打开消防泵为主干管道供压力水，喷淋头在水压作用下开始工作。

自动控制消防喷淋系统是一种在火灾发生时,能自动打开喷头喷水灭火并同时发出火灾报警信号的消防灭火设施。自动喷淋灭火系统具有自动喷水、自动报警和使初期火灾降温等优点,并且可以和其他消防设施同步联动工作,因此能有效控制、扑灭初期火灾。

自动消防喷淋系统分为感烟式和感温式两种。

图 3-5 消防喷淋系统

(四)气体灭火系统

气体灭火系统是指灭火剂平时以液体、液化气体或气体状态存贮于压力容器内,灭火时以气体(包括蒸汽、气雾)状态喷射作为灭火介质的灭火系统。并能在防护区空间内形成各方向均一的气体浓度,而且至少能保持该灭火浓度达到规范规定的浸渍时间,以扑灭该防护区的空间、立体火灾。

在城市轨道交通中,车站通信设备室、信号设备室、综合监控室等都设置有气体灭火系统。城市轨道交通中常用的气体有 HFC-227ea(七氟丙烷)、IG-541 等。

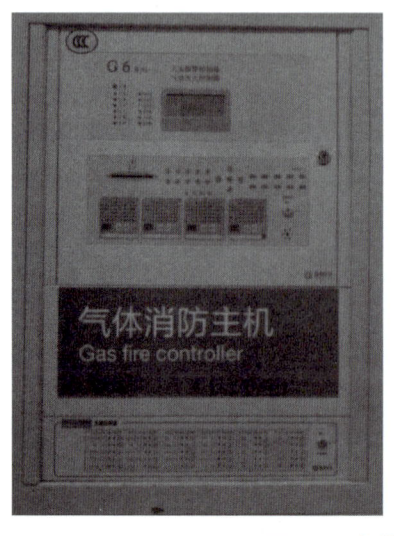

图 3-6 气体灭火系统消防主机及储气瓶

IG541 灭火系统相关内容如下。

灭火原理：IG-541 混合气体喷放到防护区后，可使其内氧气浓度降至 15% 以下，因此可使燃烧物停止燃烧，从而将火扑灭。同时使防护区内二氧化碳浓度升高，二氧化碳浓度的增加会使人的呼吸速率加快，提高人体吸氧功能，因此在一定程度上维持了人体吸氧的需要。且灭火剂以气态形式储存和喷放，IG-541 灭火剂释放至火灾产生高温的防护区时，不会发生分解，无有毒的分解物产生，喷至防护区后不形成浓雾或造成视野不清，确保逃生时能清楚看到紧急出口。灭火剂对人体无毒无害，是一种安全的环保型灭火剂，适用于经常有人工作的场所。

IG541 由氮气（48.8%～55.2%）、氩气（37.2%～42.8%）和二氧化碳（7.6%～8.4%）按比例完全自然组合而成。具有无色、无味、不污染设备、无腐蚀性、绝缘性能好等特点。喷放至防护区后，使其氧气浓度下降的同时，使防护区内二氧化碳浓度也同步升高。以气态形式储存和喷放，其释放至发生火灾的高温防护区时，不会发生分解，无有毒的分解物产生。

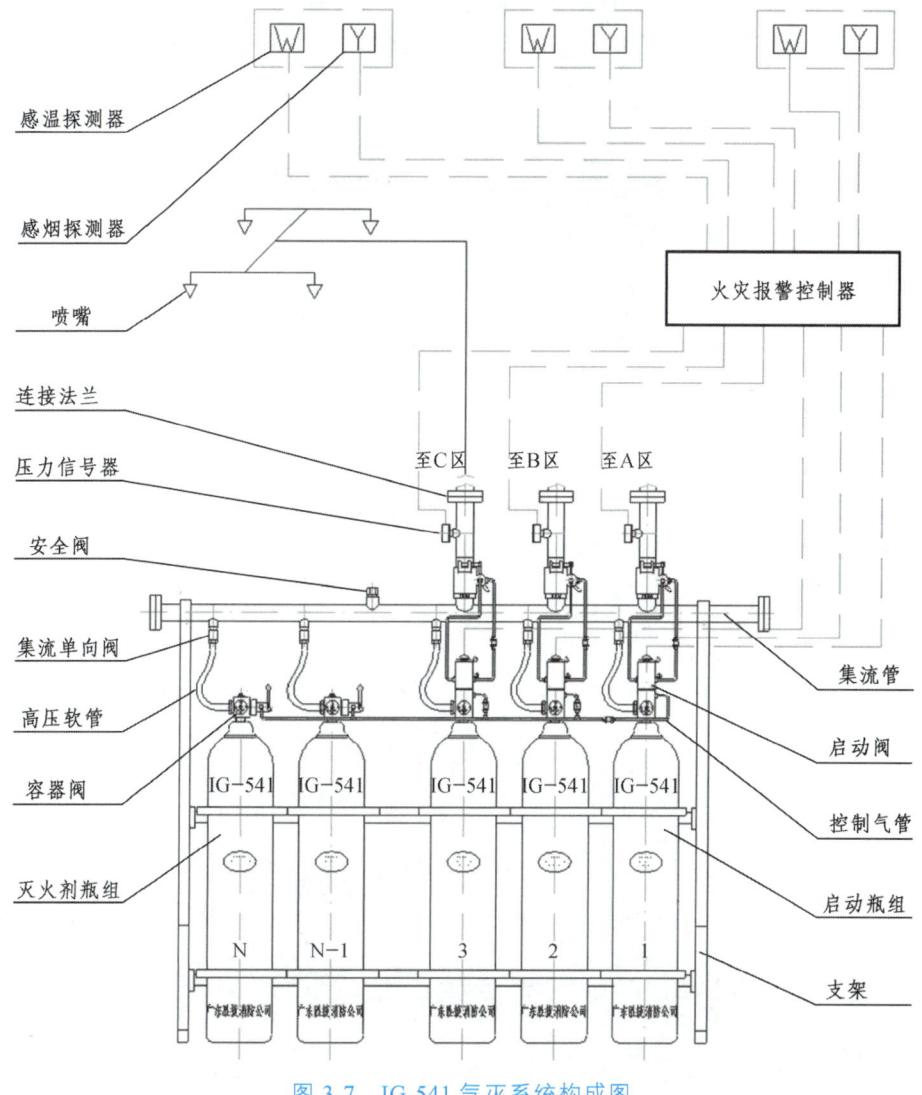

图 3-7 IG-541 气灭系统构成图

二、报警设施与器材

(一)火灾报警控制器(消防主机)

当消防主机接收到探测器、手动报警按钮的火灾报警信号后,消防主机屏幕上会显示火灾位置信息并发出报警声音,车站控制室值班人员会根据火警信息,及时安排工作人员赶赴现场进行确认。FAS 消防主机如图 3-8 所示。

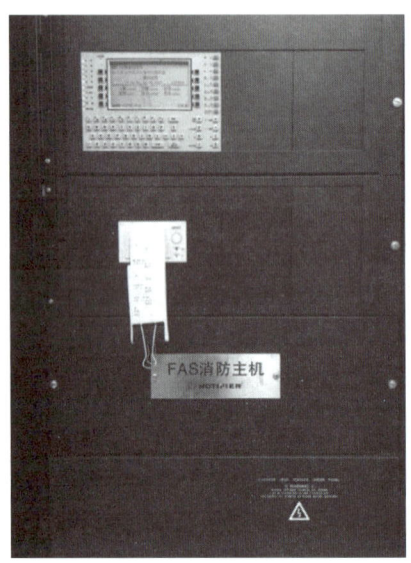

图 3-8　FAS 消防主机

(二)手动火灾报警按钮

手动报警按钮一般安装在车站站厅、站台、设备区及隧道区间墙壁上。

当现场出现火情时,可就近按压报警按钮发出火灾报警信号。火灾报警器如图 3-9 所示。

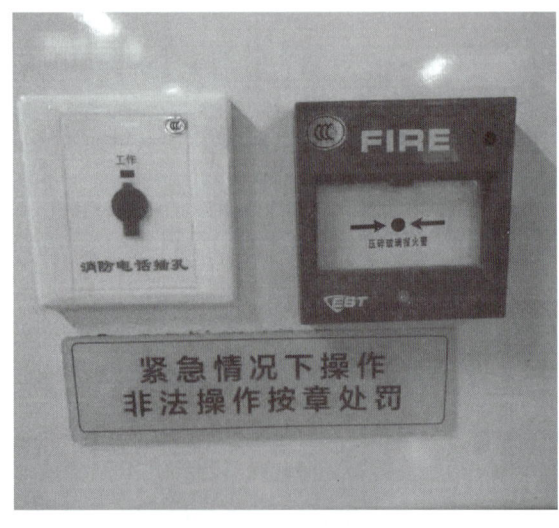

图 3-9　火灾报警器

（三）消防电话

消防电话一般安装在设备区走廊及消防泵房等重要设备房内，如图 3-10 所示。
火灾发生时，可通过消防电话与车站控制室值班人员联系，以便及时采取应急处置措施。

图 3-10　火灾报警电话

（四）烟感报警器

烟感报警器是烟感或烟雾报警器的别称，烟感报警器是通过监测烟雾的浓度来实现火灾防范的，内部采用离子式烟雾传感器，离子式烟雾传感器是一种技术先进、工作稳定可靠的传感器，被广泛运用到各种消防报警系统中。烟感报警器如图 3-11 所示。

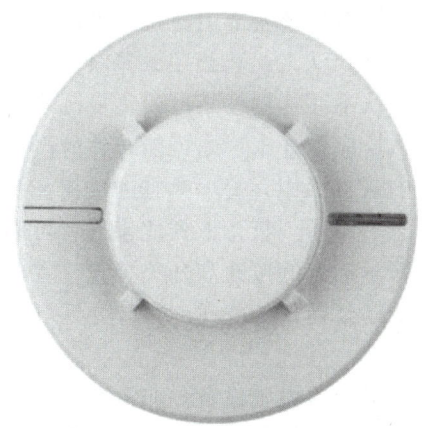

图 3-11　烟感报警器

（五）温感报警器

温感报警器又称感温探测器，发生火灾时，物质的燃烧会产生大量的热量，使周围温度发生变化。感温探测器是对警戒范围中某一点或某一线路周围温度变化时进行响应的火灾探测器。它将温度的变化转换为电信号以达到报警的目的。温感报警器如图 3-12 所示。

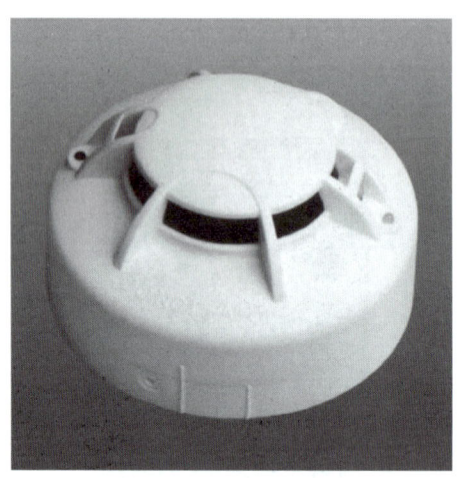

图 3-12　温感报警器

案例阅读

2023 年 2 月 15 日，×市交通运输综合行政执法总队轨道交通支队接到轨道交通运营公司反映，有人蓄意破坏轨道交通×号线××车站站台和××车站站厅火灾报警装置，造成火灾应急设备损坏。接到报警后，一大队执法人员立即前往现场开展调查。

到达现场后，执法人员根据调取的监控视频录像了解到，当天一年轻男子在未遇到任何火情的情况下，分别于 11:34 和 12:22 左右，按下了××车站站台和××车站站厅内的火灾报警按钮，造成××站屏蔽门三瓶气灭气体喷洒，在现场陷入混乱后，该年轻男子快速离开了现场。

当天 23:00 左右，一大队接到轨道公安部门通报，称已通过大数据筛查锁定当事人并对其进行了传唤。16 日凌晨，一大队执法人员将当事人杨某带回大队进行调查询问，面对视频监控证据，杨某对自己的行为供认不讳。据杨某自诉，自己当时的行为是出于好奇心理，想知道按下火灾报警按钮后有什么反应，并未考虑可能导致的严重后果。

杨某在城市轨道交通车站内擅自操作有警示标志的按钮和开关装置的行为，违反了《城市轨道交通运营管理规定》第三十四条"禁止下列危害或者可能危害城市轨道交通运营安全的行为"第五款"擅自操作有警示标志的按钮和开关装置，在非紧急状态下动用紧急或者安全装置"之规定，一大队依法给予杨某罚款 500 元的行政处罚。同时，杨某或将面临最高 24 000 元的赔偿。

轨道交通民警提醒，损害轨道交通设施设备和非紧急情况下擅自操作有警示标志的按钮和开关装置轻则可能影响轨道交通运营，重则酿成发生运营安全事故等严重后果，危害自己及他人的生命财产安全，在乘坐轨道交通时，一定要遵守城市轨道交通法规，自觉做到文明出行。

根据上述案例，请说出城市轨道交通有哪些消防应急设备。

任务实施　使用灭火器及消火栓灭火

一、实施流程

（一）任务准备

（1）物资：模拟真实火场，布置燃烧物，准备若干灭火器，布置消火栓箱。
（2）人员：老师作为示范员，学生每2人为一组。

（二）任务流程

（1）老师选择一处安全的地点布置好火场，点燃火源，掌握好火势，注意安全。
（2）老师进行灭火器和消火栓的操作示范，讲解注意事项。
（3）学生分组练习，分别使用灭火器和消火栓扑灭火源。
（4）老师现场考核，并填写任务评估表。

二、任务实战

现场使用灭火器及消火栓灭火，教师通过学生的完成情况填写任务实施评估表。

表 3-1　任务实施评估表

任务名称：　　　　　　　　　　　　　　　　　　　　　　　　　　日期：

评分内容	评分	得分	存在问题
积极参与活动	20分		
灭火器操作	30分		
消火栓操作	30分		
安全及其他事项	20分		
总分	100分		

任务三　城市轨道交通消防应急处置

任务引导

引导问题 1　城市轨道交通消防应急处置原则是什么？

_____

_____

引导问题 2　城市轨道交通不同地点或场所发生火灾时，应急处置程序应该分别是什么？

_____

_____

知识讲解

一、城市轨道交通消防应急处置原则

城市轨道交通消防应急处置原则：

（1）贯彻"救人第一，救人与救灾同步进行"的原则，积极开展防灾自救工作，做到反应快、报告快、处置快。

（2）防中毒、防窒息。现场确认或扑救火灾时，工作人员要做好个人防护。

（3）及早判明火灾类型，实施对应灭火措施，及时扑灭初起火灾。

（4）列车在高架区间运行过程中发生火灾时，若尚未全部出站，应退回后方车站进行救灾疏散，若列车全部出站，应驶向前方车站进行救灾疏散。

（5）列车在隧道区间运行过程中发生火灾时，列车应驶向前方车站进行救灾疏散。

（6）火灾事件发生后，及时疏散乘客，及时报 110、119、120。

二、信息报告

（一）信息报告内容

运营单位的信息报告流程应遵循"统一指挥、分级负责、信息共享、点面联动、实事求是、言简意赅、发布及时"的原则。现场工作人员、各调度岗位向运营单位上级管理部门、上级行业主管部门信息报告应包括但不限于下列内容：

（1）发生区间、车站火灾时，火灾发生的概况、人员安全的影响和伤亡情况、运营组织的影响和行车调整情况、设施设备的影响和抢修方案、外部支援力量的情况、火灾扑救进展。

（2）发生列车火灾时，列车火灾发生的概况、列车位置或迫停区间具体位置、乘客区间

疏散情况、人员安全的影响和伤亡情况、运营组织的影响和行车调整情况、设施设备的影响和抢修方案、外部支援力量的情况、火灾扑救进展。

（3）发生控制中心、车辆基地火灾时，火灾发生的概况、人员安全的影响和伤亡情况、运营组织的影响和行车调整情况、设施设备的影响和抢修方案、外部支援力量的情况、火灾扑救进展、工作人员撤离组织情况。

（二）信息报告流程

城市轨道交通运营公司消防应急信息报告程序结合消防类突发事件实际情况，信息报告流程一般如下：

（1）列车司机接到或发现列车着火、区间发生火灾，立即报告行车调度。

（2）车站人员发现车站着火、毒气泄漏或接到外部有毒气体泄漏的报告，车站值班员立即报告行车调度、环控调度，并通知运营公司生产调度。

（3）车场调度接到或发现场内着火、毒气泄漏，立即报告行车调度、环控调度，并通知运营公司生产调度。行车调度、环控调度接到报告后，立即通知运营公司生产调度，并执行地铁公司内部报告程序。

（4）根据信息报送管理办法相关要求，达到对外报送要求的信息要按规定进行对外信息报送。

三、火灾应急处置

（一）先期处置程序

（1）消防值班人员接报火灾报警信号后，立即组织人员进行现场确认。

（2）确认人员要尽快查明报警现场情况，判断火灾报警信号是误报还是发生火情报警，及时上报现场情况。

（3）现场人员发现火情后，车站人员或咨询助理应立即报告119，告知发生火情部位、是否有人员被困、是什么燃烧物质，并报110、120。

（4）现场人员应判断火情性质，使用附近可以利用的灭火器材，将火情消灭在萌芽状态。当火情较大时，采取有效措施，控制火势、烟雾蔓延。

（5）当自动灭火系统保护房间出现火情时，应及时启动自动灭火系统释放灭火剂进行灭火。

（6）当发生火灾后，应立即启动火灾现场处置应急预案，迅速组织人员到场救灾，及时组织其他人员、乘客疏散，防止因火灾蔓延扩大造成人员伤亡。

（7）做好与消防队救援对接工作，包括灾害信息对接、提供车站建筑结构平面图纸和对讲机通信器材等。

（二）车站火灾处置程序

（1）值班站长启动车站火灾现场处置应急程序，组织现场救灾、疏散人员到安全区域、救援伤员。

（2）环控调度启动相应的环控火灾工况模式，车站开启事故广播、导向灯箱、闸机等引导疏散，开启车站通风系统排烟。

（3）车站其他工作人员应立即暂停原工作岗位的工作，听从车站值班站长的统一指挥，立即封站，协助救灾，到进站口阻止乘客进站，引导公安、消防、医务人员进站。

（4）行车调度组织列车视情况越站或不进站，根据现场情况调整列车运行交路。

（5）车站设备用房火灾，气体灭火保护房间着火，车站人员按照气灭操作规程进行操作，若火灾涉及站台、站厅等区域，危及乘客安全，按火灾先期处置程序执行。

（6）换乘车站发生火灾，车站人员需适时关闭换乘通道防火卷帘门，防止火情蔓延。

（7）非运营期间车站发生火灾，车站值班员及时报警，并组织车站其他值班人员（保安、保洁及施工人员等）扑灭初起火灾，环控调度启动相应的环控火灾工况模式。

（三）列车火灾处置程序

1. 当列车在车站发生火灾时

（1）保持车门及站台门打开状态，开启列车广播引导乘客疏散出车。

（2）环控调度启动相应的环控火灾工况模式，开启隧道、站台通风系统排烟，车站组织现场救灾、疏散乘客到安全区域、救援伤员，开启事故广播、导向灯箱、闸机等引导疏散。

（3）行车调度组织邻线列车立即驶离车站，及时扣停上、下行列车，来不及扣停时，组织不停车通过。

（4）车站其他工作人员应立即暂停原岗位的工作，听从车站值班站长的统一指挥，立即封站，协助救灾，到进站口阻止乘客进站，引导公安、消防、医务人员进站。

2. 当列车在区间发生火灾时

（1）列车上发生火灾时，列车司机应及时了解起火位置、火势情况，使用列车广播引导乘客使用车内灭火器灭火，引导乘客到没有着火的车厢并打开列车紧急通风。

（2）列车在隧道区间发生火灾，能继续运行时，应运行到前方站紧急疏散乘客，按列车在车站发生火灾处置程序执行。

（3）列车在隧道区间时发生火灾，不能继续运行时，列车司机立刻报告行车调度，请求救援。

（4）如果火势不能控制且有蔓延趋势，已危及乘客生命安全时，行车调度与着火列车司机共同确定乘客疏散方向，同时立即扣停上、下行相关列车。如无疏散平台，则列车司机在得到行车调度准许疏散乘客的命令后，打开邻线侧车门，广播引导乘客下到地面，并广播引导乘客利用隧道内的联络通道进入邻线隧道，按确定方向疏散至就近车站；如有疏散平台，立即打开疏散平台侧全部车门，开启列车广播，按确定方向引导乘客下车往就近车站方向疏散。

（5）供电区段内所有列车到站后，行车调度向电力调度下达上、下行接触网紧急停电命令。

（6）环控调度根据值班主任确认的停车位置、着火位置、疏散乘客的方向，确定送风方向，并启动相应的环控火灾工况模式。

（7）疏散方向的车站值班站长带领车站救援人员进入隧道，组织灭火，疏散乘客到车站、救援伤员。

（8）车站开启事故广播、闸机、端门等引导疏散。

（四）轨行区（隧道区间、高架线路）火灾处置程序

（1）列车发现前方轨行区火灾，应在火灾区域前停车，向行车调度报告情况，得到批准后退回后方车站；来不及在火灾区域前停车时，则视现场情况快速通过，运行到前方站停车。

（2）行车调度得到火灾的情况报告后，应及时扣停有关列车，并立即通知电力调度切断该供电分区的牵引供电，及时采取相应救援方案。

（3）行车调度通知运营公司生产调度，安排相关专业人员确认失火设备，及时做出应对。

（4）车站值班站长组织人员现场确认，车站其他工作人员应立即暂停原工作岗位的工作，听从值班站长的统一指挥，等待消防人员到来，协助灭火工作。

（5）消防人员到达后，车站人员配合消防人员灭火、调查取证及救护伤员，如有需要，行车调度组织列车运行，配合现场确认及灭火。

任务实施　列车火灾救援综合演练

一、实施流程

1. 任务情景

模拟1号线一列车运行至A站至B站下行区间距A站约100 m处（见图3-13），列车运行方向第一节车厢有乘客报警：车厢发生火灾，火灾无法控制，火势较大，导致列车失去动力，不能维持运行到车站疏散乘客，车厢内有乘客昏迷，浓烟蔓延至A站……

事件发生后，轨道集团运营相关部门岗位人员立即启动应急预案，进行应急处置，疏散被困乘客和抢救伤员，同时，向公安、消防、医疗、公交等单位请求支援，相关单位迅速启动应急联动，参与抢险救援。

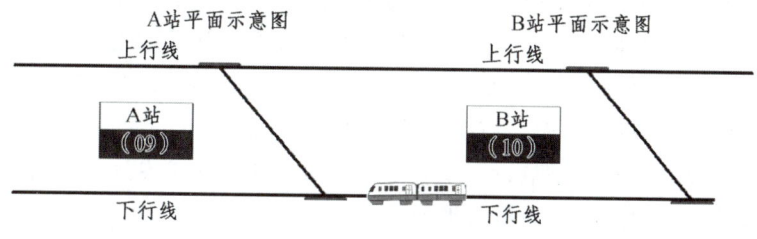

图3-13　车站线路示意图

2. 任务准备

（1）场地：能够进行列车火灾救援综合演练的实训室、教室或者其他场地。

（2）角色：行车调度2名，电力调度、环控调度、总调度长、信息调度、列车司机、车站值班站长、行车值班员各1名，乘客若干，消防、公安、医疗、公交单位的负责人各1名。

（3）道具：能模拟无线手持台道具若干。

3. 任务流程

（1）学生按照15人为一组进行分组，组内讨论情景细节和台词。明确各人员需要扮演的角色。

（2）对演练方案内容进行演练。

（3）演练后进行总结，提出火灾事故预防方案和措施。

（4）老师现场考核，并填写评估表。

（5）小组互评，共同学习。邀请优秀小组进行演练展示。

二、任务实战

1. 任务演练

（1）10:01，司机收到演练开始的指令后，演练列车从A站下行出站，在烟雾产生后，乘客惊慌大呼着火了、着火了。司机接报后，继续维持列车运行，广播引导乘客使用灭火器灭火并远离着火车厢。准备向行调报告，但因火势太大，列车失去动力，无法继续运行，最终迫停在A站出站200 m处。司机立即报告行调，并请求区间疏散救援，建议往A站方向疏散乘客。疏散过程中，浓烟从隧道区间蔓延至A车站站台，乘客在车站工作人员的组织引导下有序地进行疏散。

（2）10:03，行调接报后，立即扣停开往事发区间的上下行列车，并逐级报告。

（3）10:04，行调在扣停开往事发区间的上下行列车后，立即向司机下达了准许区间疏散的命令；向A站、B站下达封锁区间命令，并向A站下达立即封站、安排人员到事发点接应乘客的命令；通知环调事发区间及疏散方向。环调开启A站至B站下行区间相应工况模式，向电调下达事发所在供电区段接触网停电的命令。

（4）司机收到行调命令后，立即打开疏散平台侧全部车门，并引导乘客往A站方向疏散、广播提醒注意安全。乘客按司机引导从车内撤离至疏散平台，下到轨行区，往A站方向疏散。

（5）收到行调命令后，A站值班员立即通知值班站长。值班站长立即安排人员做好车站封站工作，并带领人员携带救援物资进入事发轨行区开展区间疏散工作。

（6）10:06，信息调度向119、110、120请求救援。通过车站PIS、官方微博、网站、App等发布运营受阻信息（模拟），做好演练中的信息报送工作。

（7）10:08，车站值班员申请启动公交接驳。值班站长到达事发地点接替司机担任现场负责人，组织乘客疏散，组织工作人员救助受伤人员。

（8）10:10，隧道区间的浓烟蔓延至A站车站站台，环调开启站台排烟工况模式排烟，工作人员组织引导乘客迅速疏散。

（9）10:13，大部分乘客被疏散至A站。因区间内烟雾、火势太大，轨道集团员工无法进入着火车厢内搜救，无法判断里面是否还有人员被困。

（10）10:15，公安、消防、医疗救护、公交开展救援。

（11）火灾扑灭，被困人员的搜救工作完成，乘客疏散、转运完毕后，现场确认、设备恢复，轨行区具备行车、送电条件，演练列车具备动车条件，演练结束。

2. 任务评估

表 3-2　应急预案演练评估表

预案名称			
小组名称			
演练时间			
演练地点			
演练评估	预案编制 30 分	操作性	
		完整性	
	演练内容 50 分	角色分配	
		用语标准	
		流程完整	
		组织有序	
	总体评价 20 分		
存在问题			

项目测试

一、填空题

1. 消防工作贯彻_____、_____的方针。
2. A 类火灾：指____物质火灾。
3. E 类火灾：指____物质火灾。
4. 特别重大火灾：指造成_____死亡，或者_____重伤，_____经济损失的事故。
5. 燃烧必须同时具备：_____、_____、_____三个条件。
6. 常见的灭火基本方法包括：_____、_____、_____和抑制灭火法四种。
7. 灭火器的种类很多，按其移动方式可分为：_____、_____。
8. 消火栓是管网向火场供水的，带有阀门的接口，是固定消防设施，通常安装在消火栓箱内，与_____和水枪等器材配套使用。
9. 碳酸氢钠干粉灭火器适用于可燃液体、_____及带电设备的初起火灾，但不能扑救金属燃烧火灾。
10. 手动报警按钮一般安装在车站站厅、站台、设备区及_____区间墙壁上。当现场出现火情时，可就近按压报警按钮发出火灾报警信号。

二、选择题

1. 下列物品中，属于 B 类火灾的是（　　）。
    A. 麻　　　　B. 煤炭　　　　C. 甲醇　　　　D. 镁
2. 根据火灾事故等级划分标准，下列属于重大火灾事故的是（　　）。
    A. 造成 30 人以上死亡，或者 100 人以上重伤，或者 1 亿元以上直接财产损失的火灾
    B. 造成 10 人以上 30 人以下死亡，或者 50 人以上 100 人以下重伤，或者 5 000 万元以上 1 亿元以下直接财产损失的火灾
    C. 造成 3 人以上 10 人以下死亡，或者 10 人以上 50 人以下重伤，或者 1 000 万元以上 5 000 万元以下直接财产损失的火灾
    D. 造成 3 人以下死亡，或者 10 人以下重伤，或者 1 000 万元以下直接财产损失的火灾
3. 下列哪一项不是燃烧必须同时具备的 3 个条件之一（　　）。
    A. 可燃物质　　　　B. 着火源　　　　C. 助燃物质　　　　D. 氮气
4. 下列关于灭火方法说法错误的是（　　）。
    A. 冷却灭火法将灭火剂直接喷洒在可燃物上，使可燃物的温度降低到自燃点以下，从而使燃烧停止。用水扑救火灾，其主要作用就是冷却灭火，所有物质起火，都可以用水来冷却灭火
    B. 窒息灭火法的原理是可燃物质在没有空气或空气中的含氧量低于 14% 的条件下是不能燃烧的。所谓窒息法，就是隔断燃烧物的空气供给

C. 隔离灭火法是把可燃物与引火源或空气隔离开来，燃烧反应就会自动中止。采取隔离灭火的具体措施很多。例如，将火源附近的易燃易爆物质转移到安全地点，关闭设备或管道上的阀门，阻止可燃气体、液体流入燃烧区

D. 抑制灭火法是将化学灭火剂喷入燃烧区参与燃烧反应，使游离基（燃烧链）的链式反应中止，从而使燃烧反应停止或不能持续下去。采用这种方法可使用的灭火剂有干粉和卤代烷灭火剂。灭火时，将足够数量的灭火剂准确地喷射到燃烧区内，使灭火剂阻断燃烧反应，同时还应采取冷却降温措施，以防复燃。

5. 常用的干粉灭火器的使用方法正确的步骤是（　　）。
   A. 一提起灭火器、二拔出保险销、三按下压把、四对准火焰根部进行扫射
   B. 一拔出保险销、二提起灭火器、三按下压把、四对准火焰根部进行扫射
   C. 一拔出保险销、二提起灭火器、三按下压把、四对准火焰上部进行扫射
   D. 一提起灭火器、二拔出保险销、三按下压把、四对准火焰上部进行扫射

三、简答题

1. 城市轨道交通火灾有哪些特点？
2. 可能造成城市轨道交通发生火灾的危害因素？
3. 火灾根据可燃物的类型和燃烧特性可分为有哪些六大类，请分别列出。
4. 城市轨道交通有哪些消防设备设施？请举例说明至少5个并简单说明有何作用。
5. 什么是气灭系统？城市轨道交通哪些设备房间会配备气体灭火系统？
6. 消防"四懂四会"分别指什么？请具体说明。
7. 如果城市轨道交通车站发生火灾，请描述整个火灾应急处置流程是怎样的。
8. 如果城市轨道交通列车在隧道区间发生火灾，请描述整个火灾应急处置流程是怎样的。

扫码进行在线答题

项目考评

考核内容		考核评分		
项目	内容	配分	得分	批注
学习态度（30%）	能够做到课前预习，并查阅本项目相关资料	10		
学习态度（30%）	积极参与课堂，参加教学中实训、讨论、练习	10		
学习态度（30%）	按要求完成课堂练习和课后作业	10		
学习效果（50%）	能够对火灾类别、火灾事故等级进行划分	10		
学习效果（50%）	能够陈述防火与灭火的基本方法	10		
学习效果（50%）	能够判别城市轨道交通中造成火灾的危险因素	10		
学习效果（50%）	能够根据火灾发生类别快速辨别应使用的消防灭火设施与器材	10		
学习效果（50%）	能够陈述城市轨道交通消防应急处置原则	10		
综合素养（20%）	爱岗敬业，具备消防安全防范意识	10		
综合素养（20%）	尊重他人，能与他人团结协作	10		
考核评语 考核人员：　　　　　　　　日期：　　　年　月　日		考核成绩		

项目四

城市轨道交通车站应急管理与应急处理

项目描述

党的二十大报告中提及了"统筹维护和塑造国家安全""提高公共安全治理水平""推动公共安全治理模式向事前预防转型"等内容。这些论述明确了国家安全工作的努力方向,提出了提高公共安全治理水平的战略要求。车站是城市轨道交通系统中,运营人员为乘客服务的窗口,是轨道交通服务方与乘客沟通的桥梁。车站往往人员密集,因此发生突发事件时如何快速进行乘客的疏散,如何保障旅客生命财产安全是车站运营工作者所必须掌握的基本技能。

本项目主要介绍了城市轨道交通车站突发事件的应急处置基本原则,通过案例分析和应急预案的介绍,使学生掌握突发事件应急处置的能力。本项目包括大客流应急处理、公交接驳预案等突发事件应急处理基本流程的介绍内容,另外通过对自然灾害、暴恐袭击等对车站的潜在风险进行分析,为学生进行抢险救灾和应急处理提供必要的知识储备。

通过本项目的学习,使学生具备大客流、公交接驳等应急处置能力,能够实施自然灾害或爆恐袭击的预防措施,能够在发生自然灾害或暴恐袭击时,有条不紊地完成乘客疏散、防灾救灾等工作。

学习目标

知识目标	能力目标	思政目标
1. 掌握预警、恐怖主义、终点站等术语含义。 2. 掌握车站应急响应的等级划分。 3. 掌握应急处理的基本原则。	1. 能够按照应急预案响应流程完成车站突发事件应急处理。 2. 能够针对自然灾害、暴恐袭击进行防治,并对由此产生的影响进行应急处理。	1. 培养临危不惧的职业道德和社会责任感。 2. 提升安全防范意识和团队协作意识。

任务导航

任务一　车站突发事件的应急处置原则及报告程序
任务二　车站突发运营事件应急处置
任务三　车站自然灾害应急处置
任务四　车站公共安全事故应急处置

任务一　车站突发事件的应急处置原则及报告程序

任务引导

引导问题 1　突发事件的处理要遵循什么原则？

引导问题 2　车站可能会发生哪些突发事件？

引导问题 3　发生突发事件后要做哪些响应？

引导问题 4　车站突发事件应急有哪些响应流程？

知识讲解

一、车站突发事件的处理原则

突发事件是指突然发生，造成或者可能造成人身伤害、财产损失和严重社会危害等，需要采取应急处置措施予以应对的运营突发事件、自然灾害事件、公共卫生事件和社会安全事件。

为了能及时、高效地处置城市轨道交通运营过程中车站的突发事件，规范突发事件应急处置程序，提高应急处置能力，保护人民生命财产安全，维护轨道交通的安全运营，城市轨道交通运营部门需根据国家、省市人民政府、主管部门和运营单位出台的相关法律、法规和规范性文件，制定应急处置预案。

（一）工作原则

对于车站突发事件的应急抢险工作，应按照"以人为本、安全第一"的工作原则，优先采取避险措施，优先抢救涉险人员，并加强应急救援人员的安全防护，防止次生危害的发生。在启动突发事件应急响应后，各部门应按照"统一指挥、分级响应"的原则，依照已制定的应急处置预案成立应急组织机构，分工履行工作职责，出动救援人员。属地管理部门按照"属地管理、分工协作"的原则，应对突发事件第一时间响应，并按照应急预案开展应急处置工作。各有关中心组织各专业应急队伍按照职责分工积极配合，为应急抢险提供一切便利条件。

在确保安全的前提下,按照"先通后复"的抢险原则,各部门积极调动人力、物力投入抢险,采取有效措施以减少突发事件造成的人员伤亡、财产损失、列车延误和社会影响,尽快恢复运营。坚持"预防为主、常备不懈"的原则,加强对突发事件的监测、预警、预防和研判工作,将预防与抢险处置相结合,有效控制风险,做到早发现、早报告、早控制、早解决。建立专业应急队伍并配置充分的应急物资,做好日常的思想动员、技能训练、预案演练及宣传教育等工作。

(二)突发事件的分类与等级

1. 突发事件的分类

根据城市轨道交通运营的特点,将可能发生的突发事件分成以下几种:

(1)运营突发事件:主要包括列车挤岔、冲突、撞击、脱轨、倾覆、大面积停电、突发大客流、火灾、设施设备故障(列车故障、接触网失电、信号故障、通信故障、线路故障)、乘客意外伤害、轨行区异物侵限、车站及轨行区水淹、特种设备事故等突发事件。

(2)自然灾害事件:主要包括大风、大雾、高温、暴雨、暴雪、冰冻等恶劣气象灾害、地质灾害等对地铁运营造成影响的事件。

(3)公共卫生事件:主要包括传染病疫情,群体性不明原因疾病和职业危害,以及其他严重影响公众健康和生命安全的事件。

(4)社会安全事件:主要包括重大刑事案件、恐怖袭击,以及在城市轨道交通车站内发生聚众闹事、爆炸、劫持人质等严重影响地铁运营的突发事件。

2. 突发事件分级

按照事件严重性和受影响程度,城市轨道交通运营突发事件划分为特别重大、重大、较大和一般四个级别。

(1)特别重大突发事件(Ⅰ级):造成30人以上死亡,或100人以上重伤,或直接经济损失1亿元以上。

(2)重大突发事件(Ⅱ级):造成10人以上30人以下死亡,或50人以上100人以下重伤,或直接经济损失5 000万元以上1亿元以下,或连续中断行车24 h以上。

(3)较大突发事件(Ⅲ级):造成3人以上10人以下死亡,或10人以上50人以下重伤,或直接经济损失1 000万元以上5 000万元以下,或连续中断行车6 h以上24 h以下。

(4)一般突发事件(Ⅳ级):造成3人以下死亡,或10人以下重伤,或直接经济损失50万元以上1 000万元以下,或连续中断行车2 h以上6 h以下的。

上述分级标准有关数量表述中,"以上"含本数,"以下"不含本数。

(三)应急响应分级

为防范、应对突发事件开展一些具体工作的行为称为应急。根据突发事件的发生概率、应对前置时间、资源投入可分为预警和抢险两种应对方式。

根据各类突发事件的不同特点,结合业内应对突发事件的具体措施方法,轨道交通运营范围内突发事件响应方式分类如表4-1所示。

表 4-1　各突发事件响应方式对应表

突发事件类别	响应方式
运营突发事件	预警响应和抢险响应
自然灾害事件	预警响应和抢险响应
公共卫生事件	预警响应

在应急响应过程中，如遇预警和抢险两种应对方式并存的情况，按照更高级应对方式的响应措施或处置执行。以上两种应对方式优先级别由低到高分别为预警响应、抢险响应。应急处置过程中，现场专业人员可根据事件对运营影响情况研判，向地铁运营控制中心（OCC）提出调整突发事件的应对方式。

1. 预警响应分级

依据地铁设备设施报警、自然灾害事件的发展情况、紧迫性及对运营安全的危害程度等因素，由低到高分为蓝色预警、黄色预警、橙色预警、红色预警四个预警级别。针对上级相关部门（如防汛抗旱指挥部、卫健委、气象局、交通局等）发布的预警信息启动相应级别的预警响应，或根据运营突发事件预警响应标准或所属专业人员要求启动相应级别预警响应。蓝色预警响应主体是车站（班组）、黄色预警响应主体是各生产中心、橙色预警响应主体是运营公司各部门、红色预警响应主体是运营公司。响应主体按照专项应急预案执行相应的准备措施。

2. 抢险响应分级

按照突发事件的可控性、严重程度和影响范围，每一级突发事件对应启动相应级别的抢险响应，由低到高划分为Ⅳ级、Ⅲ级、Ⅱ级、Ⅰ级四个级别。Ⅳ级抢险响应主体是各专业车间、Ⅲ级抢险响应主体是各部门（中心）、Ⅱ级和Ⅰ级抢险响应主体是运营公司，交通主管部门及以上单位启动应急响应时，应急组织机构按照城市轨道交通运营突发事件应急预案相关要求执行。运营突发事件影响未达到Ⅳ级，但影响或可能影响行车安全或客运服务时，由OCC维修调度发布抢修令，事发车站或班组响应，按现场处置方案、设备故障处理指引等相关规章制度进行处置。

二、车站突发事件的报告程序

（一）应急组织机构及职责

运营突发事件应急管理工作由运营公司应急管理办公室（简称"应急办"）统一负责，OCC为运营公司应急指挥的常设机构，主要负责接收或收集预警类信息、预警信息发布、突发事件信息流转与汇总、配合做好突发事件应急处置工作。运营公司各部门（中心）按照职责分工，根据预警响应等级开展预警响应工作。

由公司党政领导、副职领导和专家组、物资保障组、后勤保障组、善后处置组等成员构成公司应急指挥部；由综合协调组、乘客转运组、宣传报道组、抢险救援组等成员构成公司现场指挥部，公司应急指挥机构的具体架构如图 4-1 所示。

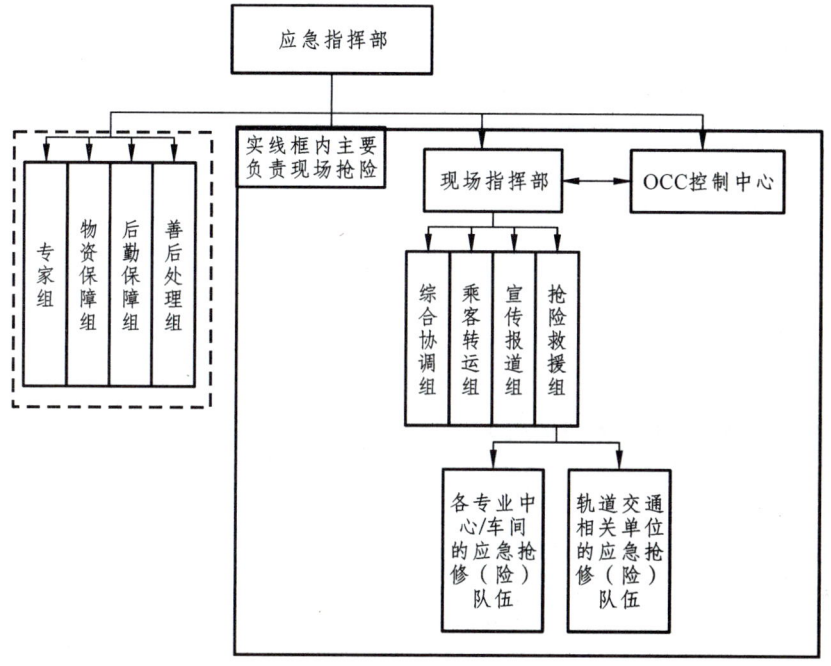

图 4-1　公司应急指挥架构

1. 应急指挥部

应急指挥部由总指挥长、常务副指挥长、副指挥长、组员及联络员组成。主要负责研究确定公司应对突发事件的重大决策。负责运营生产部门Ⅱ级及以上抢险响应的组织指挥及综合协调工作。负责组织或配合上级部门对突发事件处理后的调查、分析与改进工作。联络员在事件处置过程中，全程跟随总指挥，协助总指挥进行命令或指令下达、信息通报等工作。

2. 现场指挥部

现场指挥部原则上设置于突发事件现场，具体负责现场故障区域（含封锁区域）内应急指挥工作。现场指挥部由各部门、生产中心、车间或车站（班组）值守人员、专兼职抢修（险）队伍相关人员等组成，并根据现场情况设立现场总指挥、联络员、相关专业对接人等岗位。

现场指挥部根据预案进行现场应急指挥工作，组织落实公司应急指挥部的决定和下达的任务。负责事发现场抢险抢修等各项工作的总体管控，组织抢救遇险人员及设备，管理、协调各项抢险事宜。负责与抢险现场及 OCC 工作组的有效信息沟通工作，及时向公司应急指挥部汇报突发事件现场情况。统筹组织各专业抢险队的应急处置工作。

3. OCC 控制中心

Ⅳ级抢险响应，由 OCC 调度负责启动。启动Ⅲ级及以上抢险响应时，OCC 工作组自动成立。组长由调度中心负责人或其指定人员担任，成员为 OCC 当班调度及调度中心综合技术室相关技术人员组成。

OCC 控制中心负责突发事件初期总体指挥，协调各部门、各专业参与应急处置。负责督促事发现场及时成立现场指挥部，如在 10 分钟内未收到现场指挥部成立信息，OCC 维修调度须按照第一任现场总指挥产生原则任命现场总指挥，在现场指挥部成立前负责统筹指挥现场抢险工作，现场指挥部成立后，做好相关配合工作。负责配合现场指挥部落实抢险前安全防护措施实施（含抢修区域封锁、接触网停送电等）。负责突发事件的应急响应启动、变更及终止，并通过信息发布平台推送相关信息。负责应急信息的收集、传达、上报等工作，并通过信息发布平台或 PIS 等发布抢险处置工作中的重点节点信息。负责组织行车调整，密切关注重点车站客流情况。负责做好恢复运营组织工作。负责落实政府单位的公交接驳车调动等工作。在公司应急指挥部成立后，负责指定专人履行联络员职责，负责接收、传达、执行应急指挥部下达的各项指令，并及时反馈指令执行情况。

（二）应急响应流程

运营突发事件基本流程如图 4-2 所示。

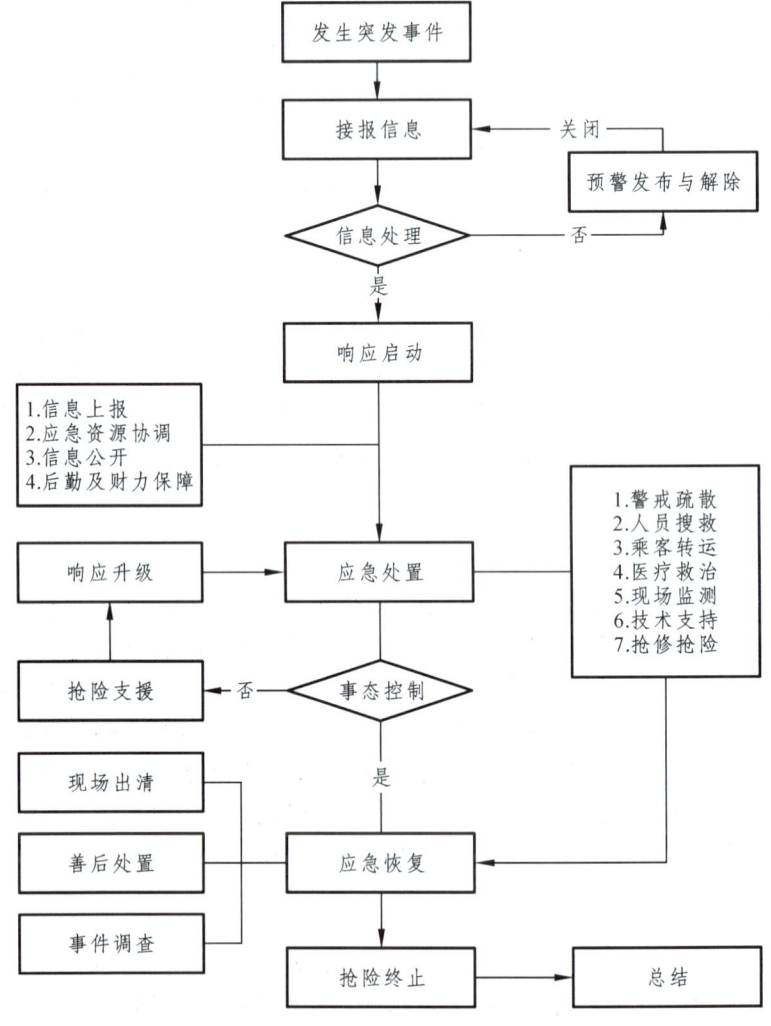

图 4-2　运营突发事件响应流程图

1. 预　　警

预警是指在灾害或灾难以及其他需要提防的危险发生之前，根据以往总结的规律或监测得到的可能性前兆，或接到市交通运输局、市应急局、市防汛抗旱指挥部、市卫健委等发布的预警信息，向相关部门发出紧急信号，报告危险情况，以避免危害发生时准备不足，从而最大程度地减轻危害所造成的损失的行动。

经专业人员研判达到运营突发事件预警条件时报 OCC 调度申请启动预警响应，或 OCC 调度直接判断达到运营突发事件预警条件后，由 OCC 调度向各部门（中心）发布启动相应等级的预警响应信息。预警信息发布后，各部门（中心）应根据预警信息分级做好相应的应急响应，采取果断有力行动，为可能发生的运营突发事件做好充足准备。

应急预案是针对可能发生的事故（事件），为最大程度减少事故（事件）损害而预先制定的应急准备工作方案。

应急响应是针对突发事件，依据应急预案采取的响应。根据突发事件的发生概率、可预判性、时间、资源投入需求，将突发事件的响应分为预警响应和抢险响应两种响应方式。原则上，应急响应启用的先后顺序为预警响应、抢险响应。

运营突发事件预警响应总体要求见表 4-2，具体相关响应行动按照有关专项应急预案执行。

表 4-2　预警响应总体要求

响应级别	事件等级	响应总体要求
蓝色预警响应	Ⅳ级	1. 相关班组组织专业人员做好信息上报，做好运营设备状态监控和记录。 2. 调度人员与相关专业班组人员保持联系，并做好信息通报
黄色预警响应	Ⅲ级	1. 相关专业车间组织专业人员加强对运营设施设备的巡视检查，发现隐患险情，立即上报并做好抢修的准备。调度人员加强对车辆运行、供电和环控设备运行的监控。 2. 站务人员做好客流的监控和巡视检查，做好客流控制的准备工作
橙色预警响应	Ⅱ级	在黄色预警相应的基础上： 1. 根据可能发生的故障设备种类或事件影响程度，相关部门（中心）安排专业人员值守，做好抢修的准备。 2. 调度人员做好行车组织调整、供电和环控设备运行方式调整的预想。 3. 站务人员做好客流控制、乘客疏散或封站的准备，随时做好按照调度指令组织行车的准备。 4. 驻站民警、安保人员按照车站的指令，做好出入口客流控制及客流引导
红色预警响应	Ⅰ级	在橙色预警响应的基础上： 1. 公司总经理或副总经理、各部门（中心）管理技术人员按照职责部署运营突发事件应对准备工作。 2. 公司总经理或副总经理召集各应急工作组成员组织会商研判，必要时授权 OCC 调度执行封站、部门区段停运等熔断措施

OCC 调度可根据事态的发展和设备故障处理进度信息，经与专业人员沟通研判，适时调整预警级别，及时重新发布、报告事件有关预警信息。相关专业人员确定设备状态恢复正常或采取措施后风险已经可控的，应及时上报 OCC 调度并由其宣布解除预警。

2. 抢 险

抢险是突发事件发生后，为最大程度控制险情、保障人员安全和运营秩序，投入人力物力资源对突发事件采取一系列处置措施的行动。

运营突发事件发生后，各部门（中心）人员按照以下规定内容进行信息通报。

（1）"及时、准确、全面、有效"原则。每位员工有保证应急信息畅通、及时向上级报告应急信息的责任和义务，信息报告内容应客观、真实，不得迟报、漏报、谎报、瞒报。

（2）"首报、续报、持续报"原则。任何员工发现或接到突发事件信息，均应立即按本标准规定流程进行信息报告，现场情况发生变化时，各级人员应按规定进行续报并持续报送现场最新情况，直至应急抢险工作结束。

（3）"先报事、后报情、再报因"原则。对暂时难以判断清楚的突发事件，现场人员及OCC应先快报现场情况，了解确认后及时续报。发现报告内容有误时，应立即更正。

（4）"双线报送"原则。现场人员与公司各级单位应根据岗位职责及分工逐级上报，严格落实信息生产线、信息管理线双线信息报告机制，信息报告以信息生产线为主、管理线为辅；紧急情况下或上级接报人员无法联系时，均可越级汇报。

（5）"生产安全事故直报"原则。突发事件危及或可能危及人员生命安全、构成或可能构成生产安全事故时，现场人员在依本标准规定报告的同时，应立即电话报告公司负责人、安全监察部负责人。

运营突发事件发生后，事发部门（中心）必须立即开展先期处置，全力控制事件发展态势。启动相关专项应急预案后，按照预案开展应急处置。因运营突发事件以及其他原因危及运营安全时，及时启动抢险响应，执行相关专项应急预案，按照预案执行封站、部分区段停运、全线停运等熔断措施，并做好客流疏导和现场秩序维护。

车站、主所等属地管理单位现场值班人员负责按照预先制订的紧急疏导疏散方案，有组织、有秩序地迅速引导现场人员撤离事发地点，将受影响的沿线站点乘客疏散至车站出口，对线路实施分区封控、警戒，阻止乘客及无关人员进入；需要对地铁沿线群众进行警戒防护、疏散时，应立即上报公安，由公安部门进行警戒防护和疏散。应急物资存放处如图4-3所示。

图 4-3　应急物资存放处

出现人员被困等危及人身安全的突发事件时，现场人员应及时向消防、公安等部门报告，请求调派专业力量和装备，在突发事件现场开展以抢救人员生命为核心的应急救援工作。现场抢险队伍之间应加强衔接和配合，做好自身安全防护。

根据疏散乘客数量和发生突发事件的线路运行方向，OCC调度及时调整全线行车组织、客运组织，启动地面公共接驳，加大发车密度。各车站工作人员配合做好乘客的转运工作。

突发事件导致人员伤亡时，现场人员应迅速联系附近医疗资源和力量，积极做好受伤人员送医配合工作。各专业应急抢险队应加强监测和现场巡查工作，及时将监测数据提供给专家组，为抢险方案制定和决策提供支持。

突发事件的发展趋势有可能超出公司控制能力和范围时，公司应急指挥部总指挥（或其指定人员）应立即报告市交通运输局等政府职能部门及相关应急抢险单位，请求应急支援，并根据相关批示意见，全力做好突发事件的处置工作。

运营突发事件应急处置工作基本完成，次生、衍生灾害隐患和事件危害基本消除，经现场指挥部总指挥或抢修负责人组织专业人员确认，设施设备恢复正常，应急抢险队伍撤离现场。遵循"谁发布、谁解除"的原则，由OCC调度发布降低响应级别或抢险响应结束信息。

3. 后期处置

（1）运营秩序恢复。

各抢险队对故障区域的运营设施设备状态进行检查，确认具备运营条件后，抢修负责人向现场指挥部（或OCC调度）报告。

现场总指挥接到各抢修负责人具备恢复运营条件的报告后，向应急指挥部总指挥报告。

应急指挥部总指挥根据现场总指挥报告的情况，决定或请示上级领导同意后下达恢复运营的指令，由OCC调度通知各相关中心恢复运营。

各相关中心应尽快组织开展运营秩序恢复工作，消除突发事件对正常生产、办公的影响，其他部门（中心）应大力支持和协助。

（2）人员安置。

善后处理组对突发事件中的伤亡人员、应急处置工作人员以及紧急调集、征用的有关单位及个人的物资，按照规定给与抚恤、补助或补偿，并提供心理咨询及司法援助。

善后处理组协助有关部门做好人员善后安置工作，包括救援过程中的受伤人员、遇难人员家属等。

（3）保险理赔。

突发事件发生后，事发部门（中心）负责对现场情况进行拍照或录像等取证工作，留存相关证据，联系公司安全监察部，按其要求向保险公司报案，并向善后处理组报告。

应急救援工作结束后，善后处理组负责收集事件相关证据资料，协助保险公司进行现场查勘、定损，根据事件的损失及修复情况，向保险公司递交理赔申请及证据资料，并负责后续理赔相关工作。

（4）事故调查。

突发事件发生后，各部门（中心）在做好应急救援工作的同时，须注意保护事故现场，及时留存相关的证据（系统数据、台账记录、影像记录等）。

公司安全监察部牵头，各部门（中心）配合在应急救援阶段结束后，须立即按照公司事故（事件）调查处理管理办法中的相关规定开展事故调查，并按照规定时限提交调查报告。

任务实施　模拟突发事件综合应急演练

一、实施流程

（1）通读阅读材料《某市地铁举行突发事件综合应急演练》
（2）讨论阅读材料后的问题。

二、阅读材料

某市地铁举行突发事件综合应急演练

2023年6月2日，某市轨道集团在地铁火车北站组织开展了该市2023年度城市轨道交通运营突发事件综合应急演练。演练结合近期国内城市轨道交通典型案例和第22个全国安全生产月"人人讲安全，个个会应急"主题活动，重点磨合和检验市级各部门与城市轨道交通运营单位间的应急处置联动机制，增强该市3家城市轨道交通运营单位的配合协调处置能力，完善应急处置流程，进一步提升全行业应对城市轨道交通运营突发事件的处置能力。

三、任务实战

讨论分析：常态化应急演练有哪些必要性？应急演练需要进行哪些准备工作？应完成哪些项目的应急演练工作？

任务二　车站突发运营事件应急处置

任务引导

引导问题 1　什么是大客流？
_____
_____

引导问题 2　突发大客流有哪些危险？
_____
_____

引导问题 3　突发大客流时应进行哪些响应工作？
_____
_____

引导问题 4　什么情况下需要采取公交接驳措施？
_____
_____

引导问题 5　公交接驳应急处置有哪些流程？
_____
_____

知识讲解

一、大客流应急处置

车站突发性大客流属于运营生产类突发事件。突发性大客流是指在地铁运营期间，在某一时段发生不可预见的客流暴增，可能或已经对地铁运营秩序和服务带来很大影响。根据线路客流强度及客流特点，按场景分为突发大客流（站台站厅大客流）、车站非付费区大客流（站台站厅客流正常）。按发生范围分为车站级、线路级两个客流级别。

（一）事故分析

1. 大客流的类型

（1）突发大客流（站台站厅大客流）。

受外部因素影响，车站发生突发大客流，乘客在站台站厅大量聚集，并且按由下至上、由内至外的趋势逐步发展。

车站级大客流：车站客流较大，但对线路客流影响较小时，车站根据本站客流情况，采取不同程度的客流组织便可以达到控制客流的目的。站控客流组织根据客流对运营的影响程度及产生的后果，按照发生大客流的区域进行划分。

站厅大客流：站台较拥挤，站台客流达到站台设计容纳量的80%，车厢满载率较高，且站厅客流达到站厅设计容纳量的60%，客流持续增加，预计将持续10 min，地铁运营秩序受到一定程度影响。

出入口大客流：站台、站厅都较为拥挤，站厅、站台客流总量达到设计容纳量80%及以上，预计持续20 min，进站客流持续增加，存在安检点排长队的情况，预计地铁运营秩序受到影响。

线路级大客流：单个车站已达到出入口大客流，启动出入口客流控制措施15 min后滞留乘客仍无法缓解，或单线路2个及以上车站达到出入口大客流。

（2）非付费区大客流（站台站厅客流正常）。

站厅站台客流正常，因设备故障、安检升级或其他原因导致进站能力受限，造成非付费区客流持续增加，存在安检点或出入口排长队的情况，且有持续增长的趋势，可能蔓延至出入口，预计地铁运营秩序受到影响。

2. 事故发生的可能性

元旦、春节、清明节、劳动节、端午节、中秋节、国庆节等国家法定节假日期间市民出行及游客旅游；地铁沿线举行大型活动，在活动前后大量乘客短时间内涌入地铁车站乘车；恶劣天气对地面交通造成影响，较多的市民选择乘坐轨道交通或进入车站暂避。以上情况均会造成车站客流相比平时有所上升。

另外，由于各类设施设备突发故障情况下通行能力不足，造成大量乘客拥堵滞留车站，车站需采取限流措施缓解客流拥堵压力。

3. 严重程度及影响范围

突发大客流可能导致乘客受伤、社会治安事件、列车晚点、乘客投诉及财产损失等事件，严重影响运营秩序。社会治安事件可能导致车站大面积秩序受影响，站台门夹人事件可能导致车站客伤事件，乘客投诉会导致地铁公众形象受到影响。

4. 事故预防

行车值班员通过CCTV加强对站台、自动售票机的监控，发现连续5 min及以上存在排8人及以上长队的情况及时播放广播或视情况安排专人引导乘客购票进站及排队候车。若站台出现乘客连续多趟列车都无法上车的情况时，车站应及时启动相应的客流控制措施，同时向行调申请后续列车在该站延长站停时间，如延长站停时间仍无法缓解客流压力，则向行调申请加开列车。若车站楼梯/电扶梯口、进出站闸机、出入口等出现拥堵现象，要及时安排人员进行疏导。

（二）抢险响应分级

按照突发大客流对地铁运营安全的影响程度，抢险等级由高到低分为Ⅲ级、Ⅳ级两个响应级别予以响应。Ⅳ级抢险响应主体是突发大客流车站所属车间，Ⅲ抢险响应主体是突发大客流车站所属站务中心。

当车站运营情况满足以下情况时，应按Ⅲ级突发事件予以响应：

（1）单个车站达到出入口大客流,启动出入口客流控制 15 min 后客流仍无法缓解。
（2）单线路 2 个及以上车站达到出入口大客流。
（3）车站因非付费区大客流（站厅站台客流正常）采取站控措施 15 min 后客流仍无法缓解。
（4）单条线路因大客流启动线控措施 30 min 后客流仍无法缓解。
（5）车站因非付费区大客流（站厅站台客流正常）启动Ⅳ级抢险响应 15 min 后客流仍无法缓解时。

因车站突发大客流启动Ⅲ级及以上抢险响应时，由车站站长、值班站长或现场Ⅳ级抢险响应主体直接担任第一任现场总指挥，并立即将其姓名、职务、电话及现场指挥组设置地点等关键信息报 OCC 维修调度。突发大客流车站所属的站务中心（副）主任到达现场后接任现场总指挥。原则上，现场总指挥由现场最高职务管理人员担任，特殊情况下高职务管理人员也可授权现场总指挥继续行使指挥权。

（三）抢险响应

发生突发性大客流时，OCC 根据现场信息进行判断，如事件影响已到达规定的响应条件时，立即启动相应等级抢险响应。车站根据现场情况启动相应级别的客流控制措施。各专业接到通知后根据事件对本专业的影响启动本专业相关的抢险响应。

1. 抢险启动

车站出现突发大客流时，站务人员根据现场客流情况适时采取车站级客流控制措施并报 OCC，当车站级大客流达到Ⅳ响应级别时，OCC 立即启动抢险响应，并发布相关信息。相关专业接到信息后，立即前往现场进行配合。具体内容详见表 4-3。

表 4-3　现场辨识、信息上报及 OCC 判断

序号	客流情况	信息上报	OCC 启动
1	车站达到出入口大客流	××站出现出入口大客流，已采取出入口控制措施	调度接报 2 个及以上车站上报信息，启动Ⅲ级抢险响应，执行突发大客流专项应急预案
2	车站启动出入口客流控制 15 min 仍无法缓解	××站已启动出入口客流控制 15 min，客流仍无法缓解，现申请启动线控	调度根据车站上报信息，启动Ⅳ级抢险响应，执行突发大客流专项应急预案
3	车站因非付费区大客流（站厅站台客流正常）采取站控措施 15 min 后客流仍无法缓解	××站因非付费区大客流（站厅站台客流正常）已启动客流控制 15 min，客流仍无法缓解	调度根据车站上报信息，启动Ⅳ级抢险响应，执行突发大客流专项应急预案

2. 处置措施

（1）突发大客流（站台站厅大客流）。

车站根据大客流情况，适时采取车站客流控制措施，采取每一级的站控措施时均需报 OCC，客流得到缓解后由车站自行取消站控措施并报 OCC。具体处置措施包括以下内容：

① 付费区站厅站台控制措施：在站厅与站台的楼梯/扶梯连接处设置客流组织控制点，

改变扶梯走向，引导乘客走楼梯，关闭部分自动售票机；在付费区设置回形线路。

② 非付费区安检控制措施：减缓安检速度，增加安检力度，在安检口设置铁马等分批进站。在非付费区设置回形线路等。

③ 出入口控制措施：在出入口用铁马等备品限制乘客进站速度，在出入口外设置回形阵等。将某个出入口设为只出不进、只进不出或关闭出入口等。做好票务应急处置工作。做好客流引导工作，引导乘客换乘其他交通方式。

④ 车站及时组织驻站工班员工、安保、保洁参与客流控制，申请地铁公安到场协助车站工作人员加强对站厅、站台等重点部位的巡视和防范工作。

⑤ 车站根据现场情况，报调度加大通风，增加站内新风量。

⑥ 坚持以"由站台至站厅，由站内至站外"的原则疏导车站客流。

⑦ 如出入口外部区域大量乘客堆积排队，及时做好客流引导及乘客安抚工作，通知安保人员维护现场秩序，需申请外部支援调动公交接驳车时，按会商机制报领导会商决策。

⑧ 因大客流造成踩踏事件导致人员遭受伤害时，车站人员负责将受伤人员转移至安全区域。

达到线路级客流控制级别时，调度值班主任启动Ⅳ级抢险响应，执行以下控制措施：

① 车站启动出入口客流控制 15 min 仍无法缓解，行车值班员向行调汇报："××站已启动出入口客流控制 15 min，客流仍无法缓解，现申请启动线控"。

② OCC 组织小交路折返时，折返车站做好乘客服务工作。

③ 因站台乘客严重拥挤影响列车正常站台作业或造成多趟列车延误时，为避免后方持续拥堵，车站向 OCC 提出越站申请。越站车站及两端站做好乘客服务工作。

④ 因车站突发大客流已经或可能导致人员踩踏等威胁乘客安全的紧急事件发生时，由车站值班站长执行封站程序并报 OCC。

⑤ 车站持续大客流，且已采取相关措施后仍无法缓解时，车站通过所属车间主任/现场指挥部总指挥决策执行封站程序并报 OCC 及公司总经理。

客流得到缓解后由调度值班主任取消线控。

（2）非付费区大客流（站台站厅客流正常）。

车站因非付费区大客流（站厅站台客流正常）采取站控措施 15 min 后客流仍无法缓解时，调度值班主任决策启动Ⅳ级抢险响应，执行以下客流控制措施：

① 非付费区安检控制措施：在安检口通过设置铁马等让乘客分批进站，在非付费区设置回形线路等。

② 出入口控制措施：在出入口用铁马等备品限制乘客进站速度。在出入口外设置回形阵等。将某个出入口设为只出不进、只进不出或将其关闭等。做好票务应急处置工作。做好客流引导工作，引导乘客换乘其他交通方式。

③ 车站因非付费区大客流（站厅站台客流正常）采取站控措施 15 min 仍无法缓解时，行车值班员向行调汇报："××站因非付费区大客流（站厅站台客流正常）已启动客流控制 15 min，客流仍无法缓解"。

④ 车站因非付费区大客流（站厅站台客流正常）启动Ⅳ级抢险响应 15 min 仍无法缓解时，行车值班员向行调汇报："××站因非付费区大客流（站厅站台客流正常）已启动Ⅳ级抢险响应 15 min，客流仍无法缓解"。

⑤ 车站因非付费区大客流（站厅站台客流正常）启动相应等级响应时，车站按现场处置方案要求执行。

⑥ 车站及时组织驻站工班员工、安保、保洁参与客流控制，申请地铁公安到场协助车站工作人员加强对站厅、站台等重点部位的巡视和防范工作。

⑦ 车站根据现场情况，报调度加大通风，增加站内新风量。

⑧ 如出入口外部区域大量乘客堆积排队，及时做好客流引导及乘客安抚工作，通知安保人员维护现场秩序，需申请外部支援调动公交接驳车时，按会商机制报领导会商决策。

启动Ⅳ级抢险响应 15 min 后客流仍无法缓解时，调度值班主任决策启动Ⅲ级抢险响应。客流得到缓解后由调度值班主任宣布取消抢险响应。

应急救援指示牌如图 4-4 所示。

图 4-4　应急救援指示牌

3. 抢险终止

车站客流得到缓解后，车站自行取消相应客流控制措施并报 OCC，OCC 根据车站上报的客流情况取消相应抢险响应等级，并通知相关专业。

如现场大客流逐渐趋于平稳，应急指挥部总指挥/现场指挥长判断可以取消或调整当前响应时，由指挥部联络员通报 OCC，OCC 按要求取消或调整相应响应，并通知相关专业。

二、城市轨道交通公交接驳应急处置

公交接驳预案适用于运营中断或严重晚点时，车站采用地铁与地面公交联合接力的运输方式疏散、接续乘客，提供有限度客运服务等情况下的应急处理。

（一）应急组织机构及职责

1. 应急指挥机构

应急指挥机构架构如图 4-5 所示。

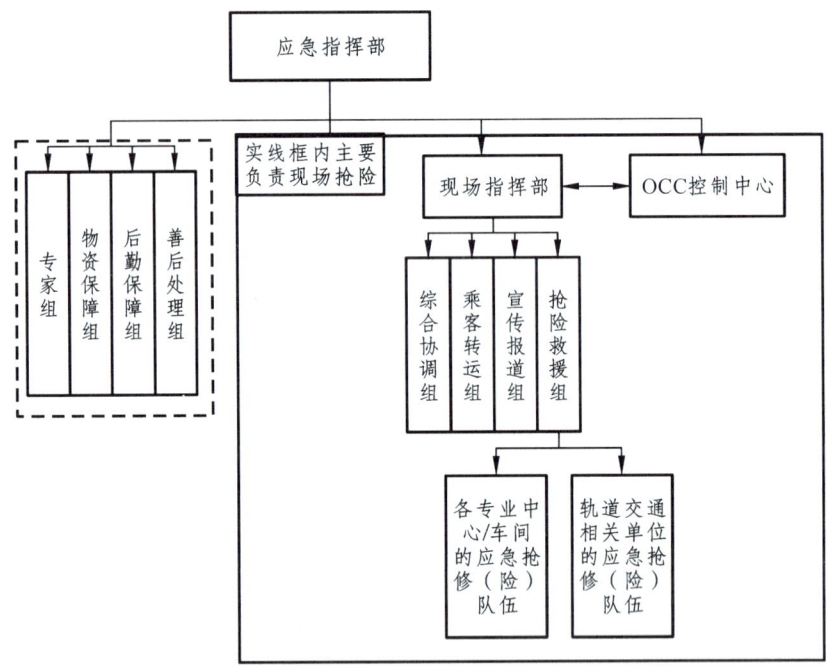

图 4-5　应急指挥机构架构

2. 应急指挥部

应急指挥部主要负责研究确定应对突发事件的重大决策。负责Ⅱ级及以上抢险响应的组织指挥及综合协调工作。当突发事件预计超出或超出运营单位处置能力时，及时上报上级部门请求公安、消防、公交、医疗等救援力量参与应急抢险工作。突发事件转由以政府部门或行业主管部门为主导进行应急抢险时，听从上级应急指挥机构的指挥，积极参与，配合应急救援工作并保持信息沟通，负责组织运营单位层级应急抢险机构开展抢险工作。负责组织或配合上级部门对突发事件处理后的调查、分析与改进工作。

3. 现场指挥部

现场指挥部原则上设置于突发事件发生现场，具体负责现场故障区域（含封锁区域）内的应急指挥工作。现场指挥部由各部门/生产中心/车间/车站（班组）值守人员/专、兼职抢修（险）队伍相关人员组成，并根据现场情况设立现场总指挥、联络员、相关专业对接人等职位，其职责包括：

（1）根据预案进行现场应急指挥工作，组织落实公司应急指挥部的决定和下达的任务。

（2）负责事发现场抢险抢修等各项工作的总体管控，组织抢救遇险人员及设备，管理、协调各项抢险事宜。

（3）负责与抢险现场及OCC工作组的有效信息沟通工作，及时向应急指挥部汇报突发事件现场情况。

（4）统筹组织各专业抢险队的应急处置工作。

（5）负责划定抢险救援区域，及时向OCC提出抢险前安全防护措施需求（含抢修区域封锁、接触网停送电等）。

（6）协助政府部门等上级单位组织的应急处置工作。

（二）抢险响应

地铁运营时段内，设施设备发生重大故障，造成地铁运营受严重影响，达到应急公交接驳启动条件时，OCC 值班主任立即启动应急公交接驳程序，同时向公司总经理报告。如事件影响已到达运营公司《运营突发事件应急处置综合预案》中规定的响应条件时，立即启动相应等级应急响应。

1. 抢险启动

地铁运营时段内，当地铁设施设备发生重大故障或其他特殊情况，预计在列车运行出现以下情况之一时，由 OCC 提出请求，启动应急公交接驳：

（1）正常行车间隔小于 15 min，预计线路双向行车达 30 min 及以上或单向行车达 40 min 及以上中断或晚点。

（2）行车间隔（环线除外）大于 15 min 及以上时，预计线路双向行车达 40 min 及以上或单向行车达 60 min 及以上中断或晚点。

（3）运营期间因临时甩站、部分区段停运导致乘客滞留车站且滞留时间预计超过 30 min。

2. 处置措施

应急公交接驳应急处置工作应遵循"高度集中、统一指挥、逐级负责、属地管理、快速处置、尽快恢复、减少影响"的原则。

（1）调度中心。

① OCC 值班主任根据事件影响，达到应急公交接驳启动条件时，宣布启动应急公交接驳并向公司总经理报告，协调指挥 OCC 各调度之间的工作。OCC 调度通知安全监察部，由安全监察部向市交通运输局申请公交接驳，OCC 调度协调公交公司应急公交接驳有关事宜。

② 行调及时向车站、司机发布区段停运及应急公交接驳指令，同时做好线路其他区段内的行车组织调整工作，与现场指挥部保持密切沟通。

③ 电环调密切关注车站供电及低压设备运行状态，了解车站滞留乘客的疏散情况，根据需要调整车站环控模式，确保新风量满足需求。

④ 乘客信息调及时发布应急公交接驳 PIS 信息，根据值班主任及现场指挥部要求做好内外部信息的收集及通报，与 OCC 各调度做好沟通协调，将现场处理情况、结果及时共享。

（2）站务中心。

① 接到行调通知做好应急公交接驳准备工作时，车站站务人员通知委外人员、地铁公安、驻站工班人员等协助完成准备工作，做好人员点位安排，提前为客服中心岗增配钱票，设置应急公交接驳点等候区。

② 接到行调启动应急公交接驳命令时，车站站务人员及时播放广播、摆放告示，做好公交接驳车接应及汇报工作，做好乘客引导、宣传告示、解释等工作。

③ 参与疏运的接驳车辆到达相应接驳站点后，车站工作人员迅速引导乘客乘坐接驳车辆，并向驾驶员提供接驳车需到达车站的具体位置信息，如实填写"应急接驳汽车数量确认表"。

④ 接到 OCC 停止应急公交接驳命令时，停止播放广播、撤除相关告示，组织恢复正常运营。

（3）外宣部门。

根据线路中断情况，通过微博、微信等平台对外发布线路停运、应急公交接驳信息。

3. 抢险终止

当应急公交车辆将指定滞留乘客疏散完毕、地铁运营故障排除恢复正常运营或根据情况已及时采取措施使现场处于可控范围内时，OCC值班主任宣布应急公交接驳结束，逐步恢复运营。安全监察部立即报告市交通局和公交公司，公交公司结束应急疏运。

三、应急疏散

应急疏散是引导人员向安全区域撤离。例如发生火灾时，引导人员向不受火灾威胁的地方撤离。

应急疏散属于运营突发类事件，可能会导致某个区间单线或双线运营中断、运营大面积晚点、人员踩踏、人员走失、人员触电等事故事件发生。

需紧急疏散时，通常伴随危及乘客人身安全的事件发生，如列车火灾、毒气、爆炸、恐怖袭击、地质灾害等紧急情况，可能会造成人身伤害。紧急情况下的应急疏散可能会造成拥挤、踩踏等次生灾害。触碰带电设备可能导致人员触电伤亡事件发生。在疏散过程中如引导不当可能会导致因恐慌人员走失或掉落轨行区。相关事件发生时可能会导致某个区间单线或双线运营中断、运营大面积晚点等。

（一）抢险响应

同一车站进行多列车疏散时，应遵循"由近及远、平移增援"的原则。

遇紧急情况，如地震、火灾、恐怖袭击、水淹等，车站值班站长判断可能危及乘客和车站工作人员人身安全时，便是达到了应急疏散启动条件，立即宣布执行车站疏散程序，并及时报告行调。

车站人员接到OCC通知封站或执行车站疏散指令，便是达到了应急疏散启动条件，立即宣布执行车站疏散程序。

具体处置措施如下：

（1）站务人员接到OCC通知，根据现场情况报119及120；组织保洁/安全员到出入口拦截进站乘客、张贴告示、接引119/120人员。

（2）通过IBP盘释放闸机和门禁，播放应急广播指引乘客疏散，与现场人员确认闸机、门禁、广播等设备是否正常联动。

（3）接到执行车站疏散的通知后，锁闭客服中心，打开边门引导乘客疏散。

（4）根据现场情况，组织人员做好票务、客运服务及乘客解释等相关工作。

（5）立即赶至站台关闭电扶梯，疏散站台乘客出站。

（6）当站台有列车停靠，如需将站台乘客通过列车进行疏散时，及时通知行调。当列车越站或停运时，均向地面疏散。

（7）执行车站疏散时，若仍旧有列车在本站停车进行乘客上下车作业时，及时联系行调提醒其进行行车组织调整工作。

（8）查看站台垂直电梯是否联动，若未联动在确认垂梯无困人后将垂直电梯关闭，安排专人查看出入口垂直电梯情况。

（9）对车站人员疏散情况进行确认，确认所有乘客疏散完毕后报行调。

车站疏散时，经现场抢险人员确认，疏散人员全部出清车站，到达指定安全位置后，应急抢险队伍再撤离现场。遵循"谁发布、谁解除"的原则，现场指挥部决策抢险响应结束后由 OCC 发布。

（二）后期恢复

现场指挥应及时确认现场符合运营条件并报 OCC，OCC 及时组织做好运营恢复工作，车站及时做好疏散乘客的出行引导及运营恢复工作，调度票务中心调度车间及时传达相关预警及预案撤销信息，全线车站及时做好退票、赠票和致歉信发放数量统计后汇总至站务中心，运营公司相关部门应及时组织中心/车间、预案涉及车站对处置流程开展评估、分析和总结工作，落实后续整改措施。

任务实施　分析"某市地铁 2 号线应对大客流"案例

一、实施流程

（1）通读阅读材料"某市地铁 2 号线应对大客流"。
（2）讨论阅读材料后的问题。

二、阅读材料

某市地铁 2 号线应对大客流

事故概况：2023 年 2 月 5 日，某市地铁二号线中央大街站单日客流突破 12 万人次。

事故详情：

2023 年 2 月 5 日，农历正月十五元宵节。去中央大街、去江边，不约而同地成为市民和游客的共同行程。当日，中央大街地铁站进出站乘客多达 12 万余人，创下某市地铁单日单站客流新纪录。某市地铁本着"安全第一、生命至上"的原则，提前预测客流高峰，科学制定应急预案，统筹工作人员上岗，紧急开启"乘客免检模式"，确保乘客出行安全，从始至终未发生一例乘客受伤事件。

三、任务实战

讨论：在应对车站大客流情况时，车站可采用哪些运营方式来保障乘客安全来避免发生人员踩踏等事故？

任务三　车站自然灾害应急处置

任务引导

引导问题1　恶劣天气会给车站运营带来哪些风险及风险源？

引导问题2　车站在面对恶劣天气时应采取哪些应急响应措施？

引导问题3　地质灾害会给车站运营带来哪些风险？

引导问题4　发生地质灾害时车站应采取哪些相应措施？

知识讲解

一、恶劣天气应急处置

当轨道交通运营范围内遭遇暴雪大风等恶劣天气时，车站出入口、线路等处设施设备会遭受到损坏，从而危及轨道交通运营安全。OCC负责接收或收集恶劣天气预警类信息，并组织发布相应级别的预警响应。车站按照职责分工并根据预警响应等级开展预警响应工作。

（一）恶劣天气风险源及风险分析

1. 暴雪

暴雪易造成建筑物坍塌、树木倒伏，车站出入口、高架站钢化玻璃破碎，设备冻结、水管爆裂，道路结冰，导致人身伤害、设施设备损坏；地面线路积雪，导致列车限速运行或中断运行；地面轨面湿滑结冰、道岔冻结，轨旁设施设备冻结失效，导致设备损坏、列车限速或中断运行。

2. 冰雹

因冰雹袭击，车站、区间相关设施会遭到破坏；户外施工作业人员容易受影响，如导致他们行走不便；遭受冰雹袭击时，可能会造成人员伤亡。

3. 大风

车站范围的广告灯箱等悬挂设备设施被强风破坏，车站飞顶（被大风吹落物体砸在飞顶上）、幕墙被强风破坏；顶盖铝板松脱、掉落或钢化玻璃掉落破碎；户外作业人员遭受大风吹袭，导致人员被吹倒摔伤或被大风刮走，危及作业人员的人身安全。

4. 雷电

地面车站的结构、幕墙、广告灯箱机电设备等设备设施遭受雷击，导致电缆熔断、引起火灾或设施破坏，造成异物侵限或掉落导致人员伤亡及车辆受损；户外施工作业人员遭受雷击，危及作业人员的人身安全。

5. 低温

低温环境下车站员工、运控员和施工作业人员（尤其在户外作业）冻伤或影响作业安全；温差过大或温度过低影响设备功能或使用。

6. 高温

电线、变压器等电力设备负载过大而引发设备火灾；各种电气设备受高温影响，散热困难导致热量积聚，引起电气火灾；高温、热浪导致乘客或工作人员中暑晕倒，危及乘客或工作人员的人身安全。

7. 大雾、霾、沙尘暴

因雾、霾、沙尘引发车辆段及车站 FAS 系统探头误报火警；户外施工作业人员受影响；电气设备容易受潮积尘，造成设备故障，影响设备使用。

8. 寒潮、冰冻

寒潮、冰冻气候易造成设备冻结，水管爆裂，路面、轨面结冰，道岔冻结，导致人身伤害、设备损坏。

（二）恶劣天气应急响应

1. 响应分级

按照恶劣天气对地铁运营安全的影响程度，由高到低分为Ⅰ级、Ⅱ级、Ⅲ级、Ⅳ级或红、橙、黄、蓝四个响应级别予以响应。如出现多类型预警同时存在的情况时，分别依据各自类型的处置措施合并执行；当多级别预警同时存在时，按照较高层级的处置措施执行。预警响应分级表如表 4-4 所示

表 4-4 预警响应分级表

类别	预案名称	Ⅰ级（红色）预警	Ⅱ级（橙色）预警	Ⅲ级（黄色）预警	Ⅳ级（蓝色）预警
自然灾害类	恶劣天气应急处置专项预案	地铁运营线路涉及区域气象部门发布的恶劣天气红色预警信号	地铁运营线路涉及区域气象部门发布的恶劣气象橙色预警信号	地铁运营线路涉及区域气象部门发布的恶劣天气黄色预警信号	地铁运营线路涉及区域气象部门发布的恶劣天气蓝色预警信号

按照突发事件的可控性、严重程度和影响范围,每一级突发事件对应启动相应级别的抢险响应,由低到高划分为Ⅳ级、Ⅲ级、Ⅱ级、Ⅰ级四个级别。Ⅳ级抢险响应主体是各专业车间,Ⅲ级抢险响应主体是各部门(中心),Ⅱ级和Ⅰ级抢险响应主体是公司。交通局及以上单位启动应急响应时,应急组织机构按照运营突发事件应急预案的相关要求执行。运营突发事件影响未达到Ⅳ级,但影响或可能影响行车安全或客运服务时,由OCC维修调度发布抢修令,事发车站或班组响应,按现场处置方案、设备故障处理指引等相关规章制度进行处置。

2. 预警响应

(1)信息报告。

OCC接市气象局及以上单位等地区资源规划部门和相关部门在网络平台、广播、电视媒体上发布的恶劣天气预警信息后,依据预警响应分级表,按照突发事件的可预判性、时间的紧迫性及与运营的相关性,判断突发事件是否达到响应启动条件,达到预警响应启动条件时,向各中心(部门)、车站、车辆段、专业调度发布预警。

(2)预警启动。

接到交通局或相关单位发布的恶劣天气预警时,由OCC发布相应等级的预警信息。当同时发生两种以上气象灾害且分别发布不同预警级别时,分别执行预警防范措施,公司整体执行高级别预警。

(3)处置措施。

针对恶劣天气预警信号涉及区域,各中心及时组织应急抢险队伍和人员进入待命状态,根据指令随时快速到达抢险救援点位,科学调配和配置抢险救援资源,并做好特殊情况下线路列车限速、封站、线路停运、加开列车等的准备工作;加强对地面线路、车辆段、变电所、设备间、车站出入口、风亭、冷却塔等重点区域的检查巡视,加强对运营线路、车辆等重点设备设施的巡检、监测,发生对运营造成影响的情况时,立即报OCC。针对不涉及恶劣天气预警信号的区域,各中心做好启动预警响应的准备工作,提前确认应急物资状态、设备状态,关注受影响区域险情,并在所辖范围做针对性的防范。

(4)预警解除

OCC须密切关注气象预警信息,并进行研判,适时调整预警级别,及时重新发布、报告事件有关预警信息。当接到气象部门发布的恶劣天气预警解除的通知后,OCC发布预警解除的通知。

(三)应急抢险

恶劣天气场景人员面临的主要伤害风险是物体打击、机械伤害、坍塌、高处坠落等,现场处置人员须做好情绪安抚工作,告知被困人员不要采取跳楼、强行抽离等可能造成二次伤害的过激行为,在险情尚不直接危及生命的前提下,可采用的脱困措施有:人员被困(如被困段场楼顶、主所楼顶等),由现场专业处置人员拨打119、120请求救援并报OCC;人员被困于设备设施内(如倒塌的主体结构内、围墙下、房间内或其他直接威胁生命的场景内),现场处置人员可尝试性开展营救,如采取搬离、支撑、切割、撬、顶等措施助其脱离,或提供必要的食物、水、医药用品等维持被困人员生命,然后拨打119、120申请救援并报OCC。如情况紧急,现场处置人员可在保证自身安全的前提下直接开展力所能及的营救。

（1）突发事件发现：恶劣天气属于自然灾害类事件，存在发展期，在预警响应执行过程中，现场人员加强对车辆段、车站、变电所的监控巡查。

（2）突发事件上报：现场人员发现险情后立刻上报 OCC。

（3）启动响应：OCC 根据险情信息与相关专项应急预案响应级别对比结果，启动相应等级的预警响应。

（四）应急保障

应急值班人员及各中心（部门）应急抢险人员间的联络必须保证 24 小时畅通。发生运营突发事件后，应急处置过程中的通信联络宜采用有录音的通信设备，以无线手持台、固定台为主，手机和固定电话为辅；当无线通信系统故障或状态不良时，可采用手机或固定电话作为备用通信方式。各中心（部门）定期要对本部门应急抢险人员的联系方式进行核对更新，各专业抢险队联系方式发生变化时，应及时更新相关信息。

各中心（部门）、维保单位应依据公司防寒物资配置标准配备足额的应急物资及装备，并在规定地点存放。各中心（部门）要定期对应急物资和应急装备进行检查维护保养，确保状态良好。

二、地质灾害应急处置

地质灾害（崩塌、泥石流、地震、地裂缝等）具有不可预测、预警困难等特点，发生地质灾害可能对轨道交通建筑物、桥隧、设施设备造成巨大破坏，引发运行列车脱轨、倾覆、人员伤亡等事故，轨道的塌陷扭曲，会影响到电客车走行部与车体损伤，最终导致地铁运营受到影响。

（一）地质灾害险情和灾情分级

地质灾害险情和灾情按危害程度和规模大小不同分为特大型、大型、中型、小型四级。

1. 特大型地质灾害险情和灾情（Ⅰ级）

受灾害威胁，需避险转移人数在 1 000 人以上，或潜在经济损失 1 亿元以上的地质灾害险情为特大型地质灾害险情。

因灾死亡 30 人以上，或因灾造成直接经济损失 1 000 万元以上的地质灾害灾情为特大型地质灾害灾情。

2. 大型地质灾害险情和灾情（Ⅱ级）

受灾害威胁，需避险转移人数在 500 人以上 1 000 人以下，或潜在经济损失 5 000 万元以上 1 亿元以下的地质灾害险情为大型地质灾害险情。

因灾死亡 10 人以上 30 人以下，或因灾造成直接经济损失 500 万元以上 1 000 万元以下的地质灾害灾情为大型地质灾害灾情。

3. 中型地质灾害险情和灾情（Ⅲ级）

受灾害威胁，需避险转移人数在 100 人以上 500 人以下，或潜在经济损失 500 万元以上 5 000 万元以下的地质灾害险情为中型地质灾害险情。

因灾死亡 3 人以上 10 人以下，或因灾造成直接经济损失 100 万元以上 500 万元以下的地质灾害灾情为中型地质灾害灾情。

4. 小型地质灾害险情和灾情（Ⅳ级）

受灾害威胁，需避险转移人数在 100 人以下，或潜在经济损失 500 万元以下的地质灾害险情为小型地质灾害险情。

因灾死亡 3 人以下，或因灾造成直接经济损失 100 万元以下的地质灾害灾情为小型地质灾害灾情。

（二）响应分级

根据地质灾害对地铁运营安全的影响程度不同，由高到低分为Ⅰ级、Ⅱ级、Ⅲ级、Ⅳ级或红、橙、黄、蓝四个响应级别予以响应。

1. 预警响应分级

根据气象和地质环境等因素，预测突发地质灾害发生的风险大小程度，对可能发生突发地质灾害的相关区域进行预警，预警级别从高到低分为Ⅰ级、Ⅱ级、Ⅲ级、Ⅳ级，分别以红色、橙色、黄色、蓝色标识。

Ⅰ级（红色）预警：预计因气象和地质环境等因素致突发地质灾害发生的风险很高。

Ⅱ级（橙色）预警：预计因气象和地质环境等因素致突发地质灾害发生的风险高。

Ⅲ级（黄色）预警：预计因气象和地质环境等因素致突发地质灾害发生的风险较高。

Ⅳ级（蓝色）预警：预计因气象和地质环境等因素致突发地质灾害发生有一定风险。

蓝色预警响应主体为车站（班组）、黄色预警响应主体为各生产车间、橙色预警响应主体为公司各部门（中心）、红色预警响应主体为公司应急指挥部。响应主体按照专项应急预案执行相应的准备措施。

2. 抢险响应分级

按照突发事件的可控性、严重程度和影响范围，每一级突发事件对应启动相应级别的抢险响应，由低到高划分为Ⅳ级、Ⅲ级、Ⅱ级、Ⅰ级四个级别。Ⅳ级抢险响应主体是各专业车间、Ⅲ级抢险响应主体是各部门（中心）、Ⅱ级和Ⅰ级抢险响应主体是公司，交通局及以上单位启动应急响应时，公司应急组织机构按照运营突发事件应急预案相关要求执行。运营突发事件影响未达到Ⅳ级，但影响或可能影响行车安全或客运服务时，由 OCC 维修调度发布抢修令，事发车站或班组响应，按现场处置方案、设备故障处理指引等相关规章制度进行处置。

表 4-5　地质灾害抢险响应分级表

类别	预案名称	Ⅰ级突发事件	Ⅱ级突发事件	Ⅲ级突发事件	Ⅳ级突发事件
自然灾害事件	地质灾害应急处置专项预案	正线发生隧道主体结构坍塌、地面塌陷险情，造成行车中断。车辆段线路发生塌陷等险情，影响行车	车站、车辆段、变电所主体及附属结构外边缘5m范围发生坍塌、塌陷险情，影响乘客进出	无	无

（三）信息报告

OCC接到市气象局及以上单位等地区资源规划部门和相关部门在网络平台、广播、电视媒体上发布的地质灾害预警信息后，向各中心（部门）、车站、车辆段及相关专业调度发布地质灾害预警。

车站巡视发现车站外部突发滑坡或地面塌陷等地质灾害险情，立刻组织现场人员紧急避险。紧急避险至安全区域后，观察险情造成的影响，将事件概况报OCC，OCC按照运营突发事件运营处置预案信息汇报流程进行汇报，根据险情概况启动公司运营突发事件预警响应及保驾。

发生地质灾害时，信息报告内容如下：

（1）地质灾害对车站客运组织的影响及处置情况；
（2）现场人员伤亡及先期救助情况；
（3）其他需要报告的必要信息。

（四）应急处理

1. 响应启动

OCC接气象局及以上单位等地区资源规划部门和相关部门在网络平台、广播、电视媒体上发布的地质灾害预警信息后，发布相应等级的预警信息。

发生地质灾害时，车站应按以下要求做好应急处置工作：

（1）发生地质灾害，值班站长命令全体工作人员立即启动预案。
（2）行车值班员接到值班站长预案启动指令后，按下闸机紧急按钮，通过人工广播将信息告知乘客，要求乘客紧急避险，尽快撤离车站并做好安抚工作。
（3）行车值班员应立即联系驻站警务人员、保安等参与现场救援及客运组织工作。
（4）行车值班员应选择较安全的位置紧急避险后，保持与现场、OCC控制中心的双向沟通，如遇通信故障，应服从值班站长安排，帮助乘客开展自救互救。
（5）站务员到值班站长预案启动指令后，关闭服务中心，打开专用通道，引导乘客撤离车站。
（6）站台站务员到值班站长预案启动指令后，关闭自动扶梯，通过扩音设备引导乘客往站厅层撤离。
（7）站内工作人员接到值班站长预案启动指令后服从值班站长安排，参与车站疏散，救援工作。

（8）指定站务员根据值班站长安排在指定区域做好接应引导抢险抢修队伍及外部支援力量的工作。

（9）线路各专业抢修队伍赶赴现场，对所辖设施设备运行情况进行检查，制定并实施设施设备抢修。

调度中心（OCC控制中心）根据市气象局发布的地质灾害预警解除信息，做好运营恢复的调整工作，告知全线各专业地质灾害预警解除信息。预警信息解除后，车站做好现场运营恢复工作，并及时反馈OCC控制中心。现场指挥应及时确认现场符合运营条件，报OCC控制中心。

2. 抢险响应

各中心按照"预防为主、以人为本、抢救优先、快速处置、减少损失、尽快恢复运营"的原则开展地质灾害应急抢险工作，如地质灾害险情抢险工作完成，预警暂未解除，则各中心由抢险响应转为预警响应，执行预警响应相关措施。

因地质造成相关运营突发事件，如结构裂损、列车脱轨、路基塌陷、人身伤害等情况，应按照"先救人，后救物"的顺序开展抢险救援工作，负责受困人员脱离、现场异物清理、场地恢复（不含结构坍塌恢复）等工作。

3. 自救与救援

轨道交通运营部门应定期组织开展地质灾害应急演练，让员工知悉工作区域地质灾害的危险源，熟悉地质灾害预警响应、抢险响应措施及安全撤离路线。在发现地质灾害险情征兆时，应及时告知危险区域全员，立即组织全员快速有序撤离到安全区域。车站发现地质灾害险情征兆时，应及时通过广播告知车站范围内人员，立即组织全员有序撤离到安全区域。

（1）自救。

当遭遇滑坡时，如身处滑坡体上部，要用最快的速度向山坡两侧稳定区域逃离；如身处滑坡体中部无法逃离时，找一块坡度较缓的开阔地停留，避免和房屋、电线杆等靠得太近；当身处滑坡体下部时，应向滑坡边界两侧之外撤离，绝不能沿滑移方向逃生。

当遭遇泥石流时，要立刻与泥石流成垂直方向向两边山坡上面爬，离开沟道、河谷地带，绝不能往泥石流的下游跑，同时也要注意，不要在土质松软、土体不稳定的斜坡停留。

当遭遇地面塌陷时，如果身处塌陷范围，应第一时间脱离塌陷范围，如无法脱离，迅速双手抱头，双臂护脸，下蹲抱团，脸藏双膝之间，为自己保留最大限度的呼吸空间，可通过呼喊、电话等方式请求外部救援。

当遭遇地裂缝时，应迅速脱离裂缝范围，不可靠近裂缝范围的建筑物，寻找安全避险场所。

（2）抢救伤员及财产。

科学评估：险情发生后，迅速拨打120急救电话。现场指挥组应密切关注险情发展趋势，做好险情监测、评估，确认抢救人员进入危险区域没有生命危险的情况下，报应急指挥部开展伤员抢救及财产抢救工作。

快速定位：救援人员到达危险区域后通过询问、呼叫等方式，判断伤员所在位置，进行开挖抢救。

合理施救：对于被土石淤泥掩埋的人员，立即组织挖掘抢救，在接近伤员时应转为人工开挖，避免对伤员造成二次伤害。

紧急救护：开挖时，先将头部暴露，迅速清除伤员口鼻内的泥水，进而设法露出全身，不得强行硬拉。伤员救出后，用担架或木板将伤员抬到安全地带，进行包扎，医疗拨打 120 等待救护人员到来进行下一步抢救。

安全转移：抢救财产时应首先选择好安全的堆放地点和安全转移路线，避免造成不必要的人员伤亡。

保全财产：按照财产的价值和重要性进行抢救，首先转移现金、重要材料、贵重仪器。

（五）应急保障

1. 通信与信息保障

发生地质灾害事故后，应急处置过程中的通信联络宜采用有录音的通信设备，以无线手持台、固定台为主，手机和固定电话为辅的通信方式；当无线通信系统故障或状态不良时，可采用手机或固定电话作为备用通信方式。

各部门（中心）要加强对应急通信系统设备（800M、400M、固定台等）的检查和保养，故障设备要及时更换或维修，确保状态良好。

2. 物资装备保障

发生地质灾害事故后，事发部门（中心）抢险救援队要携带应急工具赶赴现场进行抢险。物资保障组应按照应急总指挥的指令，为救援提供临时应急物资保障。因抢险需要公司以外的装备等其他资源时，现场指挥部要立即报告上级部门予以协调。

地质灾害作业部门（中心）应当建立并及时更新本部门（中心）的应急物资和应急装备台账，包括应急物资和应急装备名称、型号、性能、数量、存放位置、管理部门、管理责任人及联系方式等有关信息。各部门（中心）应根据实际需求，按照"基地、区域、站点"三级应急点设置明确本部门（中心）应急物资配置清单。

地质灾害作业部门（中心）要定期对应急物资和应急装备进行检查维护保养，确保状态良好。

3. 其他保障

发生地质灾害突发事故时，应急工作组须结合应急处置实际需求，并按照应急指挥部要求，快速、高效、主动为应急救援、善后处置等工作提供经费、交通运输、安保、技术、医疗、后勤等保障服务。

三、防汛应急处置

轨道交通运营范围内发生爆管、结构渗漏水，以及周边积水从出入口、风亭、车站疏散通道、电梯井道、物业区、地下站换乘通道、商业区、线路U型槽、湖底透水等倒灌车站及轨行区，导致车站及轨行区水淹时，需按相关专项应急预案开展抢险救灾工作。

（一）防汛风险分析

出入口水淹：出入口堵塞、大量乘客长时间滞留在车站、出入口地徽漏电，人员触电伤亡。

风亭水淹：轨行区进水列车空转滑行、限速、迫停区间，接触网漏电。

物业区水淹：积水进入站厅区域，设备暂停，降低客运服务质量。

新线建设接口区域水淹：积水进入站厅区域，设备暂停，降低客运服务质量。

疏散通道水淹：车站疏散通道关闭，应急情况下疏散困难，人员被困。

直梯通道水淹：垂梯困人，漏电，人员伤亡。

周边堆土水淹：形成泥沙石流，侵入车站，造成出入口堵塞、大量乘客长时间滞留在车站、人员伤害、局部线路/全线停运等。

附属设施进水：停电，信号设备无法正常工作，影响行车安全，造成局部线路/全线停止运营等。

顶棚漏水：降低客运服务质量，乘客滑倒风险增大，易发生客伤。

（二）响应分级

按照暴雨对地铁运营安全的影响程度，结合运营突发事件应急处置专项预案要求，响应分为预警、抢险两种状态，级别都是由高到低分为Ⅰ级，Ⅱ级、Ⅲ级、Ⅳ级四个响应级别。防汛预警响应由市防指启动、变更和终止，运营公司依据上级单位发布的预警响应级别启动对应的预警响应。

根据运营管辖范围积水对运营正常秩序冲击程度，制定了四级突发事件，四级突发事件分别对应四级抢险响应。突发事件分级如下：

Ⅰ级突发事件：站外积水或外部水源通过车站任一位置漫入车站；正线轨行区积水到达轨面，积水持续上涨或明显判断积水在流动；在暴雨天气，因其他因素导致或预测会导致中断运行。

Ⅱ级突发事件：在暴雨天气，因其他因素导致或预测会导致车站封站。

Ⅲ级突发事件：站外积水达到任一位置（车站出入口、车站垂梯、车站疏散通道、车站风亭）警戒线且水势持续上涨；正线轨行区积水到达轨底，且积水持续上涨；车站结构渗漏水影响车站 400 V 开关柜运行；外部水源进入地下站通道（新线建设接口区域）、物业区、商业区连接通道；在暴雨天气，因其他因素导致或预测会导致车站关闭出入口。

Ⅳ级突发事件：车站管道爆裂或结构性渗漏水，积水浸泡车站。

（三）预警响应

接到市气象局或上级部门发布的预警信息后，及时通知各中心（部门）及相关岗位。OCC接到预警信息后，通知车站、车辆段及相关专业工作人员。上级部门发布的预警响应信息级别不同时，按较高级别执行。

OCC接到暴雨预警信号信息时立刻发布，各中心执行对应的防范措施。预警信号信息中有明确开启时间的，按照该时间执行，未明确时间的，按照预警信号发布时间执行。若情况复杂，需根据实际情况进行调整，由运营公司决策层组织会商决策。

1. 处置措施

公司各级管理人员依据公司防汛工作要求或公司会商决策安排部署应急人员和物资，执行公司预警响应，具体措施详如表 4-6 所示。

表 4-6　暴雨预警信号应对措施

预警信号级别	应对措施
蓝色预警信号	1. 各中心（部门）室主任、工程师、车站站长、各点位防汛责任人、班组（副）工班长执行 24 h 电话值班。 2. 各中心（部门）防汛值班人员须加强监控巡查，重点部位每 2 h 一次，重点对转辙机、轨道电路、摄像机、接触线支柱、变电所、露天线路、镟轮库等重要设施以及车辆段 U 型槽、围墙、轨行区路基、周边堆土、夹层/廊道、出入口、环控电控室等重要地点进行监控巡查，相关中心可采取视频监控形式开展巡查；根据站外降雨情况，站务中心每 2 h 对出入口等部位监控巡查 1 次，将巡视异常情况报 OCC。 3. 各专业抢险队员做好抢险准备，救援物资准备完毕；出现险情，抢险人员及物资 30 min 内到达事发地点。 4. OCC 通报运控员（司机）、车站，车站和列车应按要求播放应急提示广播，播发预警信号安全提示，并通过 PIS 告知乘客列车延误或者调整的情况。 5. 调度中心持续关注线路运营情况，持续关注雨情，做好行车组织、供电和环控设备运行方式调整准备；乘客信息调做好应急响应的信息发布和应急响应调整预案，持续关注已发生的异常或征兆。 6. 站务中心，加强巡视，安排人员及时检查防汛物资状态，每 2 h 对车站范围内给排水设备设施状态、车站出入口等重点部位监控巡查一遍；发现险情，第一时间向上级包保领导及 OCC 汇报
黄色预警信号	在暴雨蓝色预警信号应对措施基础上执行以下措施： 1. 各中心（部门）室主任、工程师执行 24 h 电话值班；车站站长（或顶岗人员）现场值班，各点位防汛责任人（或顶岗人员），专业班组区域，班组长（或顶岗人员）现场值班。 2. 调度中心，做好行车组织、供电和环控设备运行方式调整准备；持续关注雨情，及各站点、车辆段、主变电所外部积水情况；乘客信息调做好组织发布应急响应准备，持续关注已发生的异常或征兆。 3. 站务中心，加强巡视，安排人员及时检查防汛物资状态，每 2 h 对车站出入口等监控巡查一遍，相关中心可采取视频监控形式开展巡查；发现险情，第一时间向上级包保领导及 OCC。 4. 站务中心，加强巡视，安排人员及时检查防汛物资状态，每 2 h 对车站范围内给排水设备设施状态、车站出入口等重点部位监控巡查一遍；发现险情，第一时间向上级包保领导及 OCC 汇报

续表

预警信号级别	应对措施
橙色预警信号	在暴雨黄色预警信号应对措施基础上执行以下措施： 1. 各中心（部门）负责人执行24小时电话值班；车间主任、工程师（或顶岗人员）到责任区域值班，车站站长（或顶岗人员）、各点位防汛责任人（或顶岗人员）现场值班，专业班组区域，班组长（或顶岗人员）现场值班。 2. 应急抢险人员全部到达指定位置，进入临战状态，整装待命，出现险情，抢险人员及物资在20 min内到达事发地点。 3. 各中心（部门）至少每2 h对防汛责任区域监控巡查1遍，重点部位安排专人值守； 4. 站务中心每1小时对出入口等重点部位监控巡查1遍，相关中心可采取视频监控形式开展巡查，将巡视异常情况报OCC。 5. 安全监察部抽查防汛重点区域人员到位，设备设施安装、物资准备等情况。 6. 巡视人员发现险情立即上报OCC及防汛责任区域相关人员。 7. OCC通报司机、车站，车站和列车应按要求播放应急提示广播，播发预警信号安全提示、地铁可能因汛关闭车站或线路停运安全提醒，并通过PIS告知乘客列车延误或者调整的情况。 8. 调度中心，持续了解、密切关注线路积水情况；密切监视隧道洞口雨水泵房的状况，发现泵房水泵运行状态异常，立即采取措施，组织人员进行处理。 9. 站务中心，及时检查防汛物资状态及设备准备情况；每1 h对车站重要区域监控巡查一遍；易积水点、倒灌重点部位视情况安排专人值守，并向上级领导汇报现场情况，同时各岗位提前做好预想；发现险情，第一时间向上级包保领导及OCC汇报，抢险人员及物资15 min内到达事发地点，并按照现场领导指挥对险情进行处置

执行暴雨预警信号措施指令由OCC负责发布，各中心应及时组织应急抢险队伍和人员立刻进入待命状态，根据指令随时快速到达抢险救援点位，科学调配和配置抢险救援资源，并做好特殊情况下线路列车限速、封站、线路停运、加开列车等的准备工作。加强对车辆段、变电所、设备间、车站出入口、风井等重点区域进行监控巡查，加强对运营线路、车辆等重点设备设施的巡检、监测，发生对运营造成影响的情况时，立即报OCC。

2. 熔断机制

（1）若车站出入口周边积水漫过第一级台阶，应立即安装一层防洪挡板（含同一出入口处的垂梯口），并在防洪挡板外侧码放一层沙袋，立即关闭地面小广场电源。在部分车站出入口设计为两级台阶的，将距离出入口最近道路的路沿石视作第一级台阶，当路面积水漫过路沿石时，立即安装一层防洪挡板（含同一出入口处的垂梯口、附近应急疏散通道出口），并码放一层沙袋，立即关闭地面小广场电源。

（2）若出入口积水漫过第二级台阶位置，由车站向调度中心OCC汇报，同时在出入口安装两层防洪挡板（含同一出入口处的垂梯口、附近应急疏散通道出口），并码放两层沙袋及塑料薄膜，停运出入口电扶梯，关闭涉险出入口，同时引导站内乘客从车站其他具备安全条件的出入口离开车站,并做好解释工作。(如车站出入口只有两级台阶,若积水漫过一层台阶时即采取以上措施)。

(3)若积水即将超过出入口平台水平面高度,立即在出入口安装全部防洪挡板(含同一出入口处的垂梯口、附近应急疏散通道出口),并按防汛最高标准码放沙袋及塑料薄膜,立即关闭车站涉险出入口,停运该出入口电扶梯,关闭该出入口车站站厅通道部分的各类电源,同时引导站内乘客从车站其他具备安全条件的出入口疏散,车站组织站内清客(只出不进)。由车站向调度中心 OCC 报告,车站立即联系设备专业停止车站各类设备运行,随后切断各类电源(AFC、安检、站内电扶梯与地面插座等,可保留车站照明,必要时关闭照明系统,启动应急照明),调度中心 OCC 同时通知公司防汛应急力量立即赶往现场应急抢险。

(4)全线若出现车站发生雨(污)水倒灌的突发情况,车站应第一时间上报调度中心 OCC,由站务人员引导乘客从具备安全条件的出入口进行疏散,疏散完毕后立即关闭车站,并做好先期应急处置。调度中心 OCC 在收到险情信息后及时向全线车站发布停运命令,各车站收到停运命令第一时间组织站内清客(只出不进),列车内乘客由就近车站组织疏散,全线各车站安装防洪挡板,并向乘客做好解释工作。调度中心 OCC 通知公司防汛应急力量后立即赶往现场组织应急抢险。

3. 预警解除

OCC 须密切关注气象暴雨预警信号,根据研判适时调整预警级别,及时重新发布、报告有关预警信息。接到预警或预警信号解除信息,由 OCC 宣布解除预警响应,当会商决定延迟解除预警响应,按照会商决定执行。

(四)抢险响应

车站及轨行区发生水淹时,现场应第一时间做好信息收集及上报,信息报告应包含发生时间,地点,事件概况,对线路运营(行车、客服)的影响,人员伤亡及车辆、线路等设备损坏情况,已采取的措施,现场联系人的职务及联系方式等内容。

现场人员在保证自身安全的前提下将受伤人员转移至安全区。

1. 事件初期管理

及时发现防汛突发事件对于防灾减灾极为重要,事件发现方是以各点位属地管理人员为主、专业巡视人员为辅,在预警阶段针对防汛关键环节(如防汛隐患、防汛重点部位)发现险情先兆,开展持续观察,最终确认险情,并上报 OCC。OCC 接报后第一时间比对核心信息确定响应级别,组织相关专业人员开展抢险处置。

2. 响应程序

发生汛情,现场人员按信息报告规定报 OCC,OCC 依据突发事件分级表,判断事件级别,启动相应等级的抢险响应,发布抢险响应信息。各专业接到通知后根据突发事件对本专业的影响执行防汛应急预案和现场处置方案。应急处置过程中,OCC 可视事态发展和影响范围变化依规对响应等级进行调整。

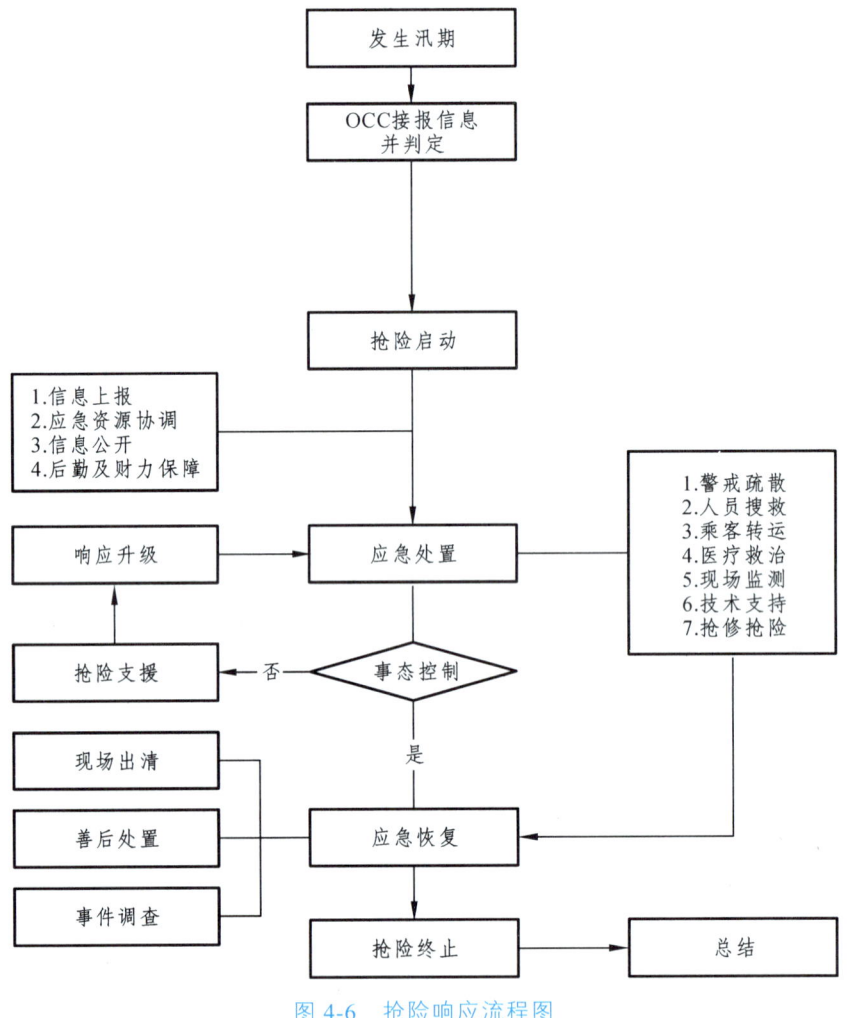

图 4-6 抢险响应流程图

3. 信息报送

防汛抢险信息报送本着"双线报送"原则,以生产为主,管理为辅,依据运营突发事件应急处置综合预案抢险信息报送流程执行。现场人员与公司各部门(中心)人员应根据岗位职责及分工,严格落实信息生产线、信息管理线双线信息报告机制。紧急情况下或上级接报人员无法联系时,均可越级汇报。

信息报告遵从及时、真实原则,实际运作中,如存在无法确定突发事件的持续影响时间或范围,但又需要做出预判的情况,专业人员和现场人员可如实向 OCC 反映情况,并基于现场情况进行判断,在一定程度上允许出现过激反应,提高响应级别,但要及时、持续开展续报。

4. 抢险启动

OCC 接报突发事件信息后,应对可能或已造成的影响进行分析研判:是本专项预案场景的,依规启动相应等级的抢险响应;如涉及其他专项应急预案场景的,须启动相应专项应急预案,并依据其抢险响应分级,启动相应等级抢险响应。各部门(中心)按照应急预案开展抢险行动。

车站发生大量渗漏水时，需依照渗漏水情况及站外天气情况，对险情进行初期判断。当判断为爆管时，可依据现场情况进行抢修处置，爆管影响达到突发事件抢险响应分级要求时，按流程上报，OCC立即启动应急预案。

表 4-7　　险情初期判断条件

站外天气情况	判断条件			判断结果
	大量渗漏水位置	现象	设备情况	
未下雨	消火栓接口、结构伸缩缝、侧墙拐角、穿墙等位置管道	现场判定为清水	FAS主机报稳压泵启动/IBP盘消防泵启动	消防水管爆裂
	水龙头与水管接口、结构伸缩缝、侧墙拐角、穿墙等位置管道	现场判定为清水	—	生活给水管
	空调水系统管道连接位置、结构伸缩缝、侧墙拐角、穿墙等位置管道	现场判定为清水	—	冷冻水管爆裂
	结构伸缩缝、侧墙拐角、穿墙等位置管道	现场判定为浑水	—	废水管爆裂
	结构伸缩缝、侧墙拐角、穿墙等位置管道	浑水伴有臭味	—	污水管爆裂
	结构伸缩缝、扶梯中部侧墙上部穿墙管，出入口玻璃幕墙下方墙	现场判定为浑水，片状滴撒或柱状流入	—	施工积水大量渗漏
下雨	消火栓接头、结构伸缩缝、侧墙拐角、穿墙等位置管道	现场判定为清水	FAS主机报稳压泵启动/IBP盘消防泵启动	消防水管爆裂
	水龙头与水管接口、结构伸缩缝、侧墙拐角、穿墙等位置管道	现场判定为清水	—	生活给水管
	空调水系统管道连接位置、结构伸缩缝、侧墙拐角、穿墙等位置管道	现场判定为清水	—	冷冻水管爆裂
	结构伸缩缝、侧墙拐角、穿墙等位置管道	现场判定为浑水	—	废水管爆裂
	结构伸缩缝、侧墙拐角、穿墙等位置管道	浑水伴有臭味	—	污水管爆裂
	结构伸缩缝、扶梯中部侧墙上部穿墙管，出入口玻璃幕墙下方墙	现场判定为浑水，片状滴撒或柱状流入	—	站外雨水大量渗漏

5．处置措施

（1）车站出入口。

站外积水达到出入口平台高度一半（三级警戒线）时，车站人员巡视发现出入口站外积水达到出入口平台高度一半（三级警戒线），立即通知车控室，行车值班员报OCC、（值班）站长，由（值班）站长逐级上报。组织人员设置挡水墙（防淹挡板、沙袋等）。安排人员通过CCTV或现场巡视等方式重点盯控出入口积水情况，并及时上报车控室。接到OCC启动Ⅲ抢险响应的信息后，成立现场指挥部，向 OCC 汇报现场指挥部信息，组织各抢险队开展抢险工作。

站外积水与出入口平台持平（二级警戒线）时，在站外积水达到出入口平台高度一半（三级警戒线）的处置基础上，组织人员关闭相应出入口，安排设施、设备、人员对该出入口电扶梯断电，并做好信息续报。张贴或摆放出入口关闭告示，引导乘客从其他出入口通行。

站外积水到达挡水墙的一半（一级警戒线）时，在站外积水与出入口平台持平（二级警戒线）的处置基础上，值班站长宣布封站，播放紧急疏散广播，组织车站乘客疏散，并做好信息续报。组织人员关闭出入口，张贴或摆放封站关闭告示。

站外积水经出入口挡水墙漫入车站时，在站外积水到达挡水墙的一半（一级警戒线）的处置基础上，携带好通信备品，广播通知各专业撤离，并做好信息续报。撤离车站后，在确保安全的前提下，在站外监控车站水势情况，及时向 OCC 汇报。无法监控车站水势时，应及时撤离至安全位置后，及时报告 OCC。

（2）地下车站疏散通道。

站外积水达到车站疏散通道平台高度的一半（三级警戒线）时，站务中心组织人员设置挡水墙（防淹挡板、沙袋等）。接到 OCC 启动Ⅲ级抢险响应通知后，成立现场指挥部，向 OCC 汇报现场指挥部信息，组织各专业抢险队开展抢险工作。安排人员通过闭路电视监控系统（Closed-Circuit Television，简称 CCTV）或现场巡视等方式重点盯控车站疏散通道积水情况，并及时上报车控室。

站外积水与车站疏散通道平台持平（二级警戒线）时，在站外积水达到车站疏散通道平台高度的一半（三级警戒线）处置基础上，由车站值班站长宣布封闭车站疏散通道不再使用并通知车站工作人员，并做好信息续报。

站外积水经过车站疏散通道平台漫入车站时，在站外积水达到车站疏散通道平台高度的一半（二级警戒线）处置基础上，值班站长宣布封站，组织车站乘客疏散。组织人员关闭出入口，张贴或摆放封站关闭告示。携带好通信备品，广播通知各专业撤离，做好信息续报。撤离车站后，在确保安全的前提下，在站外监控车站水势情况，及时向 OCC 汇报。无法监控车站水势时，应及时撤离至安全位置后，及时报告 OCC。因站外积水，站内乘客滞留时，车站人员做好乘客服务，及时通报区防指及 OCC，配合相关单位做好人员疏散工作。

（3）地下站换乘通道。

车站人员巡视发现外部水源进入换乘通道时，应立即通知车控室，并联系相关区域责任人。行车值班员立即报 OCC、（值班）站长，由（值班）站长逐级上报。

（4）车站结构渗漏水。

接到车站结构渗漏水影响车站 400 V 开关柜运行信息后，组织车站人员搬运沙袋等物资协助设施设备专业通过围堵、引流、围蔽等方式，缩小影响范围。接到维调启动Ⅲ级抢险响应时，协助成立现场指挥部。如发现车站行车设备停电，立即上报行调处理。如发现站厅、站台照明设备停电情况立即上报行调，携带照明工具组织员工疏散乘客。

（5）电梯井。

车站人员巡视发现站外积水达到车站电梯井道三级警戒线，立即通知车控室，行值报 OCC、（值班）站长，由（值班）站长逐级上报。组织人员设置挡水墙（含防淹挡板、沙袋等）。接到维调启动Ⅲ级抢险响应通知后，成立现场指挥部，向 OCC 汇报现场指挥部信息，组织各抢险队开展抢险工作。安排人员通过 CCTV 或现场巡视等方式重点盯控车站电梯井道积水情况，并及时上报车控室。对电梯进行围蔽或张贴告示，做好乘客引导。

斜坡积水经过垂梯挡水墙漫入车站时，在斜坡水位线距离站外垂梯平台 1 m（三级警戒线）的处置基础上，OCC 接到斜坡积水经过垂梯挡水墙漫入车站的报告，立即启动Ⅰ级抢险响应，发布抢险响应信息。立即成立应急指挥部，并发布应急指挥部信息。主任调度立即决策，组织区段停运。行车调度立即扣停可能驶入该区段（含上、下行）的列车，并按要求调整列车运行交路。完成对内对外各层级信息通报。

（6）车站风亭。

车站人员巡视发现站外积水到达最矮风亭三级警戒线，立即通知车控室，行值报 OCC、（副）站长，由（副）站长逐级上报。站务中心组织人员在对应的风亭下方人防门门槛处设置挡水墙。接到 OCC 启动Ⅲ级抢险响应通知后，成立现场指挥部，向 OCC 汇报现场指挥部信息，组织各专业抢险队抢险。安排人员在安全区域持续观察站外积水水势，及时上报现场指挥部。

站外积水达到车站最矮风亭顶部下方 10 cm 处（一级警戒线）时，在站外积水达到风亭高度一半（三级警戒线）处置基础上，值班站长宣布封站，组织车站乘客疏散。组织人员关闭出入口，张贴或摆放封站关闭告示。当车站风亭漏水、渗水严重或存在外部积水漫入风险时，需车站关闭车站风亭下方人防门时，车站须向行调申请相应区段停运，当收到行调停运指令后，车站向环调申请关闭相应风机、风阀，确认设备关闭后，安排至少 3 人关闭人防门。

（7）地下站换乘通道。

车站人员巡视发现外部水源进入，立即通知车控室，并联系相关区域责任人。行车值班员立即报 OCC、（值班）站长，由（值班）站长逐级上报。接到维调启动Ⅲ级抢险响应通知后，成立现场指挥部，向 OCC 汇报现场指挥部信息，组织各专业抢险队抢险。组织人员在连接处设置挡水墙（含防淹挡板、沙袋、防淹门等）。安排人员通过 CCTV 或现场巡视等方式重点盯控换乘通道（新线建设接口区域）、物业区、商业区连接通道积水情况，并及时上报车控室。积水预计或已经漫灌至车站时，值班站长宣布封站，组织车站乘客疏散，关闭出入口，张贴或摆放封站关闭告示。如积水危及人身安全，立即携带好通信备品，广播通知各专业撤离。撤离车站后，在确保安全的前提下，在站外监控车站水势情况，及时向 OCC 汇报。

（8）车站因管道爆裂或渗漏水出现积水。

车站人员巡视发现车站大量渗漏水，通知车控室，报 OCC、（值班）站长，由（值班）站长逐级上报。站务中心立即组织车站员工进行围堵、引流、围蔽等，当积水影响电扶梯时，立即将电扶梯断电。同时组织人员根据站外天气、渗漏水位置、渗漏水现象查找水源，判断为水管爆裂，上报 OCC。若消防水管爆裂，立即安排人员前往消防泵房操作消防稳压泵和加压泵紧急停止按钮，现场查找漏水点，如为站外车站消防水管爆裂，则安排人员找到消防管道漏水点靠近站厅侧水阀进行关闭，如漏水减少、停止则证明阀门关闭有效，如漏水未减少、停止，持续做好围堵、引流、围蔽等，待设施设备专业到达现场后，将水管爆裂点及前期处置告知设施设备专业；如为站内消防水管爆裂，立即安排人员前往消防泵房操作消防稳压泵和加压泵紧急停止按钮，现场查找漏水点，若站内消防水管爆裂，则安排人员找到消防管道漏水点前后两个水阀进行关闭，如漏水减少、停止则证明阀门关闭有效，如漏水未减少、停止，持续做好围堵、引流、围蔽等，待设施设备专业到达现场后，将水管爆裂点及前期处置告知设施设备专业。若为生活给水管、冷冻水管爆裂、废水管爆裂、污水管爆裂，立即安排人员找到管道漏水点前后两个水阀进行关闭，如漏水减少、停止则证明阀门关闭有效，如漏水未减少、停止，持续做好围堵、引流、围蔽等，待设施设备专业到达现场后，将水管爆裂点及前期处置告知设施设备专业。安排保洁进行打扫。

6. 抢险终止

车站及轨行区水淹应急处置工作基本完成，次生、衍生灾害隐患和事件危害基本消除，经现场抢险人员确认，设施设备恢复正常，应急抢险队伍撤离现场，遵循"谁发布、谁解除"的原则，由 OCC 发布降低响应级别或抢险响应结束。

7. 停运执行

停运分为有序停运、紧急停运。车站停运由值班站长负责组织，列车停运由 OCC 行车调度负责组织。原则上停运组织应遵循避险原则，将所辖区域乘客疏散至站外后，及时上报 OCC。

（1）有序停运。

触发条件：上级部门发布暴雨Ⅰ级应急响应指令，地铁线路范围内未出现大面积倒灌/水淹风险且车辆段停车场均具备收车条件；上级部门发布有序停运指令（有序是指存在 80 min 及以上的缓冲时间），地铁线路范围内未出现大面积倒灌/水淹风险且车辆段停车场均具备收车条件；公司会商决策确定执行有序停运。

停运执行：车站值班站长组织车站停运工作。行车值班员操作 IBP 盘释放闸机，播放停运广播；客服中心岗打开边门，引导乘客出站；行车值班员关闭车站 TVM；站台岗确认列车进站开门后，进行列车清客并反馈车控室；车站人员组织乘客有序疏散至站外安全地带，并向 OCC 反馈信息。

（2）紧急停运。

触发条件：地铁线路范围内出现大面积倒灌、水淹风险，触发熔断条款且车辆段或停车场无法收车；应急处置过程中出现不可控事件，地铁运营涉及不可控风险，危及人身安全；上级部门发布的紧急停运指令（紧急停运是指立刻停运，无缓冲时间或缓冲时间小于 80 min）；公司会商决策确定执行紧急停运。

停运执行：车站所有工作人员立刻放下手中工作，全力组织乘客撤离至安全地带，并及时上报 OCC，停运程序与有序停运车站运作保持一致。如汛情发展迅速，危及人身安全，各专业人员亦可撤离至安全地带，并及时上报 OCC。

8. 撤离执行

撤离是指地铁范围内所有人员（包含乘客）撤离至安全地带，核心目标是风险影响范围内所有人员的安全撤离。撤离分为有序撤离、紧急撤离。车站撤离由值班站长负责组织、车辆段撤离由厂调负责组织、主变电所撤离由供电专业值班人员负责组织、列车撤离由运控员（司机）负责组织，原则上上述人员须确认所辖区域人员全部撤离后再最后撤离。人员撤离应遵循避险原则，采用可靠的方式离开现场并向高处撤离。原则上员工撤离至安全地带后，须持续观察所辖区域汛情，并及时上报 OCC。

（1）有序撤离。

触发条件：上级部门发布的有序撤离指令（有序是指存在 80 min 及以上的缓冲时间），地铁线路范围内未出现大面积倒灌/水淹风险且车辆段停车场均具备收车条件；公司会商决策确定执行有序撤离。

撤离执行：行调组织受影响区域列车回段，组织程序与有序停运区间组织程序一致。设备调度得到现场人员出清完毕反馈后，切除相关区域一类、二类、三类负荷。如现场汛情不可控，危及乘客人身安全，电客车无法完成回段，运控员（司机）原则上需维持进站并降弓，如无法维持进站司机可放弃列车就近撤离至安全地带并及时上报 OCC，撤离时完成停车降弓动作。

（2）紧急撤离

触发条件：应急处置过程中出现不可控事件，地铁运营涉及不可控风险，危及人身安全；上级部门发布的紧急撤离指令（紧急撤离是指立刻撤离，无缓冲时间或缓冲时间小于 80 min）；公司会商决策确定执行紧急撤离。

撤离执行：地铁员工立刻放下手中工作组织站内所有人员（包含乘客）撤离至安全地带。列车维持进站、完成清客后一同撤离，行调不再组织列车回段，列车存放在车站轨行区。如在维持进站过程中出现不可控汛情，危及人身安全，运控员（司机）立刻执行《应急疏散专项处置预案》，随乘客一同撤离至安全地带。

9. 抢险终止

防汛突发事件应急处置工作基本完成，次生、衍生灾害隐患和事件危害基本消除，经现场抢险人员确认，汛情险情得到控制，应急抢险队伍撤离现场。遵循"谁发布、谁解除"的原则，由 OCC 发布抢险响应结束信息。

在抢险结束后，如预警响应状态未结束，转为预警响应状态，做好支援准备或现场持续观察，保持随时待命状态。各中心按照既定方案，做好人员替换准备。

10. 应急保障

（1）通信与信息保障。

各中心（部门）应急值班人员及各中心（部门）应急抢险人员联系方式必须保证 24 h 畅通。发生险情后，应急处置过程中的通信联络宜采用有录音的通信设备，以无线手持台、固定台为主，手机和固定电话为辅；当无线通信系统故障或状态不良时，可采用手机或固定电话作为备用通信方式。

（2）物资装备保障。

各中心（部门）、维保单位应依据公司防汛物资配置标准配备足额的应急物资及装备，并在规定地点存放。要定期对应急物资和应急装备进行检查维护保养，确保状态良好。防汛物资存放点如图 4-7 所示。

图 4-7 防汛物资存放点

任务实施　分析"某市地铁五号线透水事故"案例

一、实施流程

（1）通读阅读材料"某市地铁五号线透水事故"。
（2）讨论阅读材料后的问题。

二、阅读材料

某市地铁五号线透水事故

事故概况：20××年×月×日某市地铁五号线透水事故。
事故详情：

20××年×月×日，某市突降罕见特大暴雨，造成该市地铁 5 号线五龙口停车场及其周边区域发生严重积水现象，18 时许，积水冲垮出入场线挡水墙进入正线区间，造成该市地铁 5 号线一列车在沙口路站至海滩寺站区间内迫停，500 余名乘客被困。在地铁员工、应急救援队、公安干警、解放军指战员、义务救援队及热心乘客的共同努力下，共解救乘客 500 余名。

三、任务实战

讨论：在车站突发极端天气自然灾害时，作为车站作业人员，应如何开展乘客疏散和施救工作？

任务四　车站公共安全事故应急处置

任务引导

引导问题1　城市轨道交通车站可能会发生哪些恐怖袭击事件？

引导问题2　发生恐怖袭击时应实施哪些处置措施？

引导问题3　城市轨道交通车站可能发生哪些类型的治安事件？

引导问题4　发生突发治安事件时应采取哪些处置措施？

知识讲解

一、防范处置恐怖袭击应急处置

恐怖主义指通过暴力、破坏、恐吓等手段，制造社会恐慌、危害公共安全、侵犯人身财产，或者胁迫国家机关、国际组织，以实现其政治、意识形态等目的的主张和行为。

城市轨道交通车站属于密闭场所，人群高度聚集、流动性大，如果发生恐怖袭击，人员疏散困难，易导致群死群伤；造成大量人员伤亡；严重影响运营，连锁反应突出；地铁车站一旦遭袭，可能造成地铁线路运营中断，且短时间内难以恢复正常运行，直接扰乱正常的工作生活秩序，从而造成严重的社会影响。

（一）风险分析

重要节假日、纪念日、庆典日等，或举办大型活动前夕或期间，早晚上下班高峰期，人流聚集难以疏散，容易被不选作实施恐怖活动的时机。

城市轨道交通运营范围内发生恐怖袭击带来的运营风险分为以下几方面：

（1）爆炸袭击。爆炸直接造成人员伤亡；造成人群恐慌，引发踩踏；对车站、隧道等房建结构造成影响，继而引发坍塌；造成设施设备、列车损坏，导致车站关站、行车中断、线路停运；引发火灾，造成人身伤害和经济损失。

（2）纵火：引发火灾，造成人身伤害和经济损失；造成人群恐慌，引发踩踏；火势太大对车站、隧道等房建结构持续燃烧，造成安全隐患；火势蔓延，造成设施设备、列车损坏，导致车站关站、行车中断、线路停运。

（3）暴力袭击：通过刀斧砍杀、枪击直接造成人员伤亡；人群恐慌，引发踩踏；造成设施设备、列车损坏，导致车站关站、行车中断、线路停运；未及时控制住犯罪分子造成群伤。

（4）劫持人质：人质生命安全受到威胁，随时面临死亡；人群恐慌，引发踩踏；导致车站关站、行车中断。

（5）恐慌事件：涌入地铁站人员过多，引发踩踏；嫌疑人混入人群中进入地铁站，可能发生暴力袭击或劫持人质事件；导致车站关站。

（6）毒气袭击：毒气被吸入人体，会造成不同程度的损害；人群恐慌，引发踩踏；未及时关闭车站通风系统，造成毒气扩散，造成更大范围的人员伤亡；致车站关站、行车中断、线路停运。

（7）核生化袭击：核生化辐射，会对区域内造成人体伤害；人群恐慌，引发踩踏；影响设备、列车正常运作，造成设备、列车损坏；核生化扩散，会造成更大范围的人员伤亡和导致设备、列车故障；导致车站关站、行车中断、线路停运。

（二）恐怖袭击应对处置措施

1. 处置原则

开展恐怖袭击应急处置工作应在保证自身安全的前提下遵循"第一时间反应，第一时间处置，第一时间报告"的原则。疑似恐怖袭击事件发生后，现场工作人员第一时间报110、120、119、OCC、DCC和属地管理部门。

应急处置须做好个人防护，在保证自身安全的前提下做好控制、警戒、疏散、救助等工作。公安民警到达现场后，工作人员应按照公安机关指令，全力配合做好事件处置工作。区间运行列车上发生恐怖袭击事件时，司机应尽可能维持列车进站。列车不能进站处理的，人员疏散按照相应专项应急预案执行。

启动预案后，各中心（部门）要各负其责，迅速对事件现场进行实时监控、追踪，并上报事态发展变化情况。立即组织人员到现场支援，并依照职责分工，立即组织力量开展抢救伤员、疏散人群、封锁和隔离相关区域的作业，严格保护现场，协调保障供电、供水、通信，防止建筑物坍塌，协助公安、防化等部门开展排除爆炸装置、控制毒情扩散、控制火灾及现场勘查或解救工作。

因恢复生产运营等原因，需要移动现场物件的，在公安部门的指导下，应做好标志，采取拍照、摄像、绘图等方法详细记录现场的原貌，妥善保存现场重要痕迹、物证。

事件处置完毕，须收到公安部门现场指挥人员事件处置完毕（可以恢复正常运营）的明确指令后，应急处置人员才能够进入封锁区域，查看设备情况，组织尽快恢复正常运营。

2. 发生爆炸袭击、纵火时的处置措施

车站范围内发生爆炸袭击、纵火事件时，应立即组织人员疏散及伤员救护工作，避免二次袭击造成更大损失，车站立即报OCC、110、120、119，采取封站等熔断措施。接到OCC关于列车区间发生爆炸袭击、纵火事件并维持进站的通知后，立即组织疏散站内乘客，做好列车进站后疏散的准备。接到OCC关于列车区间发生爆炸袭击、纵火事件，组织区间疏散

的通知后，按照应急疏散处置预案执行乘客疏散。列车在车站站台发生爆炸袭击、纵火事件时，车站立即报 OCC、110、120、119，组织人员清客，配合公安部门开展现场处置及调查工作。

3. 发生劫持人质、暴力袭击、恐慌事件时的处置措施

车站发生劫持人质、暴力袭击、恐慌事件时应立即组织人员疏散，现场做好控制、警戒措施，立即报 OCC、110、120、119，采取封站等熔断措施。如嫌疑人持冷兵器或无杀伤性武器，启动最小应急处置单元开展应急处置，由当班值班站长或驻站民警担任指挥员，组织最小应急处置单元开展处置，同时引导乘客从远离事发点一端疏散出站。列车在车站站台发生劫持人质、暴力袭击、恐慌事件时，车站立即报 OCC、110、120、119，组织人员清客，配合公安部门开展现场处置及调查工作。

4. 发生毒气、核生化袭击时的处置措施

当接到公安通知发生毒气、核生化袭击时，可确认已发生毒气、核生化袭击事件，立即启动Ⅰ级响应。车站、列车发生毒气、核生化袭击事件后，须经相关部门（卫生健康部门、公安部门）检测确认安全后，才能恢复运营。

当车站发生毒气、核生化袭击时，应立即组织进行车站全站疏散，尽可能地开展伤员救护工作，报 OCC、110、120、119，采取封站等熔断措施。根据公安指令设置警戒区，禁止非专业处置人员靠近事发车站及车站风亭结构，救援人员到场后做好配合工作及调查工作。

5. 发现可疑物品时的处置措施

（1）可疑物品辨识。

应通过物品的名称、包装、标识、形状、气味等先行辨识物品有无危险性，是否属于可疑物品，如有放射性标识的物品，形状类似炸药、雷管等爆炸物的物品，通过导线与计时器、电路板连接的物品，有火药味、强烈刺激性气味的物品。爆炸物处置装置如图4-8所示。

图 4-8　爆炸物处置装置

（2）可疑物品处置。

当车站发现可疑物品时，现场人员报车控室，车控室报OCC、地铁公安，经公安确定为危险物品时，配合做好人员疏散、现场警戒等工作。现场人员直接报OCC、地铁公安，经公安确定为危险物品时，配合做好人员疏散、现场警戒等工作。发生在区间列车上时，司机报OCC，OCC报地铁公安，组织列车到达就近车站扣停，通知车站人员清客，由车站人员配合地铁公安处理。发生在站停列车上时，车控室报OCC、地铁公安，OCC扣停列车，组织人员清客，并配合地铁公安处理。

6. 特殊程序

处置恐怖袭击事件时，OCC或车站接到国家安全保卫机构、公安机关发出关闭轨道交通站内民用（商用）无线通信设备指令时，OCC立即通知通信专业，立即紧急关闭站内的民用（商用）无线通信总电源。

现场公安民警要求车站关闭、恢复民用通信的，车站应在记录相关人员的警号、姓名后，由通信专业或通信运营商立即执行，并将情况报告OCC。

关闭无线通信需要分别对通信运营商的设备总电源进行关闭操作。因无线通信特性，关闭某一车站无线通信时需同时关闭邻近两车站无线通信，以防止邻站无线通信覆盖至本站。

恐怖袭击事件处置完毕后，OCC或车站接到公安部门发出恢复轨道交通站内民用（商用）无线通信设备指令时，OCC立即通知通信专业及相关车站，及时恢复站内的民用（商用）无线通信。在设备房内进行关闭、恢复无线通信操作时，应严格执行现场指引操作。

（三）应急处置终止

恐怖袭击专项应急处置工作结束或事态得到控制后，根据公安部门处置情况及时通报信息，遵循"谁发布、谁解除"的原则宣布响应结束。应急处置结束后各专业根据事件对本专业的影响，启动相应的应急响应及预案。

二、突发治安事件应急处置

治安事件指扰乱公共秩序，妨害公共安全，侵犯、损坏公私财物、公共设施，具有社会危害性的事件。

城市轨道交通运营范围内突发扰乱公共秩序、妨害公共安全、侵犯损坏公私财物、公共设施等治安事件，将扰乱轨道交通运营秩序，造成现场人员伤亡及财物损失等情况发生。

（一）风险分析

治安事件指扰乱公共秩序，妨害公共安全，侵犯、损坏公私财物、公共设施，具有社会危害性的事件。

1. 治安事件的类型

（1）扰乱公共秩序：结伙斗殴、寻衅滋事、违法上访、拉横幅、示威、封堵大门、散布敏感信息（发传单、涂鸦等形式）或者进行其他扰乱公共秩序的活动。

（2）妨害公共安全：非法携带、使用管制物品、危险物品（包含管制刀具、枪支弹药、剧毒、易燃、其他危险物品等）实施妨害公共安全的行为。

（3）侵犯、损坏公私财物、公共设施：偷窃、骗取、抢夺、敲诈勒索或故意损坏公私财物、公用设施等行为。

2. 治安事件的特点

（1）突发性，即事件的发生不能或难以预料。

（2）危险性，即已经或可能给生命财产或者社会带来严重危害。

（3）紧迫性，即事件发展迅速，可能导致局势恶化、秩序混乱，要求迅速采取有效措施予以应对。

（4）社会性，即事件发生后，对公众没有进行有效的引导所引发负面社会舆论，对地铁正常运营造成影响。

（5）应对措施的特殊性，即必须采取特殊应急处置措施才能予以应对。

3. 治安事件的风险

突发治安事件将打乱运营组织方式，造成现场乘客或员工情绪激动、恐慌、受惊吓，现场混乱易发生人员跌倒、踩踏、伤亡事件，造成财物损失、公共设备损坏。

（二）治安防治

治安防控是指采取各种措施，减少、防止治安案件或刑事案件发生的专业性防范手段。

轨道交通运营公司接到地铁公安、行业主管部门发布的治安防控分级信息后，应及时向领导小组提出启动治安防控等级和治安防控响应行动建议，OCC 按分级情况发布治安防控响应级别信息。

在常态化工作的基础上做好以下准备措施，根据现场情况及上级单位指令实施。站务中心各车站组织站务人员及安全员开展安检点重点盯控、重点排查工作，同时针对车站各出入口、站厅、站台区域，安排站务人员及安全员穿治安巡逻反光背心，携带防暴器材采取交叉巡逻的方式确保每间隔半小时巡逻1次，出现突发情况及时上报，并按对应处置措施开展现场处置工作。强化安检点人员配置（其中普通站在既有配置标准基础上增设1名后传岗用于突发情况应急处置，其中重点站在既有配置标准基础上增设1名后传岗、1名值机岗用于突发情况应急处置）。针对重点站加强包保巡视及现场盯控，各线路重点区间增加 10~15 名安检巡逻员上车巡查，对列车安全情况进行动态巡视，第一时间通报信息，配合应急处置。

重点站指具备折返条件的车站、日常客流较大或车站附近为商业购物区、游乐场所的车站；普通站指除重点站之外的车站；重点区间指重点站与相邻车站区间。

（三）应急处置

1. 信息报告

信息报告程序依据及时、准确，信息报告内容客观、真实，不迟报、漏报、谎报的基本原则上报信息，信息报告程序按照公司《运营突发事件应急处置综合预案》中关于现场信息报告的要求执行。

（1）首报信息：包含突发治安事件发生时间（月、日、时、分）、地点（站名、段场/主变电所名、区间或百米标）、事件概况（发生××类型事件）。突发治安事件对所产生的影响（如关闭车站、人员伤亡、行车中断等）。

（2）续报内容：包含人员伤亡、现场运作、设备设施运行等情况。已采取的措施，需要的救助（包括救援、救护等）。现场联系人姓名、职务、电话。

应急指挥部成立后，由总指挥负责组织召开会议或参加交通、公安等市政府相关部门会议，贯彻落实上级机构关于突发事件应急处置决策部署和领导的重要批示指示，对治安事件应急处置进行会商，配合相关部门进行现场处置。

2. 响应

突发治安事件应急处置过程中，OCC立即启动专项预案，可视事态发展和影响范围变化，对响应等级进行调整，各专业接到通知后根据事件对本专业的影响开展处置工作。现场人员针对突发治安事件各场景出现征兆可进行合理性预测时，针对现场未达到响应条件的情况，可提前进入最低级别响应状态。如现场情况事态存在扩大化可能（可能导致多数人员伤亡、可能延长中断行车时间等），现场指挥人员上报OCC，可提高当前响应级别。

针对突发治安事件，属地管理单位应立即联系地铁公安、医疗救护单位、应急指挥部门请求支援。当事态影响扩大、已启动关站程序等熔断措施、超出公司处置能力时，扩大响应，OCC及时向地铁公安、行业主管部门等上级政府部门汇报请求支援，在政府应急救援队伍进入现场前积极组织自救。

3. 处置原则

运营突发事件发生后，事发专业所属中心（部门）必须立即开展先期处置，全力控制事件发展态势。启动相关专项应急预案后，按照预案开展应急处置。突发事件影响达到条件时启动熔断措施，相关中心（部门）除按预案执行外，根据工作需要，可组织采取以下措施：

（1）警戒疏散。

车站、主变电所等属地管理单位的现场值班人员负责按照预先制定的紧急疏导疏散方案，有组织、有秩序地迅速引导现场人员撤离事发地点，将受影响沿线站点乘客疏散至车站出口，对线路实施分区封控、警戒，阻止乘客及无关人员进入；需要对地铁沿线群众进行警戒防护、疏散时，应立即上报公安，由公安部门进行警戒防护和疏散。

（2）人员搜救。

出现人员被困、危及人身安全等突发事件时，现场人员应及时向消防、公安等部门报告，请求调派专业力量和装备，在突发事件发生现场开展以抢救人员生命为主的应急救援工作。现场抢险队伍之间应加强衔接和配合，并做好自身安全防护。

（3）乘客转运。

根据疏散乘客数量和发生突发事件的线路运行方向，OCC调度及时调整行车组织，启动地面公共交通车辆运输，加大发车密度，做好乘客的转运工作。

（4）医疗救治。

发生突发事件导致人员伤亡时，现场人员应迅速联系附近医疗资源和力量，积极做好受伤人员送医配合工作。

（5）现场监测。

各专业应急抢险队应加强监测和现场巡查工作，及时将监测数据提供给专家组，为应急处置方案的制定和决策提供支持。

（6）技术支持。

应急指挥部成立后，生产技术部负责召集专家组成员，成立专家组，运用先进技术、设备，及时了解现场情况，研究分析事件发生原因，制定应急抢险救援方案和恢复方案，解决抢险救援过程中各类技术疑难问题，为事件研判、决策、队伍协调等提供技术支持。未成立应急救援指挥部时，由各中心（部门）专业技术人员提供抢险技术支持。

（7）抢修抢险。

相关中心（部门）专业抢险队立即组织车务、机自、线路、供电、安防等相关专业技术力量，开展设施、设备等抢修抢险作业，及时排除故障。

4. 突发治安事件应急处置措施

（1）信息上报：在车站突发治安事件时，现场人员须第一时间赶赴现场。初步了解事件情况后，向值班站长及车控室报告基本情况，汇报内容应包括伤亡人数、起因（慎报原因、多报现象）、造成影响及初步处理情况。

（2）信息续报：值班站长或车控室值班员接报后应立即报OCC、站长、车间负责人、地铁公安，及时拨打"119""120"，同时调整CCTV画面，做好事件监控及记录。若事件不可控，值班站长宣布关站并将情况告知OCC。

（3）先期处置：现场处置人员须第一时间对现场进行围蔽，疏散围观人员，并将信息及时上报OCC。值班站长视情况关闭安检点，增加处置力量。现场处置人员应挽留目击证人，配合公安人员处置。

（4）应急联动：若因突发治安事件影响现场正常运营秩序，导致处置力量不足时，现场指挥人员上报中心请求临站支援，必要时可联系安全监察部协调调配其他标段安保人员，同时报告地铁公安请求协助。当现场突发治安事件后，经公安现场确认危及人员生命安全时，由车站值班站长宣布执行关站程序，同时向OCC汇报。

三、乘客意外伤害应急处置

车站、区间线路等区域因设备设施故障、土建装修设备脱落、区间事故事件、房建结构设施坍塌、服务设施及其附属结构状态异常、地面湿滑/异物等情况导致乘客意外伤害事件时，应及时进行救援工作，最大限度地挽救生命，减少损失。

（一）风险分析

乘客意外伤害事件属于运营生产类突发事件。乘客意外伤害是指在地铁列车运输过程中或在站厅、站台、出入口等地铁拥有产权的通道范围内（以下简称地铁运营场所），因设备设施故障、土建装修设备脱落、区间事故事件、房建结构设施坍塌、服务设施及其附属结构状态异常、地面湿滑/异物等原因给乘客造成伤害，造成乘客受伤或死亡，可能或已经对地铁运营秩序和服务带来很大影响。

（二）事故预防

各专业负责对各自管辖的设备进行维护保养，发现问题及时上报、修复，做好周期性检修。

站务专业及设备专业做好日常巡视，发现设备异常状态及时报修，做好防护。监督保洁人员做好环境卫生清洁，避免地面湿滑或存在异物。做好节假日、大型活动期间客运组织，确保车站客运组织顺畅。做好出入口巡视，发现市政设备设施异常可能对车站造成影响时，及时响应。

安保、安检人员根据各属地管理区域，做好属地日常巡查工作，避免乘客携带危险品、违禁品进站乘车。

（三）抢险响应

1. 响应启动

发生乘客意外伤害事件，需要对伤亡乘客进行救治，根据乘客伤亡情况由OCC宣布根据相应的响应等级启动响应，执行本预案，各中心（部门）按照应急预案开展抢险行动。

客伤指在地铁运营场所内，地铁外部人员及非在岗员工发生的人身伤害和伤亡事件的总称。

2. 信息报告

突发事件发生后，车站范围内发生乘客意外伤害事件由现场发现人员或车控室值班员接报后立即将信息向OCC及上级领导报告，根据乘客伤亡情况及时报119、120、地铁公安；区间范围内发生乘客意外伤害事件由运控员或现场发现人员立即信息报告至OCC。OCC调度接报后视事件的性质及影响程度持续发布信息。依据及时、准确，信息报告内容真实、客观，不迟报、漏报、谎报的基本原则进行信息报告。

各岗位间信息通报优先使用具备录音功能的电话、调度台、800M手持台等通信工具，条件不允许时可使用内线电话、移动电话等，竭力保障信息迅速传递。

信息报告应包含以下内容：

（1）发生时间（年、月、日、时、分）、发生地点（站名、区间或百米标）、上下行、列车车次。

（2）伤亡人数，伤亡乘客姓名、性别、年龄、受伤情况，是否联系乘客家属，所采取的抢救措施，送往的医院。如安排陪同人员，还应汇报陪同人姓名、部门、职务等。

（3）事件发生的原因、已经采取的措施、对运营造成的影响、事件可能发展的趋势。

（4）续报现场应急处置工作进展，如"120""119"、地铁公安到达后现场的处置情况，乘客家属的诉求、现场沟通情况、受伤乘客送医情况、死亡乘客处置情况等。

（5）现场处置完毕，汇报内容为：受伤乘客送医情况、死亡乘客处置情况、运营恢复情况，应急处置期间接到乘客投诉情况等。

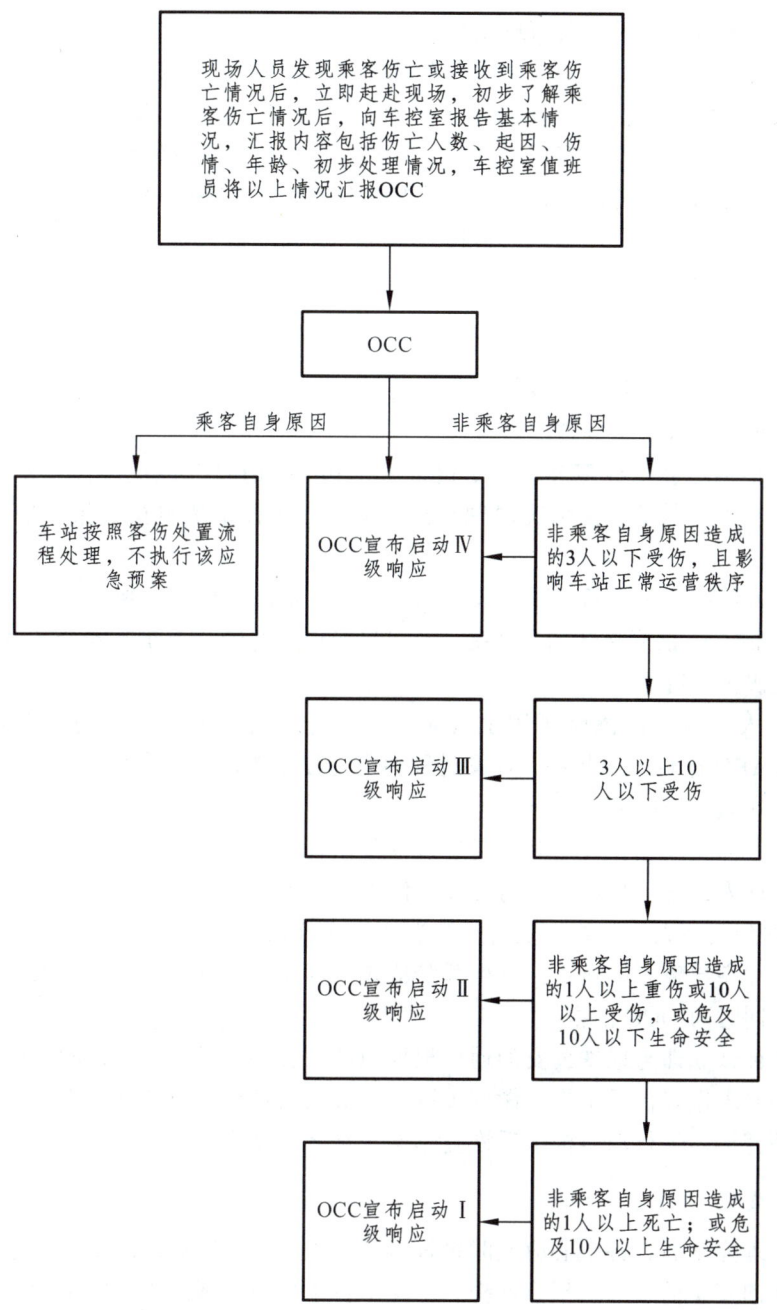

图 4-9 抢险响应流程图

（四）处置措施

1. 前期确认

运控员发现或接报有人车冲突、乘客掉入线路等情况时，应立即停车并报 OCC 调度，若事件发生在区间，根据 OCC 调度指令进入线路核实确认伤亡情况。

车站发现或接报车站范围内人车冲突、乘客掉入线路等情况时，站务员应立即按下紧急关闭按钮并立即报行车值班员及值班站长。

车站值班员在接报车站范围内出现人车冲突、乘客掉入线路等情况，立即报告 OCC 调度，根据 OCC 调度指令做好现场情况确认工作，向公安、医疗部门报警。

车站发现或接报车站发生客伤事件时，立即报行车值班员及值班站长，做好客伤现场秩序维护，停用与客伤相关的设施设备，视情况向公安、医疗部门报警。

值班站长接报后立即至现场进行指挥，按 OCC 调度指令对伤亡人员进行先期救助和转移，并做好客运组织工作。

2. 应急处置

现场人员在发现或接收到乘客伤亡信息后，立即赶赴现场，初步了解乘客伤亡情况后，向值班站长及车控室报告基本情况。

值班站长根据已获取的基本信息，携带医药箱，提前打开佩戴事件记录仪赶往现场处理，为乘客做初步的救治，视情况对现场进行隔离。车控室值班员接报后应立即进行信息续报。

现场处置人员应及时切断或隔离危险源（如因设备原因导致的乘客伤亡，应立即关停相关设备，做好防护），根据乘客伤亡情况，及时将轻伤乘客转移至车站安全区域，防止应急处置过程中引发次生灾害。

现场处置人员应立即佩戴医用手套对伤病员进行初步的救治，视情况进行心肺复苏（CPR），使用 AED 进行应急救助，处置过程中应全程录像，并对乘客受伤部位、现场环境进行拍照记录，并做好详细记录。

使用屏风、伸缩围栏等备品对现场进行围蔽，做好周边围观人员引导疏散工作，挽留目击证人并留存证人证言，视情况申请支援，保护事件现场。

因车门/站台门夹人、夹物，设备故障造成乘客群伤（如电扶梯逆行），人员非正常进入轨行区、人车冲突导致人员死亡，发生踩踏造成乘客群死、群伤时，由车站值班站长宣布执行关站程序，同时向 OCC 汇报。

无生命体征，立即与地铁公安沟通，根据地铁公安要求做好配合，同时做好信息续报，根据地铁公安要求做好善后工作，做好关键时间节点信息记录及续报工作。

现场处理完毕，进行消毒消杀后恢复车站正常运营秩序。

3. 后期恢复

在事件处理完毕后，各中心应及时做好事件原因分析、隐患风险辨识，落实相应的防护措施，按要求向安全监察部上报事件报告。生产技术部应开展事件影响范围内设施设备的检查、修复工作；事件相关案卷一案一卷，由安全监察部保管，案卷保存期为 2 年。

任务实施　车站发生暴恐袭击事件时应急处置事件模拟

一、实施流程

（1）通读阅读材料《东京地铁沙林毒气事件》

（2）分角色完成车站发生暴恐袭击事件时应急处置事件模拟实战演练。

二、阅读材料

东京地铁沙林毒气事件

事故概况：1995年3月20日发生在日本东京的地铁恐怖袭击事件。

事故详情：

东京地铁沙林毒气事件是于1995年3月20日早上在日本东京的营团地下铁（东京地下铁）发生的恐怖袭击事件。发动恐怖袭击的奥姆真理教邪教组织人员在东京地下铁三线共五列列车上发放沙林毒气，造成13人死亡及5 510人以上受伤。

图4-10　现场乘客施救画面

三、任务实战

2023年4月1日，A某与B某因工作不顺利，心生报复社会的想法，于是合谋使用自制炸弹在某城市轨道交通某地铁站内引爆，此车站为地下换乘站且靠近城市核心商圈，事发时客流较大。

请各位同学分组分角色，模拟以下情况应急处置情境。

（1）作为车站值班员，要尽可能掌握疏散时间，你应如何安抚A某和B某。

（2）车站其他作业人员此时应开展哪些应急处置工作？

（3）实践隐患排除后应进行哪些后续措施？

项目测试

一、填空题

1. 现场指挥部由各部门、_____、_____、_____等组成,并根据现场情况设立现场总指挥、联络员、相关专业对接人等岗位。

2. 当轨道交通运营范围内遭遇暴雪大风等恶劣天气时,_____、_____等处设施设备损坏,危及轨道交通运营安全。

3. 治安事件有_____、_____、_____、_____、_____的特点。

4. 车站人员巡视发现外部水源进入,立即通知_____,并联系_____。

5. 突发大客流可分为_____、_____、_____、_____四个级别。

二、选择题

1. 以下不会发生突发大客流的是(　　　)。
   A. 国家法定节假日期间　　　　　　　　B. 地铁沿线举行大型活动
   C. 恶劣天气对地面交通造成影响　　　　D. 发售纪念票卡

2. 以下对可疑爆炸物品处理方法不当的是(　　　)。
   A. 在车站发现可疑物品时,现场人员报车控室,车控室报 OCC、地铁公安,经公安确定为危险物品时,配合做好人员疏散、现场警戒等工作。
   B. 发生在区间列车上时,司机报 OCC,OCC 报地铁公安,组织列车到达就近车站扣停,通知车站人员清客,由车站人员配合地铁公安处理。
   C. 发生在站停列车上时,车控室报 OCC、地铁公安,OCC 扣停列车,组织人员清客,并配合地铁公安处理。
   D. 当车站工作人员发现可疑爆炸物品时,由现场发现人员负责将可疑物品带离轨道交通运营范围,并由该工作人员自行处理。

3. 以下可能触发停运的情况是(　　　)。
   A. 上级部门发布暴雨Ⅰ级应急响应指令且地铁线路范围内未出现大面积倒灌或水淹风险且车辆段停车场均具备收车条件
   B. 上级部门发布的有序停运指令(有序是指存在 80 min 及以上的缓冲时间)且地铁线路范围内未出现大面积倒灌/水淹风险且车辆段停车场均具备收车条件
   C. 线路调度员根据车站实际情况判断需要停运
   D. 公司会商决策确定执行有序停运

4. 当地铁运营线路涉及区域气象部门发布恶劣天气黄色预警信号时,应按(　　　)响应级别予以响应。
   A. Ⅰ级预警　　　B. Ⅱ级预警　　　C. Ⅲ级预警　　　D. Ⅳ级预警

5. 受灾害威胁,需避险转移人数在 1 000 人以上、潜在经济损失 1 亿元以上的地质灾害险情；因灾死亡 30 人以上，或因灾造成直接经济损失 1 000 万元以上的地质灾害灾情为（   ）。

  A. 特大型地质灾害险情和灾情（Ⅰ级）
  B. 大型地质灾害险情和灾情（Ⅱ级）
  C. 中型地质灾害险情和灾情（Ⅲ级）
  D. 小型地质灾害险情和灾情（Ⅳ级）

三、简答题

1. 运营突发事件发生后，各部门（中心）人员按照哪些原则进行信息通报？
2. 运营突发事件应急处理的基本流程是怎样的？
3. 当发生强降雨雪等自然灾害时，车站作业人员应做好哪些应急处置措施？

扫码进行在线答题

项目考评

考核内容		考核评分		
项目	内容	配分	得分	批注
学习态度（30%）	能够做到课前预习，并查阅本项目相关资料	10		
	积极参与课堂，参加教学中第实训、讨论、练习	10		
	按要求完成课堂练习和课后作业	10		
学习效果（50%）	能够掌握车站突发事件的处理的基本原则	10		
	能够陈述发生突发大客流时应进行的响应工作、处置流程	10		
	能够掌握车站恶劣天气应进行的应急响应措施	10		
	能够掌握车站应进行的防汛响应措施	10		
	能够陈述发生突发治安事件时应采取的处置措施	10		
综合素养（20%）	有效运用多种交流形式进行沟通	10		
	尊重他人，能与他人团结协作	10		
考核评语 考核人员：　　　　　日期：　　年　月　日		考核成绩		

项目五
城市轨道交通设备安全管理及应急处理

项目描述

党的二十大报告指出,教育、科技、人才是全面建设社会主义现代化国家的基础性、战略性支撑。必须坚持科技是第一生产力、人才是第一资源、创新是第一动力,深入实施科教兴国战略、人才强国战略、创新驱动发展战略,开辟发展新领域新赛道,不断塑造发展新动能新优势。

城市轨道交通,是城市公共交通的主干线、客流运营的大动脉,它的发展将会给城市带来兴盛,但是轨道交通的设备,特别是地铁设备,很大一部分都是安装在地下封闭空间当中的,并且在设计之初,就将相应的电源线以及电机等设备固定位置。如果设备出现安全问题,即使没有出现乘客伤亡事故,也会给设备的维修工作带来极大难度,从而给城市轨道交通运营部门带来巨大的经济损失。

本项目主要介绍了城市轨道交通相关设备安全的基本常识及安全管理规定、城市轨道交通的应急设施设备、城市轨道交通的特种设备安全、城市轨道交通信号、车辆和站台门专业的设备组成及其应急处理相关知识,并将某些轨道公司在实际工作中对设备的维护规章制度节选作为自修内容,让学生能够深入体会工作规范。通过学习本项目,使学生了解城市轨道交通设备基本情况,具备较高安全工作意识,能对城市轨道交通设备出现的故障进行理性分析,提出有效的处理措施,掌握突发故障的应急处理知识。

在对本项目内容进行学习时,学生需要极高的主动性,将理论与实践结合,通过理论学习掌握设备故障后的应急处理知识,通过应急演练实践运用设备故障处理方法与流程,以使自己具备轨道交通设备维护维修以及应急处理能力,增强自我安全维护的意识,达到培养人才,科教兴国的目的。

学习目标

知识目标	能力目标	思政目标
1. 掌握设备安全管理概念。 2. 掌握城市轨道交通应急设施设备、特种设备种类、组成和作用。 3. 掌握城市轨道交通各专业设备的组成及应急处理	1. 能够与实际案例结合，按照规章制度要求做好设备故障后的应急处理。 2. 能够与规章制度结合，体会城市轨道交通设备安全管理的内容和重要性	1. 培养良好的职业道德。 2. 提升安全意识和团队合作精神。 3. 贯彻党的二十大精神，贯彻科技兴国的战略部署，让学生从实际出发，理解城市轨道交通设备要求，找到突破点，增强创新力。 4. 通过对于轨道交通设备知识的理解，深入掌握轨道交通设备组成和安全，落实安全管理理念，培养学生理论与实践相结合的能力和求真求精的工匠精神

任务导航

任务一　城市轨道交通设备安全管理概述
任务二　城市轨道交通信号设备安全
任务三　城市轨道交通车辆设备安全
任务四　城市轨道交通站台门设备安全

任务一　城市轨道交通设备安全管理概述

任务引导

引导问题 1　什么是城市轨道交通设备安全？

引导问题 2　设备在运营阶段如何进行安全管理？

引导问题 3　影响运营安全的设备因素有哪些？

引导问题 4　城市轨道交通应急设施设备有哪些？各有什么作用？

引导问题 5　地铁安全疏散标识有哪些？各有什么作用？

知识讲解

一、城市轨道交通设备安全概述

安全生产是指在生产经营活动中，为了避免造成人员伤害和财产损失而采取相应的事故预防和控制措施，使生产过程在符合规定的条件下进行，以保证从业人员的人身安全与健康、设备和设施免受损坏、环境免遭破坏，保证生产经营活动得以顺利进行的相关活动。在安全生产中，人身安全就是消除危害人身安全和健康的因素，保障员工安全、健康、舒适地工作；设备安全就是消除损坏设备、产品等的危险因素，保证生产正常进行。

（一）设备安全概念

设备安全指设备按照使用说明书的规定，在预定的条件下执行其功能不产生损伤或危害的能力。使用设备的生产经营单位必须对其进行经常性维护、保养，并定期检测，保证设备正常运转和处于良好的状态，发挥保证安全的效用。

设备安全应满足以下三方面的安全要求：
（1）设备设施服务对象的安全。

（2）设备设施使用操作人员的安全。
（3）设备设施自身的运行安全。

城市轨道交通设备安全就是让轨道交通各类设施设备处于安全状态，能够按照预期执行既定的运用功能，保障行车运行、客运服务、设备设施维护等工作的正常进行。

（二）设备在运营阶段的安全管理

设备在使用维护中的管理既是城市轨道交通设备安全管理的核心内容，也是设备安全管理的基础。它包含了设备使用维护技术的规章制度、人员培训、物资配件供应、设备运行与使用、设备定期检修、设备故障处理、设备故障应急处理、评价改进等各项内容，任何环节的纰漏都会不同程度地造成设备维护质量下降，形成安全隐患。尤其是设备维护工作不仅直接影响到设备质量，关系到设备运行安全，而且占据了运营成本的较大比重，因此，成熟的设备使用维护管理是采用质量管理体系的概念，全面进行管理和不断改进的。

设备的安全隐患管理是城市轨道交通设备管理的潜在不安全因素，安全隐患能够在一定条件下转化成设备故障，甚至形成设备事故，所以我们必须消灭安全隐患带来的设备故障或事故。想要消灭安全隐患，第一是要发现隐患，一般可通过危险源识别的方法进行查找，一旦查明危险源，就要立即消灭；第二是对于无法消灭的安全隐患，梳理排列其发展变化的条件，对其条件进行限制。比如重要零部件执行使用寿命管理，就是通过"一定寿命"这一条件进行限制，在其没有达到预期寿命即进行更换，避免隐患发展成为故障；第三是严格监控隐患的发展变化，对于无法消灭又无法充分掌握其发展限制条件的安全隐患，采取缩短检查周期的办法，一旦发现其有性能下降或运行品质变坏的情况，立即采取干预措施，替换掉隐患部件。

设备安全预案管理是城市轨道交通设备管理的补救措施。无论我们前期工作做得多么细致，设备故障都是一定会发生的，只不过何时何地、发生什么故障是无法提前知道的。因此，对于可能发生影响行车、客运服务的重要设备故障，应提前编制预案进行应对，一旦发生该类故障，运营单位也能够有条不紊地按照预先制订的预案将故障影响降至最低。对于影响行车、客运服务等的紧急故障，按照"先通后复"原则，采取应急处置，尽快减少设备故障对行车、客运服务的影响，随后开展故障的恢复和维修工作；对于不影响行车、客运服务的故障，可以安排在当日运营结束后再进行处理。故障处理结束后，针对设备故障，运营单位应开展故障调查和分析，从设备故障发生原因、人员现场应急处置、设备日常使用维护及设备日常管理情况等各方面查找原因，制订相应的整改措施，防止存在的问题重复发生，造成设备同类故障。

（三）影响运营安全的设备因素

设备既是影响安全的因素，又是保障安全的物质基础。良好的运营设备是保证安全生产的重要条件，因此，设备的使用、管理及维护部门必须采用先进的手段，及时发现设备设施隐患，建立维护维修信息管理系统，不断提高设备质量。

影响运营安全的设备因素主要指设备的安全性能，包括设备设计安全性、使用安全性、维护安全性等。

设计安全性则是设备的本质安全,即设备的可靠性(Reliability)、可用性(Availability)、可维护性(Maintainability)和安全性(Safety),简称设备的RAMS。RAMS规范在城市轨道交通行业应用的目的主要是分析影响城市轨道交通RAMS的因素,以及在项目生命周期各阶段应采取的保证RAMS的措施。它通过保证系统可靠性、提高系统可维修性来保障系统的可用性;结合对可能危害安全的故障进行重点防范,保证系统的安全性,最终满足城市轨道交通RAMS的性能要求。

1. 设备可靠性

即为零部件在给定条件下,在给定时间间隔内可能执行所要求功能的可能性。在设备整个寿命期过程中,设备本身的可靠性可以用倒扣浴盆曲线表示,如图5-1所示。从图中可以看出,运营初期设备在调试阶段时,可靠性较低(故障率较高),并随着调整而逐步提升,经过长期运作后,由于设备老化、零部件性能减退等因素,其可靠性又开始逐步下降。

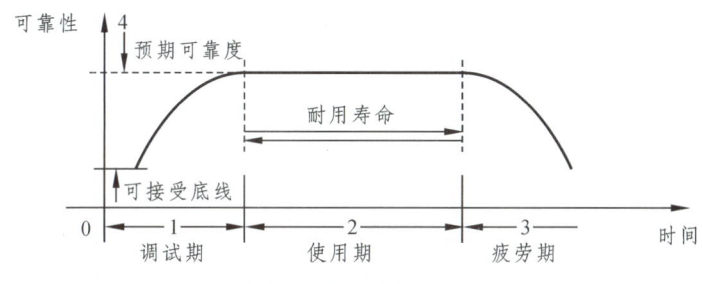

图5-1 设备可靠性关系图

2. 设备可维修性

指设备易于维修的特性,即设备经由一定技能的人员利用可获得的资源、在规定的时间内按规定的程度和维修保养级别进行维修后,保持或恢复到规定状态的能力。设备的可维修性是设计时赋予的一种特性,又受人的因素和环境条件等制约。在设备设计时,强调可靠性不仅能减少设备出现故障的次数,还能发生故障后,能在最短的时间、以最低限度的资源和最省的费用,通过维护或维修排除故障,使设备尽快恢复到良好状态。设备的可维修性与其结构有很大的关系。设备结构简单、可互换性强、安全性高、具有防差错能力等既是可维修性的设计准则,又是判断设备可维修性好坏的重要标准,只有当这些要求或者量化指标得到满足,可维修性才会有保证。

3. 设备可用性

设备可用性又叫设备可操作性,指假定所需要的外部资源已经提供,在给定的瞬间或在给定的时间间隔内,处于某种状态的设备在给定条件下执行所要求功能的能力。可用性和安全性的要求是存在冲突的:安全性要求越高,可用性可能则越低。设备使用中安全性和可用性目标的实现,只能通过满足所有可靠性和可维修性要求,并控制正在进行的或长期的维修和操作活动及系统环境来达到。因此,无论从运营生产上考虑,还是从运营安全上考虑,设备使用人员都要做到及时修理或更换零部件,才能保证设备可靠性越高越好,最终实现并延长设备的可用性。

4. 设备安全性

设备安全性指设备所具有的不导致人员伤亡、系统损坏、重大财产损失、不危害员工健康与环境的能力。它基于四个方面：第一是在所有操作、维修和环境模式下，系统内所有可能的危害；第二是以其后果的严重程度表示的每种危害的特性；第三是安全及与安全有关的故障；第四是与安全有关的系统部件的操作和维护。

二、城市轨道交通安全应急设施设备

根据国家和所在城市有关轨道交通安全设施、设备管理规范标准，轨道交通企业应当在车站、车厢内设置相应安全设施、设备，并保证完好，包括但不仅限于以下设施、设备：报警、灭火、逃生、防汛、防爆、紧急疏散照明、应急通信、应急诱导系统等应急设施、设备；安全、消防、人员疏散导向等标志；视频安全监控系统；防疫设施、设备和必要的医疗急救设备。对于在紧急情况下需要乘客操作的安全设施、设备，应当醒目地标明使用条件和操作方法。

（一）应急设施设备

城市轨道交通运营安全是相对的，并不存在绝对安全。为了应对可能突发的状况，保护乘客安全，城市轨道交通运营企业一般在列车和车站内部装有一定应急设备，当出现突发状况时，乘客可以通过应急设备进行报警或自救。地铁车辆会在驾驶室及乘客车厢配备紧急疏散门、紧急报警装置、紧急开门装置、灭火器和逃生装置等；车站机电应急设备则会配备火灾紧急报警器、自动扶梯紧停装置、站台紧急停车按钮和站台门紧急开关四类设备。

1. 紧急疏散门

紧急疏散门安装在列车头部，两端司机室内各有一个。当发生爆炸、火灾等意外情况，列车在区间不能运行时，车厢门如果不能正常打开，司机可使用紧急疏散门疏散乘客，如图5-2所示。在司机室左方顶部有一开门把手，将其水平轴垂直向上即可开启，此时紧急疏散

图 5-2　列车紧急疏散门

门手动解锁，司机通过气簧执行机构向上抬起，再推下专门的接近轨道的紧急梯，紧急梯铺设到轨道上，从而形成临时通道，供乘客撤离疏散。该门既可以由驾驶员操作打开，也可以在驾驶员广播通知后由乘客操作打开。

2. 紧急报警装置

紧急报警装置安装于列车的车厢内，如图5-3所示。当列车上发生险情时，按下列车紧急对讲器按钮，列车驾驶员即可在监视器上获取报警信号，实现语音通话。一般情况下，列车的每节车厢至少安装两个紧急报警装置，包括报警按钮和紧急对讲器。

图 5-3 紧急报警装置

3. 紧急开门装置

紧急开门装置安装于列车的每节车厢各车门上方或旁边，如图5-4所示。在紧急情况下，当列车已停在车站，并且车门已和站台门相对应时，无论此时是否有电，乘客都可以打开防护罩，按照箭头提示方向转动红色手柄，拉开车门，自行疏散。但是需要注意的是，当列车在区间紧急停车时是严禁使用的。

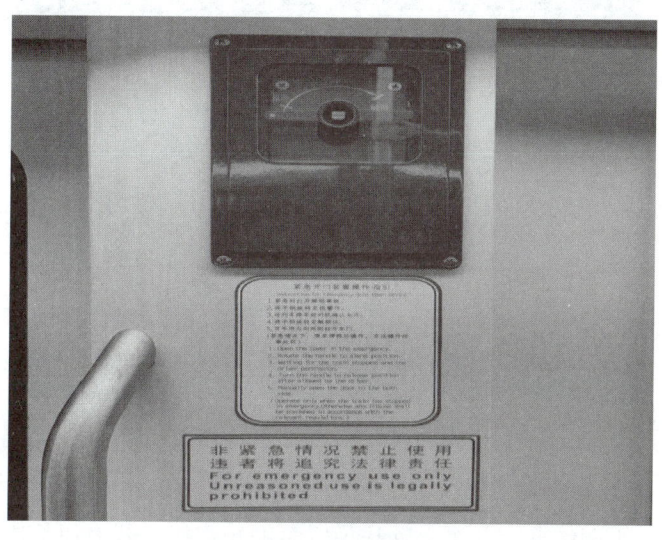

图 5-4 紧急开门装置

4. 灭火器

灭火器分为列车灭火器和车站灭火器：列车上的灭火器：如图 5-5、图 5-6 所示，列车上的灭火器位于车厢座位底下或车厢两端专用设备内，每节车厢配备两个 6 kg 干粉灭火器，盖板上有灭火器标记。车站消火栓和灭火器：在地铁车站出入口通道、站厅、站台均设有消火栓和灭火器箱，当列车上发生火灾初期或较小火灾时，乘客可自行取出灭火器，打开金属盖板，除掉铅封，拔掉保险销，右手提压把并用力压下压把，左手拿着喷管对准火焰根部喷射干粉。

图 5-5　车厢底座灭火器

图 5-6　车厢两端灭火器

5. 火灾紧急报警器

火灾紧急报警器安装在车站消火栓（灭火器）旁的墙壁上，为手掌大小，红色、四方形，上有"FIRE"字样或者火苗图样，其作用是发生火情时能敲破其防护罩进行报警，如图 5-7 所示。

图 5-7　火灾紧急报警器

6. 自动扶梯紧急停止按钮

在自动扶梯上、下两端各有一个自动扶梯紧急停止按钮，若为加长扶梯，可在扶梯中部加一个紧急停止按钮,如图 5-8 所示。当扶梯上发生紧急情况需停止电梯运行时,乘客按压硬币大小的红色按钮,即可使自动扶梯紧急停止运行,避免发生更大的意外。

图 5-8　自动扶梯紧停装置

7. 站台紧急停车按钮

站台紧急停车按钮安装于车站站台的墙壁上,靠近列车车头、车尾两侧,为红色的四方形小盒子,上锁,按钮为红色,如图 5-9 所示。当车门(或者站台门)夹人夹物,或者有人(或者大件物品)掉落轨道时,乘客击碎中间玻璃按压按钮,此时列车不能正常启动发车,故而可以进行人或物的救援,但是按压此按钮以后,很大程度上会影响正常行车,涉及行车安全,在非紧急情况下严禁使用,否则按章处罚。

图 5-9　站台紧急停车按钮

8. 站台门紧急开关

站台门紧急开关安装于车站站台门轨道侧,为黄色手柄或绿色按钮,如图 5-10、图 5-11

所示。当站台门与车门之间夹人夹物、车门与站台门错位时，可以扳开黄色手柄或者按压绿色按钮后拉开站台门，从而将站台门打开。

图 5-10　黄色手柄站台门紧急开关

图 5-11　绿色手柄站台门紧急开关

车站机电应急设备除了配置火灾紧急报警器、自动扶梯紧停装置、站台紧急停车按钮、站台门紧急开关以外，当出现事故，为了能够尽快疏散乘客、营救伤员，车站还应该配备相应的事故救援应急装备。

呼吸器：呼吸器正常使用时间是呼吸器压力表指针读数（分钟数）乘以 2 后减去 10 分钟。呼吸器压力表指针接近红色区域时，表明呼吸器只能维持 10 min 的正常呼吸，佩戴人员应立即撤出危险地带。

逃生面具：保存期为三年，安全使用时间为 15 min。车站每岗一具，随岗配发，随岗交接，各岗位的主岗人员负责保管并定期检查逃生面具真空包装的完好情况。

应急灯：存放于各岗位，车站相关人员定期检查应急灯的性能，按使用说明及时进行充电，专人管理建立充电登记制度，确保做到随取随用。

担架：每车站两个，统一放置于车站行车值班室，指定专人保管。

便携式扶梯：每车站四个，统一放置于车站行车值班室，指定专人保管。

湿毛巾：当车站发生火灾、生化恐怖袭击时，分发给乘客使用。湿毛巾存放于车站售票室和行车值班室。

抢险锤：每车站一只，统一放置于车站行车值班室，指定专人保管。

除此之外，车站为了防汛防水，还应该准备防汛铁锹、挡水板或挡水沙袋、草垫子、编织袋等抢险应急器材，并且根据相关规定，将它们统一放置于车站仓库，指定专人专管，不得随意挪作他用。

当事故救援应急装备出现故障、损坏或数量不足时，器材管理者立即上报有关部门补齐，如因人为因素导致器材出现故障、损坏或数量不足时，肇事者必须照价赔偿，并将器材尽快补齐。

（二）地铁安全疏散标识

地铁内部空间结构复杂，环境可识别性越来越模糊，地铁安全疏散标识是协助乘客安全疏散、安全营救的仪式性标记，是保证乘客安全撤离危险区域的重要标记，是保证地铁车站应急疏散能力的基础，所以安全疏散标识设置密度必须合理，信息量简短清楚，应以清楚的文字、图标进行醒目设计，以保证它能够迅速被乘客识别，在事件发生时可以立即把它们用作安全疏散、营救的指示标志。

1. 方向及安全出口标识

方向及安全出口标识位于各车站路面及站台等逃生出口位置,如图 5-12、图 5-13 所示。方向及安全出口标识使用易于辨认的文字、图片及箭头等图案,指示疏散路线及安全出口位置,让乘客能更快找到安全的疏散出口,以便迅速完成疏散任务。

图 5-12　紧急出口标识图

图 5-13　出口导向标识

2. 乘客疏散指示标识

乘客疏散指示标识目的在于指示疏散线路的方向,并最终指向安全出口位置,一般设置在楼梯、房间出入口、走廊、安全出口等地方,如图 5-14 所示。使用乘客疏散指示标识引导疏散是在乘客疏散过程中最重要的辅助手段,其包括了安全撤离图示、指示文字等,用以说明地铁车站安全疏散操作,提醒乘客不要慌乱、听从工作人员指挥,最终将乘客安全地疏散出车站。

图 5-14　乘客疏散标识

3. 急救室标识

急救室属于地铁站重要的设施,可以减轻受伤人员受到的伤害并避免其恶化,如图 5-15 所示。出于空间、成本、安全成本等一系列考虑,现在很多地铁站并没有专门设置急救室,而是将地下办公区域兼用作急救室,里面放置出现人员伤害后的急救物资。如在车站站台区域设置专用的急救室,急救室的标识应醒目明显,让需要急救措施的乘客可以迅速地定位及安全地进入急救室。

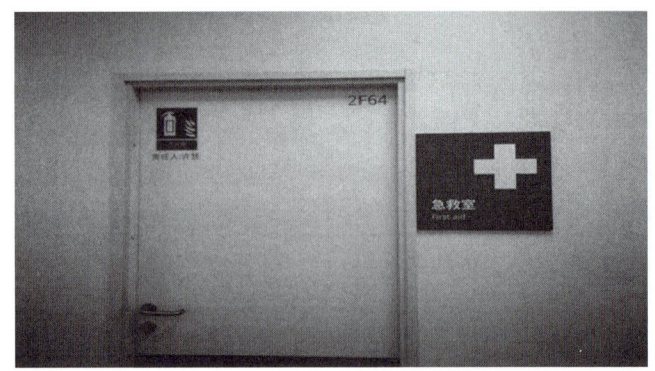

图 5-15　急救室标识

4. 消防栓标识

消防栓一般安装在站台及出口处，以备紧急时刻乘客使用，如图 5-16 所示。消防栓标识与周边其他标识形成明显的呼应，使它们更加清楚明了，易于乘客识别。

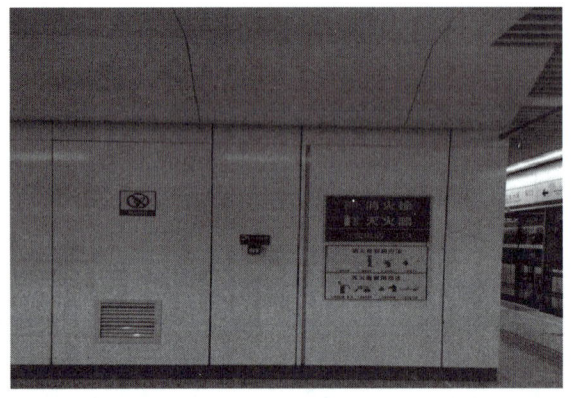

图 5-16　消防栓标识

公共安全疏散是减少地铁事故发生率及降低乘客受到伤害的重要因素，恰当地设置地铁安全疏散标识，有助于现场工作人员迅速准确地疏散乘客，进而大大改善公共交通安全状况，保障乘客的安全。

（三）视频安全监控系统

地铁是一个建于地下的密闭通道网络，环境相对封闭，人员密集、流量大，人员疏散受到很大限制，安防工作开展难度较大，一旦发生突发事件，可能会造成重大人员伤亡和财产损失，所以视频安全监控系统一向是地铁交通安全工作的重要组成系统之一。

视频安全监控系统又称为闭路电视监控系统（Closed-Circuit Television，简称 CCTV），采用了 4C 技术，即控制技术、显示技术、通信技术和计算机技术。高新技术的应用，使管理者坐在控制室中就能控制前端的设备，观察到控制范围内所有重要地点的情况，为管理、安保系统提供了临场视觉效果，为监控范围内各种设备的运行和人员活动提供了较为直观的监视手段。不仅如此，它还能威慑犯罪分子，减少所辖公共场所的发案率，并可通过提取分析录像资料为案发后的侦察破案工作提供重要线索，因此，CCTV 监控系统提高了地铁运营能力，保障了客运安全和列车正常运行，已成为现代化管理和智能安保系统中不可缺少的组成部分。

视频安全监控系统负责管理摄像机、数字视频录像机、编码器和矩阵系统，通过对前端摄像设备的视频分析，提供相关的报警、高清录像，为有效监控、录像提供有力的支持。例如，在地铁大厅人流较大的地方都安装有一体化高速球机，以便能够掌握整个大厅的情况；地铁站内的一些偏僻的角落都有单独安装摄像机，以防不法分子有机可乘；地铁站台上也有规律地安装若干摄像机，使得运营管理人员能够及时了解列车到站情况、乘客流量等；列车司机能直接从监控画面中了解到当前乘客的上下车情况；车辆的每节车厢内安装有车载半球摄像机，无论车厢的哪个角落发生异常情况都能够将其准确记录下来。视频安全监控系统的视频分析功能还应该要包括运动轨迹分析检测、静物放置移走分析检测、自动跟踪轨迹、人流量统计、遮挡报警、视频丢失、逆向行走、人脸识别等功能，通过设定的视频分析，系统会产生相关的报警，生成事件报警录像并向客户端发出报警信号，提醒监控人员注意。

视频安全监控系统具有效率高、可靠性高、便于记录、集成化管理的优越性。效率高：系统可以长时间连续运转，同时充分利用现代网络技术，实现信息共享，提高管理水平和工作效率，节省大量的人力物力；可靠性高：信息采集和处理、数据的传输、设备的控制，全部由系统实现，减少了过去人为失误造成的过失；便于记录：系统可以把摄像机获得的图像信号用专用存储设备进行长时间连续记录，以供日后查对；集成化管理：系统可以通过软件或硬件方式与智能化管理的其他部分集成在一起，实现遥测遥控等智能化的功能。

三、城市轨道交通特种设备安全

在我国的城市轨道交通当中，特种设备越来越多地运用在整个系统中，它的安全管理工作不仅仅关系到城市轨道交通的正常运营，对于保障城市轨道交通工作人员和城市市民的生命安全同样具有重要意义。

（一）特种设备的概念

根据国务院《特种设备安全监察条例》的规定，特种设备是指涉及生命安全、危险性较大的八大类设备，包括承受内部压力的3类静止设备：锅炉、压力容器（含气瓶）、压力管道，简称承压类特种设备；在使用中通过机械运动来完成使用性能的5类动设备：电梯、起重机械、客运索道、大型游乐设施、场（厂）内专用机动车辆，简称机电类特种设备；还包括上述特种设备附属的用于保护设备安全和人身安全的安全附件、安全保护装置等。在城市轨道交通特种设备中，电扶梯的数量占据了较大的比重。

（二）城市轨道交通常用特种设备

1. 电梯

电梯是指动力驱动，利用沿刚性导轨运行的箱体或者沿固定线路运行的梯级（踏步）进行升降或者平行运送人、货物的机电设备，包括载人（货）电梯、自动扶梯、自动人行道等，如图5-17所示。

图 5-17　自动扶梯

电梯安全保护装置是特种设备中数量最多的，包括限速器、安全钳、缓冲器、门锁、各种电气联锁和保护装置等，所以电梯的安全性非常高。为保证安全，对于涉及电梯运行安全的重要部件和系统，在设计制造时留有较大的安全系数，设置了一系列安全保护装置，在电梯安装调试、日常管理维护及使用过程中也以安全运行作为电梯必须保证的首要目标，从而使得电梯成为各类运输设备中安全性最高的设备之一。

除了电梯的安全性以外，电梯的可靠性也反映了电梯技术的先进程度，是与电梯制造、安装、维保及使用情况密切相关的一项重要指标。电梯的可靠性好坏主要靠电梯在日常使用中因故障导致电梯停用或维修的发生概率来反映，故障率越高，电梯的可靠性越差。而电梯故障的频率主要受该梯的设计制造质量、安装维护质量、日常使用管理三个方面的影响。如果我们使用的是一台制造中存在问题和瑕疵，具有故障隐患的电梯，那么电梯的整体质量和可靠性就无法提高。即使我们使用的是一台技术先进，制造精良的电梯，却在安装及维护保养方面存在问题，使用时胡乱操作，也会导致大量的故障出现，影响到电梯的可靠性，所以要提高其可靠性，必须从制造、安装维护和日常使用等几个方面着手。

2. 场内机动车辆

场内机动车辆指除道路交通、农用车辆以外仅在轨道基地场内等特定区域使用的专用机动车辆，它主要包括叉车、电瓶运输车、电瓶（驾驶）清洁车等，如图 5-18 所示。由于场内机动车辆既可在基地场内的道路上行驶，也可在作业场地行驶，操作灵活，尤其是在作业场地范围移动时，不容易引起其他人员的注意，相比较而言容易造成意外事故，因此，其安全管理的重点是对驾驶人员的管理。一是所有场内机动车驾驶、操作人员必须在取得特种设备操作证后方可驾驶操作，并定期检验操作证；二是场内机动车严格实行场内限速要求，车辆装载货物的质量、限高、限宽应满足标准，杜绝超高、超宽、超重使用设备；三是车辆必须定期定时按照要求检验和维修保养，确保机动车安全。

图 5-18　场内电瓶运输车

3. 起重机械

起重机械是吊运、顶举重物或物料的搬运机械，用于垂直升降或者垂直升降并水平移动重物的机电设备，其范围规定为：额定起重量大于或者等于 0.5 t 的升降机；额定起重量大于或者等于 1 t，且提升高度大于或者等于 2 m 的起重机；承重形式固定的电动葫芦等。起重机械通过起重吊钩或其他取物装置从取物地点把重物提起，经运行、回转或变幅机构把重物移位，在指定地点下放重物后返回到原位，工作过程一般包括起升、运行、下降及返回原位等步骤。

起重机械是现代化生产不可缺少的组成部分，它是一种空间运输设备，在减轻劳动强度、提高劳动生产率方面的作用不可或缺，不仅如此，有些起重机械还能在生产过程中进行某些特殊的工艺操作，实现生产过程的机械化和自动化。起重机械按结构不同可分为轻小型起重设备、升降机、起重机和架空单轨系统等几类，如图 5-19 所示。轻小型起重设备主要包括起重滑车、吊具、千斤顶、手动葫芦、电动葫芦和普通绞车等。此类设备大多体积小、重量轻、使用方便，并且除电动葫芦和绞车外，绝大多数用人力驱动，适用于工作不繁重的场合。虽然轻小型起重设备简单方便，但是不表示它们起重能力小，比如液压千斤顶的起重量可达

图 5-19　轨道式起重机

750 t，并且轻小型起重设备不仅可以单独使用，有的还可作为起重机的起升机构。升降机设备主要作垂直或近于垂直的升降运动，具有固定的升降路线，包括电梯、升降台、矿井提升机和料斗升降机等。起重机设备是在一定范围内垂直提升并水平搬运重物的多动作起重机械。架空单轨系统具有刚性吊挂轨道所形成的线路，既能把物料运输到厂房各位置，也可扩展到厂房的外部。四类起重机械因为用途不同，在构造上有很大差异，但都具有实现升降这一基本动作的起升机构，有的起重机械还具有运行机构、变幅机构、回转机构或其他专用的工作机构，从而让物体既可以由钢丝绳或起重链条等挠性件吊挂着升降，也可由螺杆或其他刚性件顶举移动。

（三）城市轨道交通特种设备的安全管理

在城市轨道交通的运营当中，只有加强对城市轨道交通特种设备的安全管理工作，将特种设备的事故风险和隐患降到最低，及时排除可能存在的安全风险，才能确保城市轨道交通的稳定运行，保障乘客的生命安全。

为了加强特种设备管理，企业需根据相关政策和自身特点，制定特种设备事故应急救援预案，职能管理部门与操作人员的岗位责任制，安全操作技术规程；维保大修、改造、报废制度，日常检查及定期检查维修保养制度，管理、操作维修人员培训考核制度，操作人员交接班制度，特种设备安全技术档案管理制度等一系列制度，完善相应的管理制度体系，才能保障城市轨道交通的特种设备的安全。

除了确立特种设备的安全维护和保养制度，以日常科学保养的方式去延长特种设备的实际使用寿命，保障城市轨道交通运行的安全性和可靠性以外，还应该从下面三个方面将先进的科学和管理技术融入城市轨道交通的特种设备管理，并不断地对原有的特种设备的维护制度进行优化改善，加强城市轨道交通特种设备的安全管理内容。

1. 故障预警

在城市轨道交通运行中，特种设备的故障预警工作直接决定了特种设备能否正常工作，故障预警能力的好坏影响着城市轨道交通事故发生的控制力度。在城市轨道特种设备当中加入故障检测的设备，当特种设备运行异常时及时提醒工作人员，立即停止设备运行并对设备进行检查。轨道运营公司除了要选择具有故障预警系统的特种设备以外，更要加强对管理人员的素质和技能培训，保证特种设备出现故障预警，发出警报之后，工作人员能够科学地采取措施停下设备进行检查和维修，避免更大的安全事故出现，以免对乘客和工作人员的人身安全造成严重威胁。

2. 安全事故紧急处理

安全事故紧急处理体现在电力系统和安全系统等方面。当安全事故发生后，通过紧急处理的技术实现城市轨道交通一些核心的操作能够被正常执行，乘客的紧急疏散得到保障。例如：在电力系统方面，通过设置不间断供电电源（UPS）的电力供应系统，可以在正常的电力系统不能工作的时候用备用电力供应系统，维持正在进行的轨道交通基本运营，避免突发停电导致的危险和伤亡，减少安全事故给城市轨道交通和乘客本身带来的巨大威胁；在安全系统方面，采取紧急处理技术也是提前对安全事故的预防，比如在站台门不能正常开启时采用人工开启的方式开门,或者在特种设备中配备消防专业设备,当出现可控的消防事故时迅速采取措施熄灭火源,疏散群众。

3. 运行状态实时监测

下面以城市轨道交通运营的电梯为例,电梯的状态实时监测主要是将监测探头安装在电动机电缆上方或者配电箱的电机供电电缆上,实现对电梯运行供电系统的实时监测。监测探头里面放置谐波传感器,感应特种设备的谐波信号,将谐波信号转换为数字信号后用无线信号发生装置发送出去,再将接收到的数字信号通过计算机网络传输到相应的显示服务器当中,实现对特种设备的状态实时监测。监测探头能够监测 200 V 以上的电动机的实际状态,即使在低压绝缘的监测环境中也依然可以进行,并且在我们将谐波探头固定在电机(输出)电缆上,并建立人工控制系统后,还可以实现对电梯的科学管理。

针对城市轨道交通各项特种设备运营的安全,采用先进的管理方式,使得设备故障的实际发生概率得到有效的控制,保证了城市轨道交通的实际工作质量,有助于乘客满意度的提高,从而促进城市轨道交通特种设备自动化、智能化、信息化的管理。但是城市轨道交通的特种设备管理工作并不是一成不变的,在时代的发展当中,要不断地将先进的科学技术融入特种设备管理的优化改善工作当中,提高特种设备的稳定性,促使城市轨道交通的工作质量不断提升。

任务实施 分析"地铁电梯事故"案例

一、实施流程

(1)通读阅读材料"地铁电梯事故"。
(2)讨论阅读材料后的问题。

二、阅读材料

地铁电梯事故

1. 背景资料

发生时间:2020 年××月××日。
发生地点:某地铁站站台 1 号电梯。
事故类型:违章违纪。
事故影响:导致乘客在电梯头部拥堵、挤伤。

2. 事故经过

2020 年××月××日 11:55,某地铁站值班站长在站台巡视时发现该站站台 1 号电梯故障,有异响,立即停梯,关闭电梯上下围栏,并挂故障牌;同时报电梯维修人员维修,写报修记录。12:00 机电维修工班长唐某某、维修员陈某某接到该站站务人员报修电话后,于 12：20 到达该站。电梯维修人员到达现场后,根据车站工作人员的描述,对电梯故障情况进行检查,发现在电梯头部疏齿板处有 3 个小螺钉,对其进行了清除处理,开启扶梯试运转,看到扶梯运转正常,便向车站工作人员报告修复完成。此时电梯维修人员在未打开该电梯上方护栏门的情况下,打开了该电梯下方的护栏门,且该电梯处于运行状态。恰好有列车进站,乘客乘坐 1 号扶梯应注意,由于该扶梯上头部护栏门未完全打开,形成拥堵,容易发生乘客挤伤。

三、任务实战

运用本项目所学知识,回答以下问题:
(1)从人员、设备、管理等因素分析事故发生的原因。
(2)根据城市轨道交通设备安全管理的内容,从人员、制度、设备等方面提出整改措施。

任务二　城市轨道交通信号设备安全

任务引导

引导问题1　信号设备由哪些组成？
_____
_____

引导问题2　如何进行信号设备安全管理？
_____
_____

引导问题3　轨道电路（计轴器）出现故障怎么处理？
_____
_____

引导问题4　ATS系统出现故障怎么处理？
_____
_____

知识讲解

随着经济的发展，城市人口急剧膨胀，对城市轨道交通的安全程度和载客能力提出了越来越高的要求，其中最重要而有效的措施就是缩短列车运行间隔。城市轨道交通信号技术不仅关系到列车运行间隔时间的把控，更是掌握了轨道交通的运营安全。随着现代计算机技术的飞速发展，轨道交通信号技术不断完善和发展，技术日趋成熟，成为城市轨道交通不可缺少的组成部分。

一、信号设备组成及作用

（一）信号设备组成概述

城市轨道交通信号系统是实现行车指挥、列车运行监控和管理所需技术措施及配套装备的集合体，是整个城市轨道交通自动控制系统中的重要组成部分，对于保障列车和乘客的安全，实现列车快速、高密度、有序运行等具有不可或缺的作用。

城市轨道交通按线路及作用可划分为正线区域和车辆段区域，相对应的信号系统也划分为正线信号系统和车辆段信号系统，如图5-20所示。正线信号系统一般为列车自动控制系统，车辆段信号系统一般为计算机联锁系统，两个系统间通过接口进行连接，但也有正线和车辆段采用同一套信号系统控制的情况。

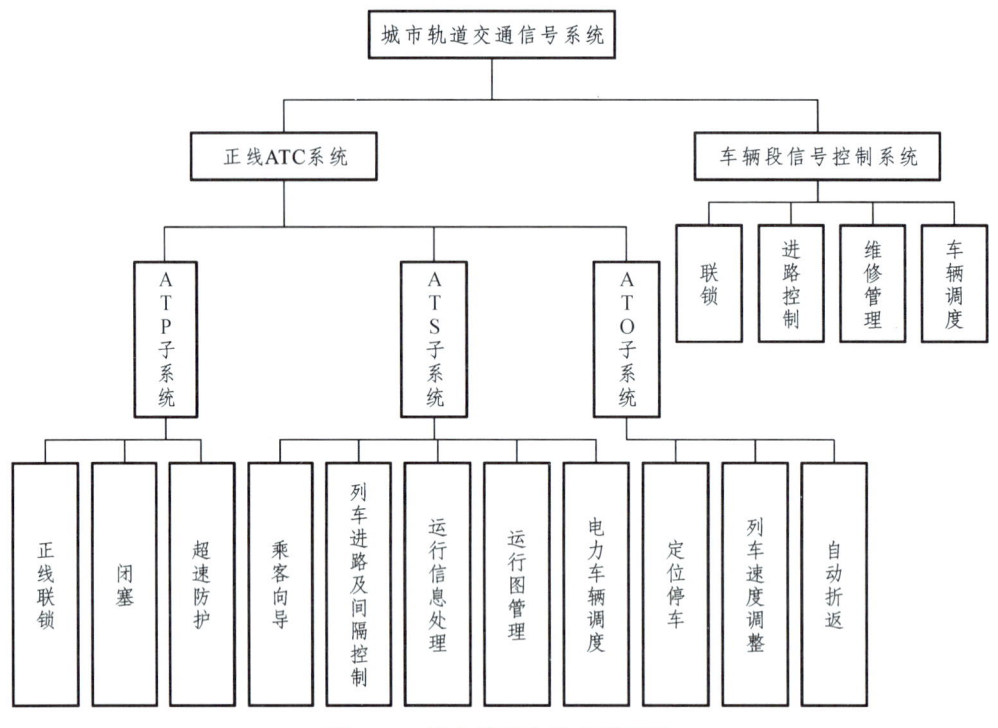

图 5-20 城市轨道交通信号系统

（二）列车正线运行自动控制系统

正线信号系统核心是列车自动控制系统（Automatic Train Control，简称 ATC），它由列车自动防护子系统（Automatic Train Protection，简称 ATP）、列车自动驾驶子系统（Automatic Train Operation，简称 ATO）、列车自动监控子系统（Automatic Train Supervision，简称 ATS）和正线联锁子系统（Continuous Interlock，简称 CI）组成。各子系统之间相互渗透，实现地面控制与车上控制相结合、就地控制与中央控制相结合，构成了一个以安全设备为基础，集行车指挥、运行调整以及列车驾驶自动化等功能为一体的自动控制系统。

列车自动控制系统在一条线路中设置一个行车控制中心，其沿线各车站设计为区域性联锁，设备放在控制站，列车上安装车载控制设备。控制中心与控制站通过有线数据通信网连接，控制中心与列车之间采用无线通信进行信息交换。特别注意的是：ATC 系统直接与列车运行有关，因此 ATC 系统中的数据传输，在安全性、可靠性、实时性比一般通信系统的要求更高。

1. 列车自动防护子系统

列车自动防护子系统由地面设备和车载设备组成，监督列车在安全速度下运行，确保列车一旦超过规定速度能立即实施制动，对列车运行进行超速防护。它还能监控与安全有关的设备，实现列车位置检测，保证列车间的安全间隔，完成信号显示、故障报警、降级提示、列车参数和线路参数的输入，与 ATS、ATO 及车辆系统接口进行信息交换。

列车自动防护子系统不断从地面获得前行列车位置信息、线路信息、前方目标点的距离和允许速度信息等数据，通过轨道电路或者应答器传至车上，由车载设备计算得到当前所允许的速度，或由行车指挥中心计算出目标速度后传至车上，再和车载设备测得的实际运行速度相对比，依此来实现列车速度的监督和控制，使之始终在安全速度下运行，并且尽最大可能缩短列车运行间隔，保证行车安全，提高行车效率。

2. 列车自动驾驶子系统

列车自动驾驶子系统是控制列车自动运行的设备，由车载设备和地面设备组成，在 ATP 系统的保护下，根据 ATS 系统的指令实现列车运行的自动驾驶、速度的自动调整、列车车门的自动控制。ATO 子系统同时根据控制中心的指令使列车按最佳工况正点、安全、平稳地运行，自动完成对列车的启动、牵引、惰行和制动，传送车门和站台门同步开关信号，实现了"地对车控制""无人驾驶功能"，即用地面信息实现对列车驱动、制动的控制，其中还包括了列车自动折返等功能。

列车自动驾驶子系统属于机控，可使列车经常处于最佳运行状态，避免了不必要的、过于剧烈的加速和减速，因此明显提高了乘客乘坐时的舒适度，提高了列车正点率并减少了能量消耗和轮轨磨损。

3. 列车自动监控子系统

列车自动监控子系统由控制中心、车站、车辆段以及车载设备组成，实现对列车运行及所控制的道岔、信号等设备运行状态的监督和控制；给行车调度人员显示出全线列车的运行状态，并且监督和记录运行图的执行情况；在列车因故偏离运行图时及时做出调整，辅助行车调度人员完成对全线列车运行的管理。ATS 子系统是一套集现代化数据通信、计算机、网络和信号技术为一体的、分布式的实时监督、控制系统，在 ATP 和 ATO 系统的支持下，根据运行时刻表完成对全线列车运行的自动监控，可自动或由人工监督和控制正线（车辆段、停车场、试车线除外）列车进路，并向行车调度人员和外部系统提供信息。

列车自动监控系统核心设备位于信号系统的中央层；在控制中心设置有中心计算机系统、工作站、显示屏、绘图仪、打印机、UPS 等设备，用于实现对高密度、大流量的城市轨道交通运输的自动化管理和调度，对行车指挥调度进行综合化控制；在线路沿线的每个控制站设一台 ATS 分机，用于采集车站设备的信息和传送控制命令，并实现车站进路自动控制功能；在车辆段设置一台 ATS 分机，用于采集车辆段内库线的列车占用情况及进／出车辆段的列车信号机的状态。

4. 正线联锁子系统

正线联锁子系统通过安装在设备集中站的联锁设备实现对正线信号、道岔、进路等的控制，实现其正确的联锁关系，在非设备集中站的联锁设备负责对本联锁区进行监控。在 ATC 范围内的各正线控制站各设一套联锁设备，由 ATS 系统和车站值班员配合实现正线进路控制，它是自动化信号系统的重要环节，是 ATP 子系统的重要组成部分，是确保行车安全的基础设备，必须符合故障-安全原则及必要的设备冗余。

此外，考虑到运用的灵活性，正线有岔站原则上独立设置联锁设备，当然也可以采用区域控制方法。

（三）车辆段联锁系统

城市轨道交通的车辆段铺设有许多条线路，线路之间用道岔来连接，列车或机车车辆在轨道线路内运行时的径路就叫做进路。进路由道岔的开通方向决定，如果道岔开通方向不对，就有可能使两列车由不同方向开到同一股道上去，或者列车开到事先已停留车辆的股道上去，从而引起撞车事故。为了保障行车安全，进路要由信号机防护，如果道岔位置不正确，或者进路上有车，防护着这条进路的信号机就不会开放，信号机不开放则禁止列车开到进路里去，以保证列车运行的安全。控制上述道岔、进路和信号并实现这三者之间相互制约的联锁设备，叫做车辆段联锁设备，简称车辆段联锁或者叫车站联锁。

用电气化的方法，在一个地方集中控制和监督道岔、进路和信号，并实现它们之间相互制约的联锁设备，叫做电气集中联锁设备，简称电气集中；用电磁继电器的继电电路实行控制并实现联锁的设备，叫做继电式电气集中，简称继电集中。若用工控计算机取代电磁继电器的继电电路实行控制并实现联锁，只保留部分单元继电电路的设备叫做计算机联锁电气集中，简称计算机联锁（计算机联锁系统结构如图5-21所示）。6502型电气集中就是继电式电气集中的代表型号，但因为其应用年代久远，随着技术的发展，已逐步被国产计算机联锁设备取代。

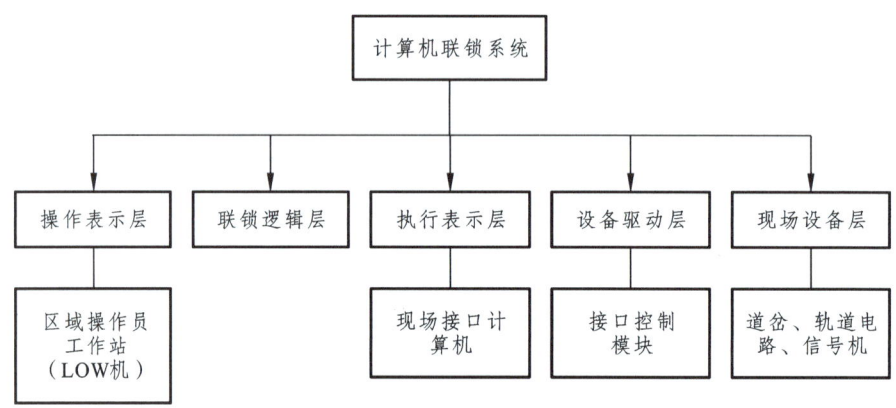

图 5-21 计算机联锁系统结构

车辆段设一套联锁设备，用以实现车辆段的列车进、出段和段内调车作业进路控制；车辆段内试车线设若干段与正线相同的 ATP 轨道电路和 ATO 地面设备，用于对车载 ATC 设备进行静、动态试验；车辆段计算机联锁与接轨站正线车站的计算机联锁照查电路、试车线 ATP/ATO 设备的权限交接接口电路均采用比较简单的继电器接口，通过车辆段计算机联锁上位机直接经传输通道传送 ATS 系统所需的车辆段站场信息。经过上述衔接与整合，可将列车的运行、整备与维修相互衔接成一个整体，保证了城市轨道交通的高效率和低成本。

先进的车辆段信号控制系统是信号一体化，包括联锁系统、进路控制设备、接近通知、终端过走防护和车次号传输设备等，这些设备由局域网连接并经过光缆与控制中心衔接为一个整体，通过 ATS 车辆段分机与控制中心交换信息。

二、信号设备安全管理

信号设备是轨道交通行业最重要的行车设备之一，负责保证列车在线路上的运行安全，其可靠性直接影响到行车安全，故而信号设备的管理在运营实践中持续改进。

（一）健全规章制度

信号设备的管理，依靠健全的制度去规范，运营企业可以根据国家及地方政府的规章制度，组织专家和技术骨干制定自己企业的设备管理办法、施工管理办法、应急处置预案等专业规章，细化措施和操作卡控制度，做到全面覆盖、衔接紧密、逐级细化、科学规范，形成较为完备的规章制度体系。

（二）拓展监控方法

（1）建立立体控制网，以施工流程为横轴，以施工时间为纵轴，实现施工流程与控制时间的紧密结合，在两者的交叉点再同时指向"公司、车间盯控干部"这个岗位要素控制轴，使得每项施工、每个时段、每个安全关键点都能通过三维坐标方式，在各控制级别不同岗位中形成唯一对应结果。

（2）形成异体监督网，赋予运营对接人员对施工中信号设备安全关键点落实，进行独立第三方纠错式监督卡控职权，监督内容包括施工申请项目、地点与月度计划对照、施工机具撤出限界、开通命令及防护设置等各个方面的内容。

（3）严格分级、分层监控，分别明确公司、车间、班组预控重点和职责，形成各有侧重、层层把关的严密预控网络。

（三）规范调试程序

信号设备在安装调试阶段，运营企业须参加全部测试，并独立开展全部极端测试，以期发现系统中可能存在的安全隐患。对于系统存在的安全隐患，信号厂商应在试运行前进行全面整改，对于无法整改的项目，厂商提供安全使用操作要求，纳入运营规章制度中，避免在运营期间使用时出现意外情况。运营单位的测试并不能认定信号系统的安全性，通常会要求信号厂商提供独立第三方的安全认证，确认其信号系统的安全性。根据信号系统制式的不同，安全认证会分阶段进行，其原则是试运行前应取得开通使用信号模式的载客安全合格证。

（四）建立应急处置流程

信号设备故障通常会直接影响到行车，因此，运营阶段的信号设备安全管理以应急处置为主，行车调度员、司机、车站站务以及信号设备维护人员作为应急处置执行人员的主体，编制信号设备故障处理指南以及相关应急预案。信号设备国产化率是相对较低的系统设备，因此，故障处理的主要手段是维修部门对故障部位的准确判断和更换备件，所以备品备件的储备、元器件和板件器件的测试能力显得十分重要。

为了能够尽快积累快速处理故障能力，企业将日常故障处理、临时过渡施工、配合施工中积累的信号设备安全管理经验和做法，按照"风险识别—系统评估—卡控措施—反馈信息"的步骤制定成常态化工作流程。各级信号设备管理人员在信号设备发生故障到达现场后，按照流程要求，查明故障原因，积极进行修复，确定设备故障范围、名称、项目，故障处理完毕要及时将相关处理表格上报维修调度。

应急处理

三、轨道电路（计轴器）故障应急处理

（一）轨道电路（计轴器）相关知识

轨道电路故障指在设备故障或异常情况下，轨道电路的非正常显示情况，或者由于轨道电路非正常的情况，造成列车紧急制动，从而影响行车的故障。

轨道电路发生故障主要反映在联锁设备的控制台界面上和人机交互设备的显示界面上。以某一联锁系统为例，轨道电路的状态一般可在控制中心的人机交互界面 MMI 和车站的计算机联锁区域操作员工作站（LOW 机）上显示，具体的显示颜色及其含义如表 5-1 所示。

表 5-1 轨道电路的状态显示

颜色	含义	颜色	含义
黄色	常态、空闲、未被进路征用	红色	物理占用
绿色	空闲、被进路征用	轨道中部蓝色	该区段被封锁，拒绝排列进路
淡绿色	空闲、被进路征用为保护区段	灰色	无数据
粉红色	逻辑占用	—	—

从列车排列进路到列车占用进路，再到列车出清进路的过程中，控制中心的 MMI 或车站的 LOW 机上显示的黄色、绿色、淡绿色及深蓝色，都是轨道电路处于正常工作状态显示的颜色。

当轨道电路发生故障时，一般工作状态的显示颜色为粉红色、红色和灰色。

（1）轨道电路区段显示"粉红色"：表示逻辑占用，即指令只到达了联锁逻辑层，是计算机联锁逻辑计算故障所致，操作员可通过"轨区逻空"或"岔区逻空"命令将故障清除。

（2）轨道电路区段显示"红色"：表示物理占用，原因可能是钢轨出现水淹、断轨、短路等突发情况，行车人员须迅速做出正确判断，并及时处理：如果出现单独的一个轨道电路红光带，则可能是因为轨道电路发生短路或断路；如果出现两个相邻的轨道电路红光带，则说明两相邻的轨道电路之间的绝缘有破损；如果出现一连几个轨道电路红光带，则可能是因为轨道电源发生故障。

（3）轨道电路区段显示"灰色"：表示联锁系统发生了故障，导致轨道电路设备与联锁计算机连接中断。

（二）轨道电路故障应急处理方法

当轨道电路出现红（粉红）光带时，包含该轨道区段进路的信号机无法开放，以列车自动驾驶模式（ATO 模式）或 ATP 监督人工驾驶模式（SM 模式）运行的接近列车将自动停车或者产生紧急制动。如果列车在故障区段内，将收不到速度码。

1. 单个轨道区段出现红（粉红）光带

一般来说，单个轨道电路区段出现红（粉红）光带不会对行车造成太大的影响。出现粉红光带时，行车调度员可指示车站执行"轨区逻空"命令清除故障；出现红光带时，行车调度员可在初步查明原因后，命令司机以限制人工驾驶模式（RM 模式）谨慎驾驶通过故障区段，轨道电路故障应急处理程序如图 5-22 所示。

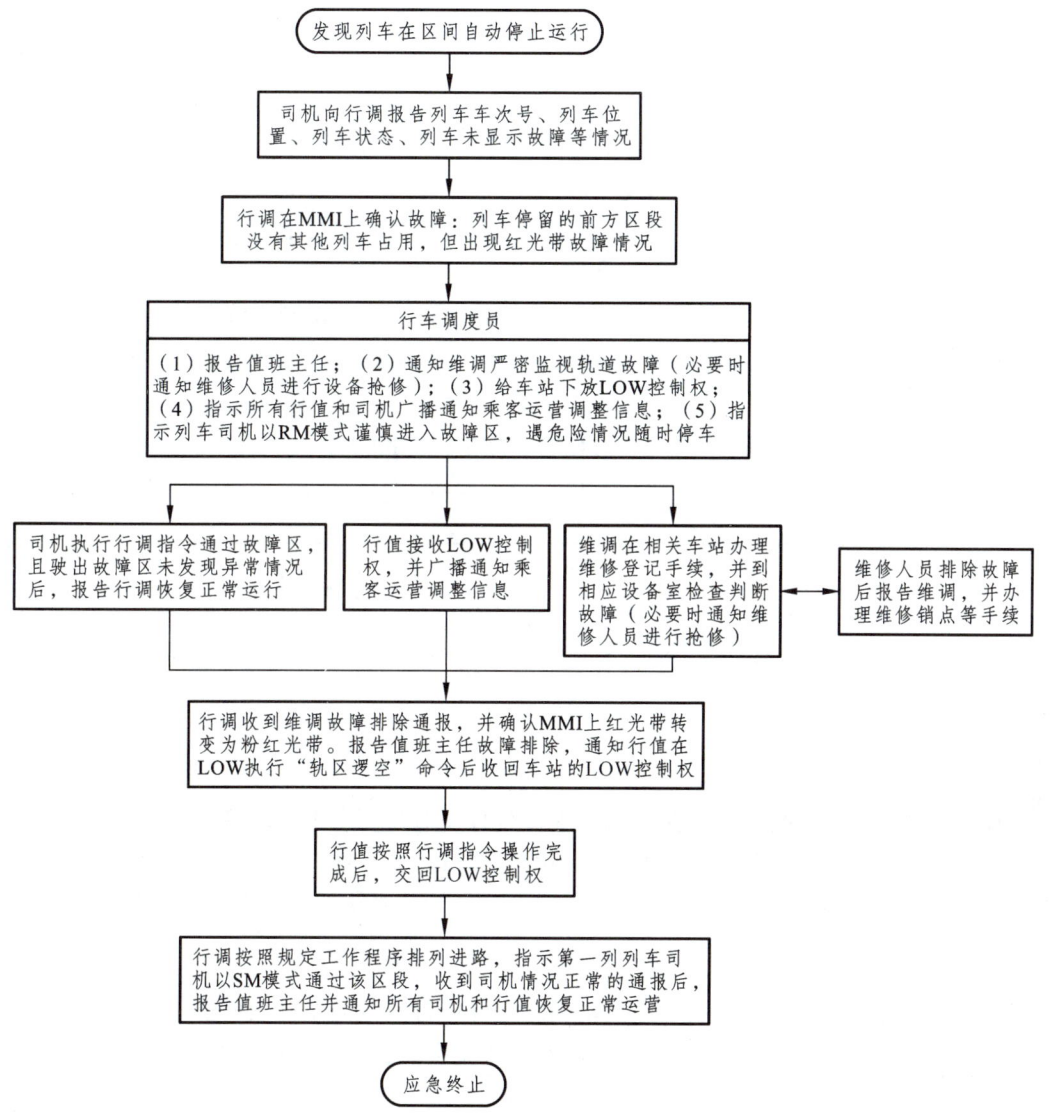

图 5-22 轨道电路故障应急处理程序

2. 整个联锁区出现红（粉红）光带

当整个联锁区出现粉红光带时，控制中心行车调度员指示车站执行"全区逻空"命令后，一般情况下轨道电路可恢复正常；若短时间内不能恢复，行车调度员则按轨旁 ATP 故障的应急处理程序进行处理，即在行车指挥员的监督下，司机以限制人工驾驶模式（RM 模式）谨慎驾驶通过故障联锁区。

整个联锁区出现红光带时，行车值班员通过在 LOW 机上执行"强行转岔"命令来进行道岔转换。但由于列车位置不可见，行车值班员无法监控列车的运行状况，若司机以限制人工驾驶模式（RM 模式）行车，则存在很大的安全风险，此时必须采用站间电话联系法或电话闭塞法来组织行车，不用锁闭道岔，车站在 LOW 机上人工办理进路。

四、ATS 系统故障应急处理

（一）ATS 系统相关知识

列车自动控制系统（ATC）下的列车自动监控系统（ATS）、列车自动防护系统（ATP）和列车自动运行系统（ATO）共同实现了列车的自动控制，利用信息交换构成的闭环系统，实现中央控制与实地控制、车上控制与地面控制相结合，整个系统相互监控，连环制约，打造了安全的行车环境。

ATS 系统由控制中心设备、车站设备、车辆段设备、列车识别系统以及列车发车计时器等组成，具备列车监视与追踪、自动排列进路、运行自动调整、时刻表管理等功能，ATS 系统功能如图 5-23 所示。

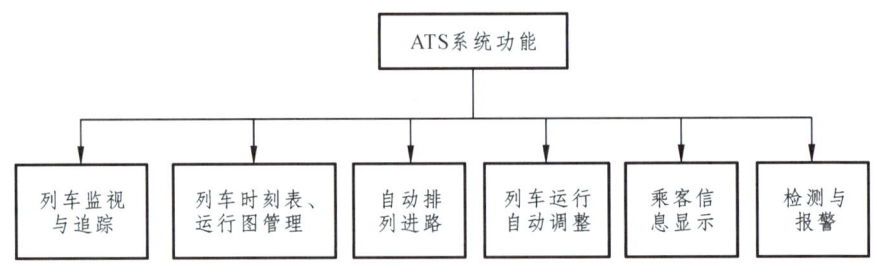

图 5-23 ATS 系统功能图

1. 列车监视与追踪功能

列车监视与追踪功能，即对在线列车进行监督和追踪。列车监视是用计算机再现列车的运行轨迹，其中列车运行由轨道空闲和占用的信号来驱动，列车由车次号来识别。人机交互系统 MMI，乘客信息显示系统和模拟线路表示盘由 ATS 系统提供列车的位置和车次号。

2. 时刻表和运行图管理功能

ATS 系统根据时刻表数据自动铺画出列车实际运行图（列车区间的运行时分、停站时分及列车通过时分的集合由线条表示），不需要行车调度员在纸上铺画列车运行图。

3. 自动排列进路功能

根据列车的目的地，排列列车要去某地前方的进路，其实质就是 ATS 根据时刻表数据，将下达指令传输给联锁设备，要求联锁设备排列列车前方的进路。

4. 列车运行自动调整功能

根据列车早点和晚点数据，调整（延长/缩短）列车的区间运行时间和停站时间，以达到恢复按图行车的目的。

5. 乘客信息显示功能

通知等待的乘客下一列车的目的地和到达时间。

6. 监测与报警功能

ATS 系统能及时记录被监测对象的状态，有预警、诊断和故障的定位能力，监测信号设备和其他设备结合的相关状态，具有在线监测与报警的能力。在相应的工作站上，报告所有故障报警的状况并予以视觉提示，直到恢复正常状态为止。

（二）ATS 故障应急处理方法

当控制中心 ATS 设备发生故障时，行车调度员与行车值班员确认 LOW 机是否正常。若确认控制中心 ATS 系统故障，则下放 LOW 机控制权，并要求行车值班员监视列车运行的状况。

行车值班员确认 LOW 机自动运行模式是否激活，如果激活，列车运行基本不受影响；如果未激活，行车值班员则需在 LOW 机上直接手动操作排列列车进路，并控制列车停站的时间。

司机根据行车调度员要求采用 SM/ATO 模式谨慎驾驶。维修人员排除故障后，行车调度员通知行车值班员收回 LOW 机控制权，并通知相关人员恢复正常的运营，ATS 故障应急处理程序如图 5-24 所示。

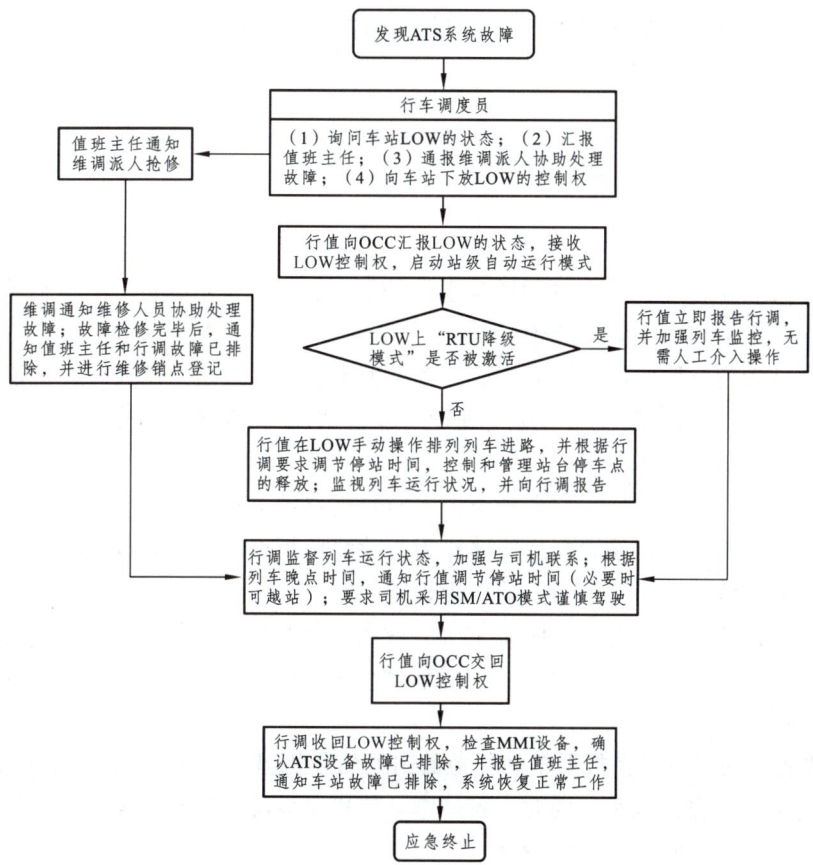

图 5-24　ATS 故障应急处理程序

任务实施　城市轨道交通 ATS 故障应急演练

一、实施流程

（1）分组进行城市轨道交通 ATS 故障应急演练。
（2）完成演练后做好演练总结。

二、项目实战

城市轨道交通 ATS 故障应急演练

1. 事件定义

列车自动运行监控系统（ATS）故障后，列车进路不能自动排列，有道岔的设备集中站需采用"站控"方式办理接车、发车、折返、出入段等列车进路，开放相应的信号机。

2. 处置原则

ATS 设备故障时，需车站按调度命令采用"站控"方式办理列车进路。

3. 组织形式

设置演练总指挥一名、行车调度员一名、值班站长四名、车站值班员四名、站务人员四名，司机两名，其余角色按需配置。

4. 应急措施

（1）设置四个有岔站作为 ATS 故障应急演练场所，每个车站配备一名值班站长，一名站务人员，由演练总指挥宣布演练开始。

（2）有岔站接到行调"站控"命令后，车站值班员立即按压"站控"按钮请求站控。若"站控"按钮无效，经行调同意后可破封使用"非常站控"，直接取得控制权，并通知值班站长，向总指挥汇报。

（3）值班站长接到通知后，立即到车控室监督进路的办理。

（4）在"站控"期间，设置合适线路作为故障线路折返的临时延续进路。比如设置车站的折返线、出入段线、故障车停留线等作为延续线路。

（5）折返站按图定发车时分，提前 30 s 开放出站信号机，以控制列车间的运行"间隔"；对于列车通过的有道岔的设备集中站，当列车出清第一离去区段后立即排列通过进路，开放进、出站信号机。

（6）在线各次列车司机在折返车站凭地面出站信号机显示发车，其余各中间站待乘客上、下完毕，车门关好后自行发车。同时，各站车站值班员应随时注意列车到发时间，及时通过站务员提醒司机，防止晚点事件的发生。

（7）实施"站控"期间，根据行调命令，各折返站车站值班员向行调报告各次列车在本站到、开时分，其余各中间站注意监视列车在本站到、开情况，停站超过 1 min 时及时报告行调。

（8）扮演角色职责：

① 值班站长：接到 ATS 系统故障时，立即赶往车控室，监控并指导车站值班员办理列车进路。

② 车站值班员：根据行调命令立即按压"站控"按钮请求站控，若"站控"按钮无效时，经行调同意后可破封使用"非常站控"直接取得控制权，并通知值班站长，向总指挥汇报。折返站车站值班员向行调报告各次列车在本站到、开时分，其余各中间站注意监视列车在本站到、开情况，停站超过 1 min 时及时报告行调。

③ 站台安全员：在站台接、发列车，及时向车站值班员报告列车到达、出发时间以及列车车组编号。

（9）演练结束后，各小组根据演练要求，对本次演练进行小结，提交演练评估报告，形成最终演练评估报告，报告内容如下：

① 演练工作的完成情况。

② 演练工作中存在的不足和整改措施。

③ 发现的问题和建议解决方法及跟进情况。

任务三　城市轨道交通车辆设备安全

📋 任务引导

引导问题 1　车辆设备有哪些类型？它们是怎么编组的？

_____

引导问题 2　轨道交通车辆由哪些设备组成？各设备的作用是什么？有什么安全要求？

_____

引导问题 3　城市轨道交通列车车门出现故障时应怎么处理？

_____

📋 知识讲解

地铁车辆在投入运营后，是与乘客交往最为密切的地铁技术设备，是城市轨道交通系统的重要组成部分，是技术含量较高的机电设备。地铁车辆的选型和技术参数，代表了城市景观，确定了运营模式和维修方式，所以在地铁车辆选型上，应具有先进性、可靠性和实用性，要满足安全、快速、舒适、美观和节能的要求。

一、车辆设备概述

（一）车辆类型

目前国内城市轨道交通车辆根据车体尺寸分为了三种型号：A 型车、B 型车和 C 型车。A 型车长 22 m，宽 3 m；B 型车长 19 m，宽 2.8 m；C 型车长度根据轴式不同而在 15～19 m 的范围内，宽度则为 2.6 m。其中 A 型/B 型车按照受流方式不同分为 A1/B1 型车和 A2/B2 型车，A1/B1 型车为第三轨供电，A2/B2 型车为接触网供电。

地铁车辆按照功能来区分，有动车（M，Motor）和拖车（T，Trailer）、带司机室车和不带司机室车等多种形式。动车是自身带有动力牵引装置的车辆，即装有牵引电动机，因此其具有牵引和载客的双重功能，动车又可分为带有受电弓的动车和不带受电弓的动车；而拖车自身是没有动力牵引装置的，需要通过动车的牵引拖带来实现运行，因此仅有载客功能，可设置司机室，也可带受电弓。

（二）编组方式

地铁车辆的动车和拖车通过车钩连接组成一个相对固定的编组，称为一个（动力）单元。列车首、尾两节车厢使用的带司机室的拖车叫 Tc 车，我们习惯将其定义为"A 车"；而有"小辫子"的车厢是带受电弓的动车,叫做 Mp 车,我们习惯将其定义为"B 车";外观最普通的、"什么都没有"的动车叫 M 车,我们习惯将其定义为"C 车"。由于列车携带有相当多的设备,而这些设备无法全部安装在一节车厢上,只能分装在各节车厢上,所以可以将 B 车与 C 车连接起来构成动车组来使用,但是光有动车组并不能组成一列完整的列车,还需要能够掌控列车的 A 车才行,因此在动车组的两端加挂 A 车后,一列完整的地铁就最终形成了。

地铁车辆在运营时一般采用动拖结合、固定编组,形成电动列车组。一般车辆编组有八辆编组、六辆编组和四辆编组几种形式,编组的选择主要依据线路情况、客流量等进行。

1. 列车编组形式

按照车辆的动力构成,列车编组分为全动车编组、动拖混合编组和动拖单元编组,同时根据车辆的常用标准和输送能力,可将列车编组分为大编组、小编组以及 4 动 2 拖三种形式。

(1)大编组:大编组一般为 8 辆车编组形式,首尾为带司机室的拖车,其余为不带司机室的动车。大编组形式的优点是动车比例高,粘着系数较低,发生滑行、空转的几率低;缺点是动车比例高,前期采购和后期维护费用较高,适合人口密度大的城市。

(2)小编组:小编组一般为 2 动 2 拖的 4 台车辆。它的优点是可以使用在站台较短的车站,前期投入费用低;缺点是制动损耗较大,容易发生空转和滑行。小编组形式的动车比例较低,相对费用较低,适合人口密度较低的中小城市。

(3)4 动 2 拖:4 动 2 拖编组的优点和缺点介于大编组和小编组之间,适合人口密度较大的城市。

2. 线路编组方式

地铁线路车辆运行的编组方式主要有两种:全线统一编组和多种编组混跑。

(1)全线统一编组:全线统一编组指地铁全线采用同样编组数量的车辆,如 4 辆、6 辆、8 辆。全线统一编组的优点是全线车辆编组相同,运营管理和车辆维护较为方便;缺点在于在高峰时段通过缩短行车间隔来增大运量,但是在客流较少的时段,为了节省运营成本,行车间隔时间设置较长,服务水平较低。

(2)多种编组混跑:多种编组混跑是指地铁全线存在多种编组形式车辆。由于地铁客流在时间上具有不均衡性,若只采用大编组车辆,虽然在客流高峰期可以满足运输需求,但是在非高峰期会造成运能过剩;若只采用小编组车辆,当在客流高峰期达到最小行车间隔又不能满足运输需求时,会造成乘客等待时间增加、乘客滞留等问题,从而降低地铁的服务水平。所以开行多种编组车辆混跑,在高峰时段开行大编组列车,在非高峰时段开行小编组列车,就可以满足不同时段的客流需求。

多种编组混跑的方法有两种:一是采购大编组和小编组两套车辆配备。虽然这种方式使用简便,但会增大运营成本,需建造更大的存车场;二是购置可灵活编组的小编组列车,这种方式虽然可以节约成本,但在客流变化较大时需要重新编组,维护和运营难度较大。

二、车辆具体组成和安全要求

城市轨道交通车辆组成复杂,车辆类型不同,组成的零部件有所不同,技术参数也不一致,但是车辆的基本结构是类似的,当这些组成设备正常发挥各自功效,就能保证车辆系统的安全运行。地铁车辆一般由前七部分组成。

(一)车体

车体既是容纳乘客和司机驾驶的空间,也是安装与连接其他设备和部件的基础。车体分有司机室车体和无司机室车体两种,由底架、端墙、侧墙及车顶等组成,由铝合金、碳素钢或者不锈钢制造而成。由于车体设计主要考虑车辆的载客量、车辆的稳定性、车辆的安全性以及车辆的成本等因素,故而现在地铁车辆一般采用铝合金材料,它既可以大幅度减轻车辆自重,节能减排,也能增强能量吸收,降低震动,减少噪声,大大提高车辆的使用寿命。

(二)转向架

转向架是车辆的走行装置,位于车体和轨道之间,用来牵引和引导车辆沿轨道行驶,承受与传递车体和轨道之间的各种载荷并缓冲其动力,是保证车辆运行品质的关键部件。转向架分为动力转向架和非动力(拖车)转向架,两者的区别在于,动力转向架上装有牵引电机及传动装置,而非动力转向架则没有。

转向架由电机及传动装置(非动力转向架没有此装置)、构架、弹簧悬挂装置、轮对装置和制动装置等组成。电机及传动装置包括电动机、联轴节、齿轮箱等,它的安全要求是功能正常,没有卡死、变形及脱落危险;弹簧悬挂装置可以降低干扰力矩的能量,以衰减振动,它的安全要求是外观及功能完好,无泄漏、无变形,且紧固良好;轮对装置保证了车辆在钢轨上的运行和转向,承受来自车辆的全部载荷,把它传递给钢轨,它的安全要求是装置完好,轮缘润滑装置功能正常;制动装置调节列车运行速度,并且使列车能及时准确地在预定地点停车,从而保证列车安全正点运行。

(三)牵引缓冲连接装置

牵引缓冲连接装置包括车钩缓冲装置和贯通道装置。车钩缓冲装置由车钩、缓冲器、钩尾框、从板等组成,安装于车底架构端和牵引梁内。通过车钩使得两节车辆连接编组成列车,车钩后部装缓冲装置,传递牵引力和制动力等纵向力,并缓和车辆之间的纵向冲击,另外,通过车钩还可将车辆之间的电路和空气管路进行连接。车钩缓冲装置的安全要求是功能良好,没有变形,紧固良好。

贯通道装置是车辆之间客室的连接通道,城市轨道车辆一般采用宽体式贯通道装置,它的安全要求是装置完好,锁闭正常、无破损,允许乘客从一节车厢自由走到另一节车厢。

(四)制动装置

制动装置保证了列车在运行中能够减速或能够在规定的距离内停车,是列车安全运行不可或缺的装置。城市轨道车辆制动装置除常规的空气制动装置外,还有再生制动、电阻制动和磁轨制动等,现在一般采用电制动与空气制动混合制动的原则,它的安全要求是功能完好,施加和缓解动作正常,最关键点为可控制。

（五）受流装置

从接触导线（接触网）或导电轨（第三轨）将电流引入动车的装置，称为受流装置或受流器。受流装置按受流方式分为杆形受流器、弓形受流器、侧面受流器、轨道式受流器、受电弓受流器；按受流部位分为上部受电弓受流和下部第三轨受流；按受电制式分为直流 750 V 和 1 500 V。受流装置的安全要求是功能正常，无变形、无损坏、无断裂及脱落危险。

（六）车辆内部设备

车辆内部设备包括服务于乘客的车体内的固定附属装置和服务于车辆运行的设备装置。车体内的固定附属装置有照明、广播、通风、取暖、空调、座椅、拉手、吊环等；服务于车辆运行的设备除了安装在车顶的空调外，大多吊挂于车底，如蓄电池箱、继电器箱、主控制箱、电动空气压缩机组、总风缸、逆变器、各种电气开关和接触器箱等。

车辆内部的部分设备，安全要求如下：车厢内立柱扶手要求牢固、无松动、无裂纹；车厢天花板和活动盖板要求安装牢固锁闭、无脱落危险；车厢照明要求能为乘客提供照明，保证车辆在隧道内运行时车厢内有足够的亮度，应急照明确保其功能良好；车厢通风及温度调节功能良好，确保车厢内环境温度和空气质量，让乘客感觉舒适；车厢内消防设备要求配置到位，稳妥、功能良好；车辆逃生设备要求功能良好；列车司机室要求有良好视线和适当通风，要有便于驾驶人员操作车辆的环境；客室和列车司机车门要求关闭和锁闭功能良好；车辆空气管道要求安装牢固，无泄漏；车辆设备的连接要求紧固良好；车辆接地装置要求功能正常，无损坏、无松动、无断裂及脱落危险；空气压缩机要求运行良好，没有空气和润滑油泄漏等。

（七）车辆电气系统

城市轨道交通车辆电气系统包括车辆上的各种电气设备及其控制电路，由牵引系统（动力系统）、辅助系统和控制系统等三部分组成，牵引动力系统属于高压电路，一般为 1 500 V 或 750 V 直流供电，辅助系统一般由三相 380 V 交流电路构成，而控制系统电压通常为 110 V 及以下直流电压，因此，车辆电路系统按其功能及电压大小，可分为高压牵引电路（主电路）、辅助电路、控制电路等三部分。但是电气系统在设计和维护时，为了划分功能，突出电路特点，又将全部电路按功能级别分为主电路、牵引制动控制、辅助、监控信息、照明、空调、附属设备、车门控制和车钩电路等 9 个部分的子电路。车辆电气系统的安全要求为电路系统稳定，可控可维护，防护能力强。

（八）其他设备及安全要求

车门不动保护功能：当车门出现故障或夹人夹物而没有完全关闭并锁好时，通过电气联锁使列车不能动车，其安全要求为功能实现良好。

列车司机控制器：列车司机驾驶控制列车启动、加速、制动、停车的装置，其安全要求为功能正常，操控良好。

车辆头灯：为列车司机提供驾驶照明的设备，其安全要求为功能良好，亮度足够。

刮水器：雨天时为列车司机提供良好视线的设备，其安全要求为动作平滑，移动范围及速度可调。

继电器：以一定输入信号实现自动切换电路的开关，其安全要求为功能正常，动作正常，逻辑关系正常。

气压欠压不动保护功能：当主风管压力未达到一定数值时，通过电气联锁使列车不能动，其安全要求为功能实现良好。

蓄电池及应急充电机：给蓄电池进行应急充电的设备，其安全要求为状态和功能良好。

 应急处理

列车车门故障应急处理

车门系统作为地铁列车的重要组成部分，其故障对列车的安全性和可靠性有重要的影响。如果发生车门故障，有可能会涉及乘客的人身安全，同时紧急排除故障也会影响到乘客的通勤效率，阻碍运营工作的顺利开展，故而准确的车门系统故障诊断对提高列车的运行效率和保证乘客的生命安全具有重大的意义。

（一）列车车门故障的原因

1. 车门使用率因素

乘客通过车门上下列车，使用率很高，在长期频繁开关门的情况下，车门里面的电器元件和机械零部件会不同程度的损坏，从而导致列车车门故障，影响城市轨道交通正常运营。

2. 环境因素

列车车门和电器元件都是金属材质，隧道内高尘环境对其影响很大，另外车体震动、乘客紧靠车门都会引起车门松动变形，从而导致列车车门故障。

3. 零部件品质因素

工业产品都存在一定次品率，再加上列车车门由很多部件组成，只要某一部件出现损坏就会导致整个车门系统出现故障。该类型的故障存在一定程度的随机性，虽然出现的次数较少，但也是导致列车车门发生故障的原因之一。

4. 人为因素

列车司机操作失误、乘客擅自启动紧急设施以及列车检修人员存在疏忽或遗漏等，也是导致列车车门出现故障的重要原因。

（二）列车车门故障的类型

1. 单个车门故障

当单个车门出现不能打开（或关闭）或者车辆监控显示屏显示故障（车辆诊断系统故障）时，可用四角钥匙进行单个车门切除，在车门出现故障后切除不了或者切除后不能完全关闭时，站务人员需在现场做好防护，列车才能继续运行到终点站退出服务。如果乘客较多，出于安全考虑，相关人员应立即组织清客，列车退出服务。

2. 整列车门、单节车车门不能打开故障

此类故障对于列车正常运行和乘客服务影响较大,列车必须退出服务,回场段进行检修。车站人员和司机做好清客的正确引导,相关人员手动解锁车门,组织乘客下车。如果没有及时做好乘客服务,容易引起恐慌,甚至会出现乘客乱动车上设备的情况。

3. 整列车门、单节车车门不能关闭故障

此类故障对列车运营安全影响较大,必须进行清客,列车及时回场段检修。客室车门由于发生故障不能正常关闭,或实际关闭了但车门检测系统发生故障,列车都无法正常启动,这需要司机在站台侧确认所有非机械故障的客室车门均已机械关闭,操作车门旁路才能动车。

4. 车门非正常自动打开或关闭故障

车门非正常自动打开或关闭,将会涉及乘客及列车的运营安全。非站台侧车门自动打开可能会造成乘客掉下轨道,甚至使其触电伤亡,影响乘客人身安全;站台侧车门自动关闭会导致车门夹人,造成客伤等安全事件;车门自动关闭后可能会出现车门继电器卡滞,"门全关闭"指示灯不亮,导致列车不能正常启动。出现此类型故障,车站必须组织清客,列车退出服务,但是在此事件中,即使没有出现客伤情况,由于列车组织清客并且退出服务,也会使得运营服务水平降低,乘客满意度下降。

5. 车门安全回路检测故障

当车门关闭后指示灯不亮,或车门关闭后动车出现制动未缓解时,可认定为车门安全回路检测出现故障。出现此类故障,只能到现场确认后,旁路车门才能动车,并且以后列车控制将不再监控车门,只能通过车辆屏及现场人员判断车门状态,对运营安全会造成一定的隐患。此类故障可组织列车到终点后退出服务,对乘客服务影响不大。

(三)列车车门故障的应急处理方法

发生车门无法开启或关闭故障后,司机或站务人员应立即按照应急操作规程进行处置,在确保乘客人身安全的情况下让列车行驶。

1. 车门无法开启的应急处理

(1)司机。

当发现一对(含)以上车门无法开启时,司机重新按压开门按钮看能否开门,如果不成功,司机需采用"门允许旁路开关"进行开门操作,具体流程如图5-25所示。如果仍不能打开车门,做好乘客广播,引导乘客从打开的车门处下车,随即上报行车调度员,申请到现场处理,做好临时停车广播,并把所有站台门和车门重新打开。

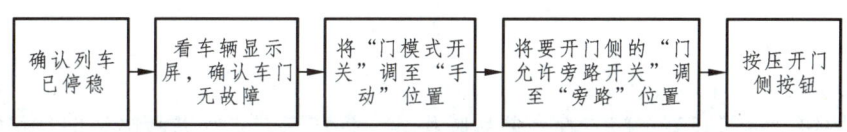

图 5-25 司机采用"门使能旁路"开关开门操作流程

司机将故障车门编号记录在手上,保持站台门、车门的打开状态,带上相关备品,从站台外侧到达现场,在故障门前协同站务人员一起确认车门无缝隙后,用四角钥匙将其切除。

切除后，确认车门切除指示灯亮，反推两门页确认机械锁好，张贴车门故障告示或挂好车门故障帘，车门故障帘如图5-26所示。

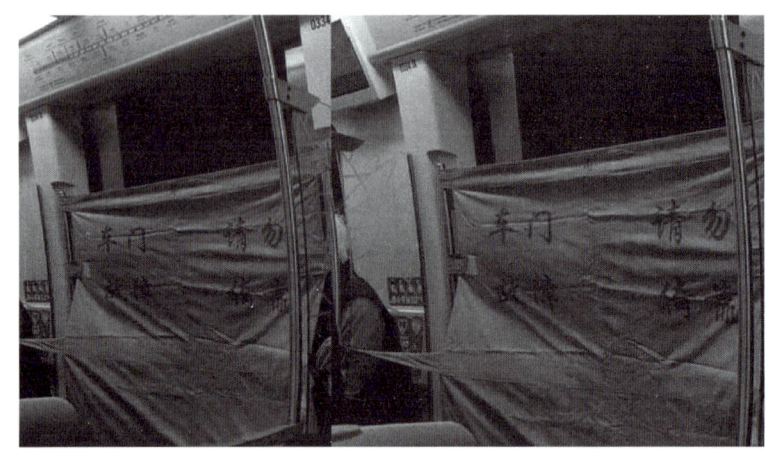

图 5-26　车门故障帘

司机回到司机室，在车辆监控显示屏上确认车门切除到位，关站台门、车门，门全关灯亮后，确认站台安全、车门与站台门间缝隙安全，动车后向行车调度申请运行至终点站下线。

出现车门隔离未成功的情况时，列车于当前站清客下线。

（2）行车调度。

接到司机通报时，行车调度扣停后续列车，通知相关车站做好乘客引导工作。列车需要清客时，行车调度通知车站清客。

（3）车站值班员。

相关车站的车站值班员接到行车调度通知后，立即报告值班站长，并在第一时间做好列车车门故障时的乘客引导工作。如果需要清客，车站值班员做好清客工作。

（4）值班站长。

相关车站的值班站长接到车站值班员通知后，做好列车车门故障时的乘客引导工作。故障列车清客时，值班站长做好清客工作。

（5）站务人员。

值班站长通知站务人员车门故障情况，由站务人员复述故障车门位置和状态，随后赶到现场配合司机处理故障。故障得到处理后，站务人员用手反拉车门，确认不能拉开后，车门隔离成功，同时检查门侧面的门缝，确认锁止门闩落入锁止卡槽后，张贴"车门故障，请勿靠近"的告示或挂好车门故障帘。

2. 车门无法关闭的应急处理

（1）司机。

当司机发现一对车门无法关闭时，首先利用广播引导乘客上下车，然后按压故障车门侧"再开闭"按钮，重新开关车门三次，若故障排除，恢复运营；如若故障依旧，报行车调度，现场隔离车门。

司机按规定记录故障车门编号，打开所有站台门和车门，带上相关备品，从站台前往现场。到达现场后，查看门槽情况，门槽如有异物则取出，如果没有异物，手动关上车门并进行隔离，出现手动无法关上车门的情况时，司机可先断开"门控器电源"，再进行手动关门，车门关闭后，恢复"门控器电源"并对车门进行隔离，确认车门隔离指示灯点亮，再反推两门页以便确认车门机械锁好。此时司机确认车门隔离到位后，张贴车门故障告示或挂好车门故障帘。

司机返回司机室，从车辆监控显示屏上确认车门隔离到位，关闭站台门和车门，确认"门全关"灯亮，同时车门隔离成功，司机向行车调度申请运行至终点站下线。

出现车门隔离未成功的情况时，列车于当前站清客下线。

司机发现两对（含）及以上车门无法关闭时，首先广播安抚乘客，然后按压故障车门侧"关门"按钮，重新开关车门三次，若故障排除，恢复运营；如故障不能排除，则按以下状况处理：3个及以上或相邻2车门发生故障并现场隔离成功后，当前站清客下线；不相邻2个车门发生故障并现场隔离成功后，终点站清客下线；若存在有未隔离成功的，当前站清客下线。

（2）行车调度。

接到司机通报时，行车调度扣停后续列车，通知相关车站做好乘客引导工作；列车清客时，行车调度通知车站清客。

（3）车站值班员。

相关车站的车站值班员接到行车调度通知后，立即报告值班站长，并在第一时间，做好列车车门故障时的乘客引导工作；如果需要清客，车站值班员做好清客工作。

（4）值班站长。

相关车站的值班站长接到车站值班员通知后，做好列车车门故障时的乘客引导工作；当故障列车清客时，值班站长做好清客工作。

（5）站务人员。

值班站长通知站务人员车门故障情况，由站务人员复述故障车门位置和状态，随后赶到现场配合司机处理故障。故障处理完成后，站务人员用手反拉车门，确认不能拉开后，车门隔离成功，同时检查门侧面的门缝，确认锁止门闩落入锁止卡槽后，张贴"车门故障，请勿靠近"的告示或挂好车门故障帘。

任务实施　城市轨道交通列车救援专项应急演练

一、实施流程

（1）分组进行城市轨道交通列车救援专项应急演练。
（2）完成演练后做好演练总结。

二、任务实战

城市轨道交通列车救援专项应急演练

（一）事件定义

2023年×月××日22:54，1号线10523次列车在铁路北站上行站台开关完门作业完毕后无法动车，司机在故障处理 5 min 后仍无法动车，请求救援。值班主任决定救援，各岗位按列车故障救援应急处理程序操作，组织救援和行车，减少事件影响。

（二）处置原则

按照应急预案合理、安全、尽快处置，保证运营有序进行。

（三）组织形式

设置值班主任一名、行车调度员两名、车站值班员两名、值班站长两名、故障车司机一名，救援车司机一名，其余角色按需配置。

（四）演练组织及职责

1. 演练指挥

演练指挥：由授课教师担任。

2. 演练部门和演练工作小组

（1）参演部门设置：设置行车调度部、客运服务部、乘务服务部三个部门。

（2）演练工作小组：由值班主任、行车调度员组成行车调度部，值班主任为负责人；值班站长、车站值班员组成客运服务部，值班站长为负责人；故障车司机、救援车司机组成乘务服务部，故障车司机为负责人。

3. 演练步骤

（1）演练准备。

① 在演练前下发演练方案、下发列车故障救援实施方案、安排参演人员及全体人员对方案进行学习。

② 在演练开始前 30 min，演练各小组人员到位，由各小组负责人向演练指挥汇报人员到位情况及设备状态。

③ 由行调组织参演故障列车运行至铁路北站上行站台停车，后续列车保持 10 min 行车间隔后向演练指挥报告。

④ 演练指挥确认具备演练条件后开始演练。

（2）演练程序。

① 演练指挥宣布演练开始；

② 乘务负责人要求故障列车司机向行调报告列车故障情况。

③ 各小组人员严格按照列车故障救援实施方案进行列车救援应急处理。

（3）演练结束。

① 故障列车已被救援到指定位置，已不影响正常运营，值班主任向演练指挥报告。

② 演练指挥确认所有参演人员均抵达安全位置，设备恢复正常后，宣布演练结束。

4. 演练安全措施

（1）演练的整个过程由演练指挥控制。贯彻"高度集中，统一指挥，逐级负责"的原则，参加演练人员必须在演练指挥的统一指挥下，按照演练方案进行，须听从演练指挥对演练进度的控制。

（2）演练过程中，如发生设备故障或危及安全的情况，应及时中止演练并采取临时措施，待确认恢复后再进行演练。

（3）演练中的通信联络及使用办法、命令下达、信息传递均应按列车故障救援实施方案相关规定执行，各岗位在运行过程中应保持密切联系。

5. 演练结束后

各小组根据演练要求，对本次演练进行小结，提交演练评估报告，形成最终演练评估报告，报告内容如下：

（1）演练工作的完成情况。

（2）演练工作中存在的不足和整改措施。

（3）发现的问题和建议解决方法及跟进情况。

任务四　城市轨道交通站台门设备安全

任务引导

引导问题1　站台门设备由哪些部分组成？各部分的作用是什么？

引导问题2　如何保证站台门设备安全？

引导问题3　站台门设备柜和设备环境应如何管理？

引导问题4　站台门可能出现哪些故障？为什么会出现这些故障？

引导问题5　站台门出现故障后怎么处理？

知识讲解

一、站台门设备组成及安全管理

城市轨道交通大多数建设在粉尘较多的地下，并且在运行中会产生大量噪音，故而我们在车站站台边缘设置站台门，保证了乘客乘车的安全性和舒适性。站台门是集建筑、机械、材料、电子等学科于一体的系统工程，其用玻璃幕墙的方式包围地铁站台与列车的上落空间，从而达到隔离站台与轨道区域的目的。

（一）站台门系统简介

站台门系统（Platform Sdge Doors，简称PSD系统）安装在站台边缘，是站台与轨道区域隔开的一道屏障，属于城市轨道交通中的一种安全节能装置。当列车正确停靠车站时，列车车门与相对应的站台门同步打开或者关闭，使乘客可以上下列车，为乘客提供安全、安静和舒适的乘车环境。

站台门分为闭式站台门和开式站台门两大类，开式站台门又分为全高开式站台门和半高开式站台门。闭式站台门，即全封闭式站台门，通常被叫做"屏蔽门"，一般设置在地下车站，可以将候车空间与隧道空间完全隔开，候车厅的空调冷风不会与列车运行时的活塞风产生空气交换，从而大大减小了站台厅空调的容量和耗电量，并能降低列车运行时产生的噪音，具有安全、节能、环保、维护站台区域卫生等作用。开式站台门顶部未做封闭，通常被叫做"安全门"，它分为 2 800 ~ 3 200 mm 高度的全高开式站台门和 1 200 ~ 1 500 mm 高度的半高开式站台门。因为环境和成本因素，半高开式站台门多用在敞开式地面站台或高架站台，故而不能完全隔绝列车运行的空气流动风和噪声对乘客的影响，仅仅将乘客阻隔在轨行区以外，没有将站台区域与轨行区域完全隔离；全高开式站台门不仅可以用在地面站台，也可以用在没有空调系统的地下站，在保证乘客安全表现得更好，也能一定程度阻挡列车进站气流对乘客的影响。

（二）站台门系统组成

站台门系统由机械和电气两部分组成，机械部分包括门体系统和门机系统，电气部分包括电源系统和控制系统，站台门系统结构如图 5-27 所示。

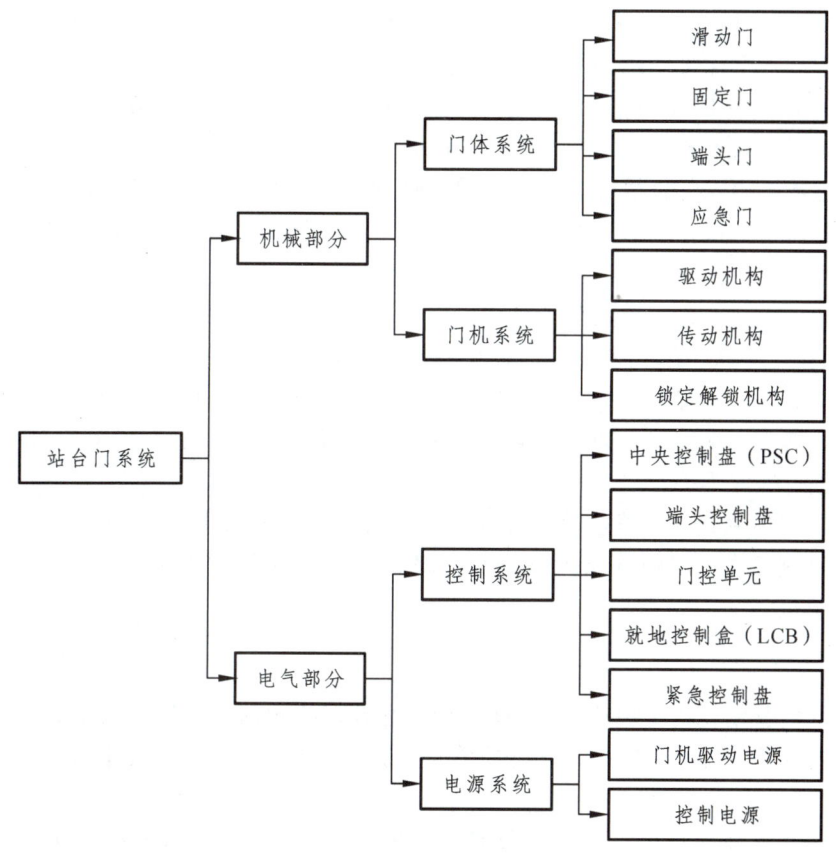

图 5-27 站台门系统结构

1. 门体系统

门体系统一般由滑动门、固定门、端头门、应急门及底部支撑等组成，如图 5-28 所示。地下车站屏蔽门还有门机顶箱及上下部连接结构，而半高开式安全门则增加了固定侧盒。

图 5-28　屏蔽门门体系统组成图

滑动门（Automatic Sliding Door，简称 ASD）：与列车车门对应的可滑动、中分双开式开启门，打开即为乘客上下车通道，关闭即可将站台公共区域和隧道区域隔离。当发生火灾或者列车故障时，可作乘客疏散通道；当出现紧急情况时，可以拉动轨道侧的开门把手或站台侧的钥匙开关将门打开。

固定门（Fixed Panel，简称 FIX）：安装在滑动门与滑动门（或者滑动门与端门）之间的固定门体，起到一个连接作用，用来隔离站台公共区域与隧道区域。

端头门（Manual Secondary Door，简称 MSD）：设置在站台两端最边上的位置，门上安装门锁，既可以从轨道侧推压推杆开门，也可以从站台侧用方形钥匙打开。当车站工作人员需要进出轨道或者出现紧急情况需要疏散乘客时，端头门可以当作紧急通道来使用。

应急门（Emergency Escape Door，简称 EED）：设置在滑动门旁边，平时关闭，隔离公共区域和隧道区域，当列车进站无法对准滑动门时，打开应急门，疏散乘客。

门机顶箱：里面放置门单元驱动机构、门锁装置、门控单元（Door Control Unit，简称 DCU）、端子排、导轨、滑轮装置、门机梁等部件，同时为了保护这些门控部件，在设备外面安装活动前盖板、固定前盖板、后盖板、门楣梁等，形成一个箱体，为内部部件起到密封保护的作用，其中活动前盖板通过铰链固定在门机顶部，开启角度可达 80°，方便维修人员对里面部件进行检修维护。

对于整个门体系统，日常检修安全标准的要求是：顶箱盖板外观应完整无损；门体玻璃无划痕和破裂现象，门槛导槽无异物和垃圾，端头门的开门状态和关门状态都良好，且可保持 90° 定位。

2. 门机系统

门机系统由驱动机构（电机）、传动机构、悬挂机构和锁定解锁机构组成，是滑动门的操作机构。电机是直流无刷电机，在门控单元控制下，通过螺杆或者皮带传动来实现滑动门的开关运动。

将承载小车放在导轨上，形成承载装置；将带减速箱的电机和丝杆连接一起，再将螺母安装在丝杆上，形成传动装置；把电动锁部件和螺母、承载小车等连接，形成门锁装置，最后将承载装置、传动装置和门锁装置组合一起，便形成站台门的承载驱动装置，如图 5-29 所示。

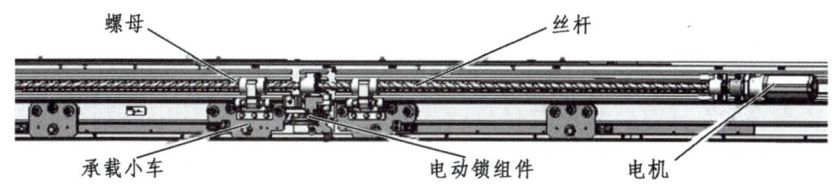

图 5-29　承载驱动装置结构形式

控制系统给出站台门的开门或关门信号到电机，电机驱动丝杆转动，套在丝杆上的螺母因为丝杆的转动而实现左右运动，此时与螺母连接的承载小车就会带动连在小车上面的滑动门左右运动，实现滑动门的开启和关闭，如图 5-30 所示。

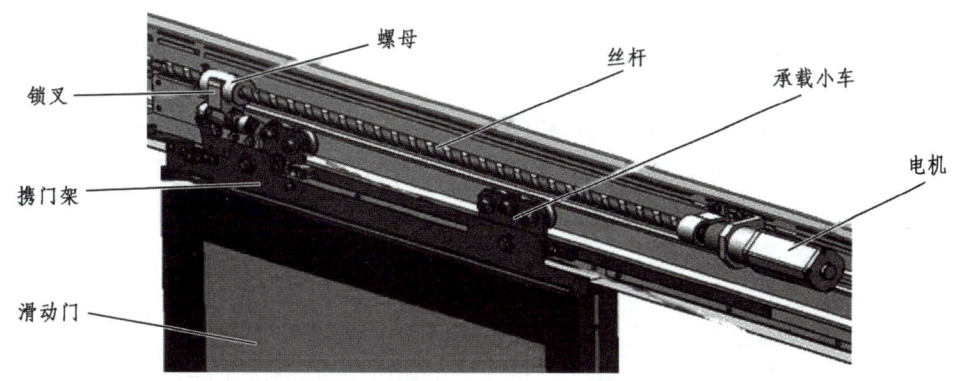

图 5-30　滑动门工作原理

3. 控制系统

控制系统由中央控制盘、端头控制盘、门机控制单元、远程监视设备、就地控制盒以及紧急控制盘（Intergration Backup Panel，简称 IBP）的一部分组成。控制系统具有控制和监视功能，当系统控制站台门的时候，先与信号系统进行信息交换，根据联锁关系控制站台门系统的开门和关门，从而保证站台门系统的开门、关门与列车车门动作协调配合。为了保证乘客人身安全，依照"故障-安全"原则，站台门在关门过程必须具备障碍物探测功能，以保证有人和物被安全门夹住时，站台门能够自动开启。

站台门控制方式优先级从高到低为：就地控制（就地控制盒控制或者手动解锁）>车站紧急控制（紧急控制盘控制）>站台控制（端头控制盘控制）>信号系统控制。

（1）中央控制盘。

中央控制盘（Platform Station Controller，简称 PSC）：每个车站设置一套，将整个车站的站台门信息进行收集和处理，是整个站台门控制系统的核心。中央控制盘将每个站台门的控制信息、状态信息和事件信息进行收集并处理，然后将处理后的各种信息又传回各个站台门的监控点去。

为了监视每个站台门系统详细的状态信息，同时在紧急情况下，能够对站台门进行紧急的操作，还在站台的端头设置了一套远程监控与报警站，叫做远程监视设备（Platform Supervision Booth Local Alarm Panel，简称 PSA）。至此，中央控制盘、远程监视设备和门机控制单元通过通信网络进行连接，就形成一个功能完善的控制及监视系统。

（2）门机控制单元。

门机控制单元（Door Control Unit，简称 DCU）：又叫门控单元，站台门的现场控制单元，执行 PSC 的控制命令，同时将现场及自身的状态信息传给 PSC，能够控制和监视滑动门的电机运转。一套门控单元对应每道滑动门单元，控制两扇滑动门的动作，不同的滑动门由不同的 DCU 进行控制，因此，单个 DCU 的故障不会影响其他 DCU 的正常工作，保证了某一道门的故障不影响同侧的其他门的正常运行。

（3）端头控制盘。

端头控制盘（PSD Local Control Panel，简称 PSL）：列车驾驶员与站台门系统交互的设备，列车驾驶员在非正常状态下或紧急状态下实现对屏蔽门的操作。端头控制盘与站台门门体相结合设计，设置在站台门站台侧、端门外侧，当系统级控制出现故障（如信号系统故障、信号系统与中央控制盘开门或关门指令界面故障），列车驾驶员或站务人员在站台端头控制盘上对滑动门进行开门或关门的控制。

开门操作：列车驾驶员或站务人员将 PSL 操作允许钥匙从"自动"位打到"手动"位，然后将"开/关门选择"开关打到"开门"位，发出开门指令，滑动门打开。在此过程中，首先中央控制盘面板、端头控制盘、紧急控制盘上的所有"门关闭且锁紧"状态指示熄灭，当执行开门操作后，滑动门完全打开，PSC 面板、PSL 盘、IBP 盘上的"门打开"状态指示灯点亮。

关门操作：列车驾驶员或站务人员将 PSL 操作允许钥匙从"自动"位打到"手动"位，然后将"开/关门选择"开关打到"关门"位，发出关门指令，滑动门开始关闭，当站台门全部关闭且锁紧后，PSC 面板、PSL 盘、IBP 盘的所有"门关闭且锁紧"状态指示灯点亮。

门关闭但是无法发车：当滑动门全部关闭，列车无法发车，可能是因为"门关闭且锁紧"信号丢失或信号系统无法确认站台门系统是否锁闭。站务人员首先对故障滑动门进行安全防护，然后在端头控制盘上将"互锁解除钥匙"从"禁止"位打到"互锁解除"位进行互锁解除操作，"互锁解除"状态指示灯点亮，司机即可开动列车驶出车站。

（4）就地控制盒

就地控制盒（Local Control Box，简称 LCB）：滑动门门楣下方或者侧盒内安装就地控制盒，用于在每个门单元发生网络通信故障、电源故障、门控单元故障、门机故障以及其他故障时，通过就地控制盒切断电源，隔离故障滑动门，从而不影响整个系统的正常工作。

滑动门有隔离、自动、手动关门和手动开门四种不同的操作模式，如图 5-31 所示。平时放在自动位，滑动门会根据 PSC 发出的开/关门指令执行相应的动作。

图 5-31 就地控制盒模式开关图

"自动"位：当转换开关处于"自动"位置时，允许门控单元接收中央控制盘的"开门命令"与"关门命令"。

"隔离"位：当转换开关处于"隔离"位置时，单个滑动门断电，与整个系统隔离，除了这个门以外的其他设备正常工作，便于故障门的维修，并且滑动门在隔离时，安全回路不被旁路。

"手动关门"或"手动开门"位：当开关处于"手动关门"或"手动开门"位置时，不执行来自中央控制盘的命令，而是门扇通过设置在就地控制盒上的"手动关门"或"手动开门"进行操作，此时此门的安全回路被旁路。

4. 电源系统

电源系统分为门机驱动电源和控制电源两种，供电电源为一类负荷，驱动电源和控制电源采用相互独立的配电回路，避免相互干扰。门机驱动电源负责对电机供电，采用直流供电方式，具备充电、馈电、故障保护、电源参数和报警信息的监测、记录功能；控制电源负责对 PSC、DCU、PSL、IBP 和接口等提供电源。

电源系统要求的标准状态是电源参数正常，无报警声、无历史故障记录、整流和逆变运行指示灯常亮、风机运行正常；电池无漏液、无变形、无鼓胀、接线端及气孔无盐霜现象；电压表、电流表及开关状态正常；电源配电箱上指示灯显示正确，运行无噪音；电池柜无异响、温升正常。

二、站台门设备安全及管理要求

（一）站台门设备安全

1. 站台门电位差安全

地铁车辆是通过接触网获得供电，车辆自身将会与大地有 60～120 V 的电位差，使得整个车辆与站台门、站台有相同电位差。因为这个电位差，乘客进入车辆时可能会触电，故而将站台门设备与钢轨连接，保证站台门与车辆等电位。但是这样做之后，站台与站台门之间又会产生 60～120 V 的电位差，为了保证站台与站台门之间等电位，在站台与站台门之间加装 0.9 m 宽的绝缘地板，以防止乘客跨步触电。另外，这个电位差还有可能放电打火，故而将站台门与周围装饰材料设置绝缘隔离，以防火灾发生。但目前大多数地铁站台门与周围装饰材料没有进行绝缘，只是规定了距离间隔不少于 2.5 cm，受实际距离、空气湿度、电位差等现场情况影响，站台门上盖板与周围装饰材料存在打火的情况，个别甚至存在发生火灾的危险。

2. 站台门互锁安全

站台门与信号系统存在接口，车站站台门向信号系统发出关闭锁紧状态信息时，信号系统才允许列车进入本站或在本站启动行车。当站台门故障或者信息通道出现问题时，信号系统将向列车发出紧急制动命令，导致列车意外制动或无法启动，影响运营的正常进行，因此，站台门故障往往也直接影响到行车运行，在这一点上与列车车门类似。

3. 站台门影响人身安全

站台门自身具备防夹功能，站台门在关闭过程中，一旦触碰物体将立即打开，然后再重新关闭，以防止不慎将乘客夹在门中，保证了乘客的人身安全。另外，站台门端门尾部外侧有一条黄色警示灯带，用于司机观察是否有乘客滞留在站台门与车门之间的空隙，防止将乘客遗留在站台门与车门之间的窄小缝隙，从而造成人员伤亡事故。

（二）站台门设备柜管理要求

站台门设备的柜（箱）是整个系统的物理保护装置，与里面的安装设备一起，具有接收、保护、控制和人机交互等功能。站台门设备柜（箱）的量较大，分布面大，安装地点环境复杂，与作业现场各类人员接触的可能性最大，同时也是企业管理中的薄弱环节，容易处于被忽视的失控状态，尤其在进行设备检修、处理机械故障时，操作者与维修人员配合不当，使得设备柜（箱）安装不当，容易出现设备损坏或功能不佳的情况，甚至会发生触电事故，因此，保证设备柜（箱）的安全可靠是十分必要的。针对于此，对站台门设备柜（箱）有以下要求：

（1）设备房内设备柜外观无破损、无变形；柜门玻璃完好、无破损；防锈涂漆层完整，无锈蚀、损伤等缺陷，色泽均匀，无明显色差。

（2）设备柜内部模块、交换机等安装正确，牢固；模块、交换机等外观无明显损坏痕迹。

（3）设备柜内监视计算机外观无破损、机箱无变形；触摸显示器显示正常，色泽均匀，无明显色差；可正常使用和操作。

（4）设备柜内部干净整洁，无灰尘。

（5）设备柜门体可正常开关，门体开关无损坏。

（6）设备柜门体接地良好，接地电阻符合要求。

（7）设备柜上方不可随意摆放杂物。

（三）设备环境管理

设备设施的正常运行、轨道交通生产秩序的正常开展，员工的健康安全，都依靠设备环境质量的提高来实现，而好的环境质量是通过成熟的管理、合理的制度来体现的。管理标准化、制度化将使得设备现场作业标准化和制度化，长久以往地执行能够防止意外发生，提高管理水平，从而形成一个固定和统一的设备工作环境，有利于员工高尚情操的培养。对于设备环境的要求如下。

（1）室内环境整洁、卫生，地面及设备柜/箱外无浮尘，要求做到设备干净、机房干净和工作场地干净。

（2）室内设备及设备上方、周围要做到无积水、无滴水、无漏电、无鼠迹。

（3）室内无杂物堆积，如需临时存放物资，需辨明物资种类、摆放整齐，不影响设备安全。设备间内不能存放易燃、易爆等危险品。

（4）日常清扫时，如需带水作业，应多人配合，及时通风、除湿，防止出现漏电、短路等事故，保证室内设备正常运行。降水多发期，工作人员应该注意逢雨巡视设备间，防止漏水所致的事故发生。

（5）设备室要求温度≤30 ℃，相对湿度≤80%，防止静电对设备产生损害。

（6）设备间内禁止出现明火，如遇特殊情况或因维修施工必须出现明火时，须办理动火证后，方可进行施工。

应急处理

站台门故障应急处理

站台门不仅是隔离站台区和轨行区的重要设备,还是保证乘客和行车安全的关键设备,更属于降低列车运行噪声、减少因空气对流造成的站台冷热气流失的环境设备,能为乘客提供安全、舒适的候车环境。

(一)站台门事故的原因

1. 设备原因

列车驶入车站时会产生巨大的热量和风力,对站台门产生很大的压力,如果站台门的玻璃无法承受这样的压力,就会发生破裂甚至爆炸等事故。另外,站台门本身在安装过程中出现钢架结构变形、应急门门锁失灵等故障而未被发现时,也会在后期使用过程中出现故障。

2. 人为原因

一种情况是乘客在列车和站台门即将关闭时强行挤入,从而导致被卡在站台门与列车车门之间,出现人身伤亡。另一种情况是乘客在乘车时,倚靠在滑动门上,如图 5-32 所示,当滑动门开启时,如果乘客反应不及时就容易摔倒,使得车门处拥挤,正好此时车门和滑动门关闭,很容易出现乘客被夹在站台门和列车车门之间,从而引起人伤事故。

图 5-32 禁止倚靠站台门

3. 门机驱动系统故障

站台门的驱动系统主要是电机、减速器及传动装置。电机和减速器属于成套的装置,发生故障的概率相对较小,但是传动装置是由皮带、刚性连接件等组成的,所以发生故障的概率较高,其故障主要的表现如下:

(1)站台门在开关时出现较大的振动,且无法完全闭合。故障原因是皮带使用间过长发生了变形,或者是皮带和刚性连接件之间出现松动现象,或者皮带上有异物存在。

(2)站台门开关时,门体出现阻滞现象,且无法完全闭合。故障原因是惰轮上有破损,或者导轨上有异物存在。

4. 供电系统（UPS）故障

供电系统出现问题一般是 UPS 出现自动关闭、过充电保护动作、市电指示灯闪烁、电池灯闪烁、电池放电时间短或者 UPS 过载等，其原因基本上可分为 UPS 内部出现故障、电池出现故障两种情况。

（二）站台门故障应急处理流程

站台门运营中发生故障，在确保安全的前提下，运营人员坚持"先通后复"的原则，及时处理故障，让列车能够正常运行，与此同时，进行乘客广播、引导乘客有序乘车，避免出现伤亡事故。

当出现站台门故障时，按照故障出现和应急处理时间顺序，分为故障出现时期、应急响应时期和应急终止时期。在每个时期，各岗位人员都应按照站台门故障应急处理原则，各自履行岗位职责。

1. 故障出现时期应急处理

（1）司机。

当列车司机发现单对或多对站台门不能正常开启时，马上进行客室广播"本站有站台门故障，请乘客从其他开启的站台门下车"，并通知车站人员，报告行车调度员；当站务人员发现站台门故障，行车调度员通知司机时，司机应该根据行车调度员要求控制车辆以驾驶模式和进站速度进站停车，并进行客室广播。

（2）车站人员。

站务人员发现站台门故障，立即通知司机，报告行车值班员。

行车值班员接报后，立即将站台门故障现象报告值班站长和行车调度员。行车值班员通过 CCTV 监控站台情况，做好站台乘客广播工作，引导乘客从其他正常站台门上车。

值班站长接到通知后，立即到现场组织处理，做好乘客解释和疏导工作，密切监视站台情况。

（3）调度人员。

行车调度员接报后，根据故障情况，安排人员前往协助处理故障站台门，并通知司机故障情况，加强进站瞭望，注意安全。

2. 应急响应时期应急处理

（1）司机。

司机根据行车调度员要求进行列车驾驶，利用客室广播进行乘客引导下车，并且密切注意乘客上下车情况，确认车门和站台门之间空隙安全，凭借站务人员"好了"手势或旗势进行发车。

（2）车站人员。

如果两对及以下站台门故障，站务人员对站台门恢复或者采取旁路故障门单元，在故障门处设置隔离设备或者张贴故障纸进行隔离警示，如图 5-33 所示，同时加强监控，引导乘客避开故障门上车，将现场情况及时报告给行车调度员和维修调度员。若故障门未能及时恢复或旁路，为了减少耽搁时间，在站台门故障后的第一辆列车发车时，站务人员优先使用 PSL"互锁解除"开关发车，并报告行车调度员，确认乘客上下完毕且站台安全后，向司机打"好了"手势或旗势信号。后续列车也由站务人员在 PSL 上将"互锁解除"开关打到旁路位后发车。

图 5-33　故障站台门隔离

如果三对及以上站台门故障，站务人员立即通知司机、报告行车值员："站台××对站台门不能开启"，必要时立即前往故障的站台门单元处采用开门钥匙人工操作开启站台门，并根据客流情况，保证每节车厢对应的站台门有一对及以上站台门在开启状态，并引导乘客从其他开启的站台门下车，当乘客上下完毕及确认站台安全后向司机显示"好了"信号。站务人员等列车离开站台后，用人工方式关闭故障门，并将关闭的故障门通过"隔离"操作断电，最后在故障门上张贴"此门故障，暂停使用"告示，加强现场安全监控。这里需要特别注意的是：如果相邻的两个站台门因故障都不能开启时，那么根据站台客流情况，保证每节车厢对应的站台门有一对及以上站台门在开启状态，开启的故障门通过"就地开门"操作保持常开状态。

（3）调度人员。

行车调度员负责配合协调相关抢修事项，指示司机故障情况下的驾驶模式，要求全线司机进行客室广播，进入该车站时加强瞭望，注意安全。

维修调度员接报后，立即向相关部门下达抢修指令，指挥抢修工作，合理调派抢修车辆，如果收到现场维修人员提出的限速要求后，需要及时告知行调。维修调度是整个故障处理的协调、指挥和结果跟踪的负责人，需要及时了解处理情况，督促维修设备相关部门尽快处理故障。

（4）维修人员。

维修人员接到故障抢修通知后，在规定时间内赶赴现场救援，首先查看故障，需要列车限速进站时，须立刻向维修调度提出限速要求，由维修调度告知行调，然后按照"先通后复"的原则，根据车站的客流情况进行抢修，当故障排除后，对设备进行测试，确认设备运行正常，恢复正常运营，并及时将设备恢复情况上报维修调度，做好维修记录，后续进行设备故障原因调查，提交分析报告，落实整改措施。若未能及时处理故障，立即通知专业技术人员给予技术支持，如果故障当天无法处理，及时汇报部门主管，将设备情况和所需的支援上报维修调度员。

3. 应急终止时期应急处理

抢修完毕后，车站人员和维修人员分别向行车调度和维修调度汇报，故障站台门单元恢复正常，撤除站台门隔离设施，应急终止。

（三）站台门故障应急处理程序图示

1. 站台门无法开启应急处理程序

单个站台门无法开启应急处理程序如图 5-34 所示、所有站台门无法开启应急处理程序如图 5-35 所示。

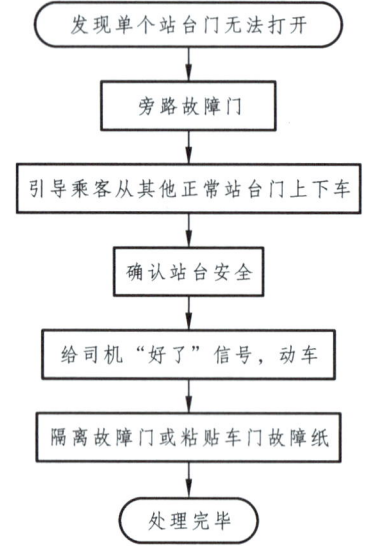

图 5-34 单个站台门无法开启的应急处理程序

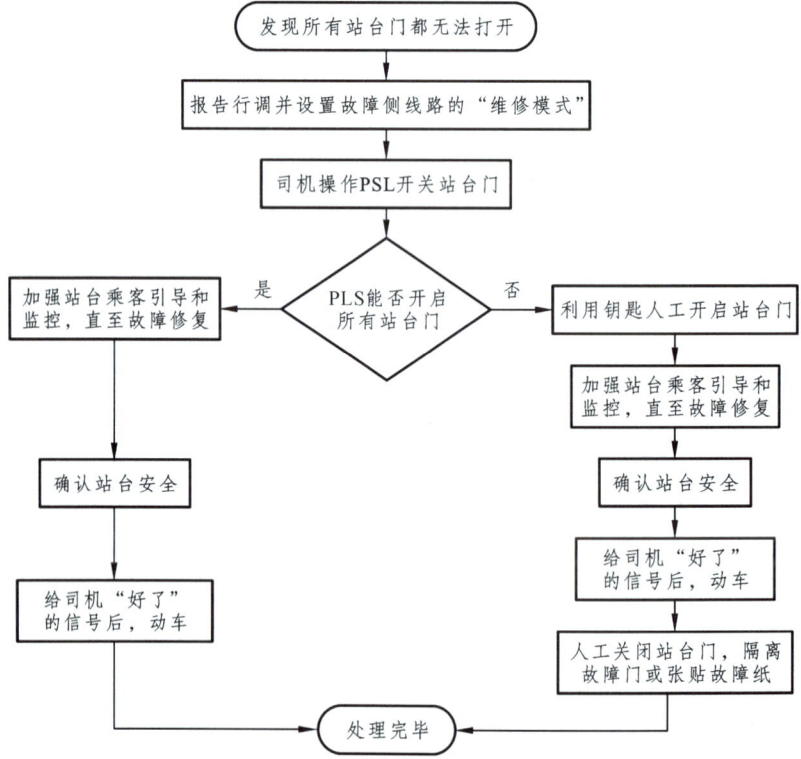

图 5-35 所有站台门无法开启的应急处理程序

2. 站台门无法关闭的应急处理程序

单个站台门无法关闭应急处理程序如图 5-36 所示、所有站台门无法关闭应急处理程序如图 5-37 所示。

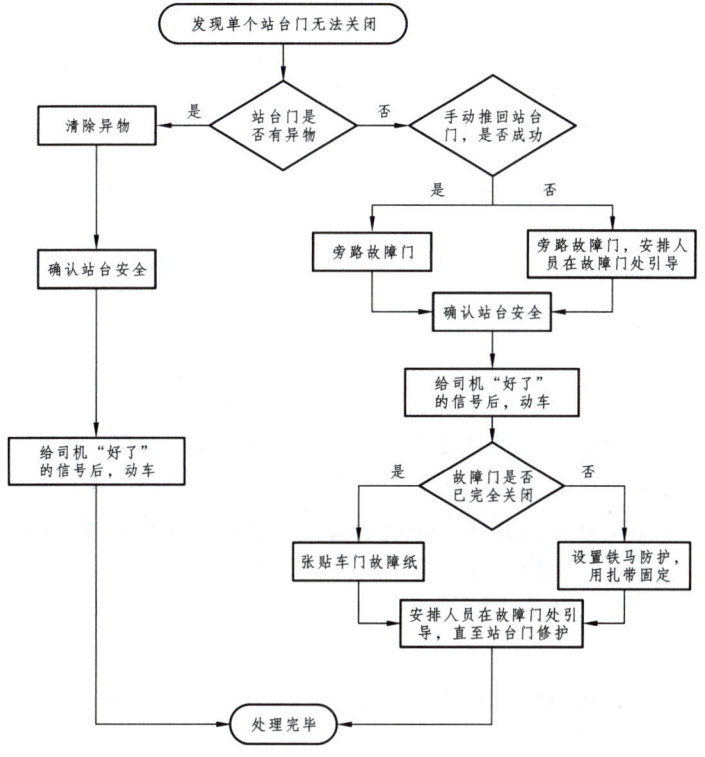

图 5-36　单个站台门无法关闭的应急处理程序

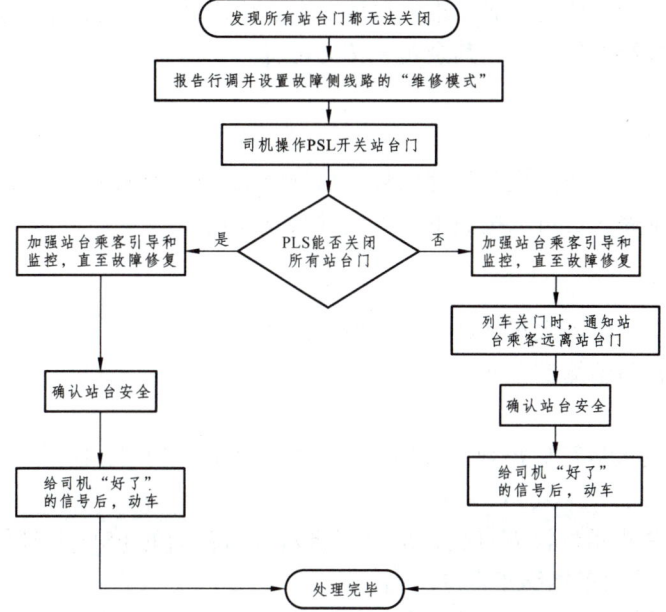

图 5-37　所有站台门无法关闭的应急处理程序

任务实施　城市轨道交通站台门故障应急演练

一、实施流程

（1）分组进行《城市轨道交通站台门故障应急演练》
（2）完成演练后做好演练总结。

二、任务实战

城市轨道交通站台门故障演练

（一）事件定义

2023 年 × 月 × 日 7:30，某地铁铁路西站站台门出现故障，沿线列车降速运行，导致站内十分拥挤。往上行方向站台的站台门几乎都无法正常开关，只有几个门还能工作，但也一直在报警。事发后，车站站务人员分别守在每个安全门前面，以防乘客拥挤的时候发生意外，站内的保安人员、引导员及工作人员全都来到站台上维护秩序。

（二）处置原则

"先通后复"，根据前述站台门故障应急处理各岗位职责进行演练，保证运营有序进行。

（三）组织形式

设置司机一名、行车调度一名、维修调度一名、值班站长一名、车站值班员一名、站务人员若干、站台门维修人员若干，其余角色按需配置。

（四）处置措施

演练可以按照前述故障门应急处理的故障出现时期、应急响应时期和应急终止时期的相关要求进行，其中维修人员可以按照下述方法进行具体操作。

1. 列车无法进出站台

故障现象：列车无法进入车站站台，停留在区间。
故障原因：站台门整侧安全回路丢失。
处理方法：
（1）信号系统投入运行后出现此故障时，应检查 PSL、PSC、IBP 上的关闭锁紧指示灯是否正常点亮。
（2）若关闭锁紧指示灯没有点亮，应立即将对应站台侧的 PSL 互锁解除钥匙开关拨至"互锁解除"档位，让列车能够正常进出站。
（3）查看综合监控系统或中央控制盘的软件监控显示器，确认具体的未关闭锁紧的单元门编号后,再去站台侧将对应单元的模式开关拨至手动关档位。站务人员在不影响列车运行的前提下,对于一些显而易见且容易解决的故障进行及时处理,尽可能第一时间将故障排除,同时报修。

2. 站台门无法正常开关

(1) 单门故障无法开关。

故障现象:站台门单门无法正常开关。

机械系统故障:有异物阻挡,手动解锁板松动,两门扇间门缝过小,行程开关松动,门锁间隙过小,导靴与踏步板摩擦过大等。

电气系统故障:配电系统、LCB 故障、DCU、电机等出现故障。

处理方法:

① 立即将故障单元门的模式开关拨至手动关档位,将此门退出服务。

② 检查 LCB 盒下方的接线是否有松动脱落的现象。

③ 检查锁到位开关上接线有无松动脱落的现象。

④ 检查关到位、锁到位开关动作有无异常现象。

⑤ 检查电源模块、门控器及电机功能是否完好。

(2) 整侧站台门无法开关。

故障现象:列车到站后,整侧门无法打开或关闭。

故障原因:各级操作系统的优先级出现问题、供电设备故障、空开跳闸、信号系统未发指令、LCU 接线端子排松动、站台侧控制线进线松动等。

处理方法:

① 检查站台各级操作系统(IBP、PSL、SIG)优先级是否存在误操作现象。

② 检查站台设备供电系统是否正常供电。

③ 检查 PSC 机柜电源控制模块各空开是否正常闭合。

④ 检查信号系统工作状态是否正常。

⑤ 检查 PSC 机柜中,LCU 各接线端子有无松动脱落的现象。

⑥ 检查站台侧控制线进线(距设备房最近的第一个单元)接线是否有松动脱落的现象。

3. 任务总结

演练结束后,各小组根据演练要求,对本次演练进行小结,提交演练评估报告,形成最终演练评估报告,报告内容如下:

(1) 演练工作的完成情况。

(2) 演练工作中存在的不足和整改措施。

(3) 发现的问题和建议解决方法及跟进情况。

项目测试

一、填空题

1. 影响运营安全的设备因素主要指设备的安全性能，包括设备设计安全性、使用安全性、维护安全性等，其中设计安全性则是设备的本质安全，即设备的_____、_____、可维护性和安全性。

2. 电梯包括载人（货）电梯、自动扶梯、_____。

3. 城市轨道交通信号系统是实现_____、_____和管理所需技术措施及配套装备的集合体，是整个城市轨道交通自动控制系统中的重要组成部分。

4. 控制_____、_____和_____并实现这三者之间相互制约的联锁设备，叫作车辆段联锁设备，简称车辆段联锁或者叫车站联锁。

5. ATO 的中文名称为_____。

6. 列车首、尾两节车厢使用带司机室的拖车叫作_____车，习惯定义为"_____"。

7. 地铁线路车辆运行的编组方式主要有两种：_____和_____。

8. 地铁车辆一般由_____、_____、_____、_____、_____、_____和车辆内部设备等七部分组成。

9. 站台门门体系统一般由_____、_____、_____、_____及底部支撑等组成。

10. 站台门出现事故的一般原因有_____、_____、_____和供电系统故障。

二、选择题

1. 在以下特种设备中，（　　）属于轨道交通常用的特种设备。
   A. 电梯　　　B. 压力容器　　　C. 场内机动车　　　D. 起重机械

2. 自动扶梯的安全保护装置包括（　　）、各种电气联锁和保护装置等。
   A. 限速器　　　B. 安全钳　　　C. 缓冲器　　　D. 门锁

3. 出现故障，对于影响行车、客运服务等的紧急故障，按照"（　　）"原则，采取应急处置，尽快减少设备故障对行车、客运服务的影响。
   A. 先通后复　　　B. 紧急处理　　　C. 统一指挥　　　D. 先复后通

4. 信号系统核心是列车自动控制（ATC）系统，它由（　　）子系统组成。
   A. CI　　　B. ATP　　　C. ATO　　　D. ATS

5. 正线信号系统核心是列车自动控制系统，它由（　　）组成。
   A. 列车自动防护子系统　　　B. 列车自动驾驶子系统
   C. 列车自动监控子系统　　　D. 正线联锁子系统

6. 普通单开道岔，由（　　）组成。
   A. 转辙器　　　B. 连接部分　　　C. 辙叉及护轨　　　D. 翼轨

7. 轨道交通列车车辆的型号一般为（　　）。
   A. A 型车　　　B. B 型车　　　C. C 型车　　　D. As 型车

8. 列车车门故障的原因有（　　）。
   A. 车门使用率　　　　　　　　B. 环境
   C. 零部件品质　　　　　　　　D. 人为
9. 门机系统由（　　）组成，是滑动门的操作机构。
   A. 驱动机构（电机）　　　　　B. 传动机构
   C. 悬挂机构　　　　　　　　　D. 锁定解锁机构
10. 就地控制盒有（　　）操作模式。
    A. "自动"位　　　　　　　　　B. "隔离"位
    C. "手动开门"　　　　　　　　D. "手动关门"

三、简答题

1. 简述设备安全的概念。
2. 城市轨道交通应急设施设备有哪些？
3. 什么是特种设备？
4. 简述 ATP、ATO、ATS 子系统的作用。
5. 写出轨道电路故障抢修作业流程。
6. 简述发生地铁列车车辆故障可能的原因。
7. 列车车门故障，车门无法开启时，请从相关岗位分析如何进行应急处理？
8. 站台门为什么会出现电位差安全隐患？又该如何处理？
9. 简述站台门优先级从高到低的控制方式。
10. 简述单个站台门无法打开的应急处理程序。

扫码进行在线答题

项目考评

考核内容		考核评分		
项目	内容	配分	得分	批注
学习态度（30%）	能够做到课前预习，并查阅本项目相关资料	10		
	积极参与课堂，参加教学中的实训、讨论、练习	10		
	按要求完成课堂练习和课后作业	10		
学习效果（50%）	能够陈述城市轨道设备安全的概念、影响因素	10		
	能够陈述城市轨道交通应急设施设备、安全疏散标识、特种设备的种类和作用	10		
	能够陈述城市轨道交通信号设备组成、安全管理和应急处理流程	10		
	能够陈述城市轨道交通车辆设备类型、编组、组成、设备作用和应急处理流程	10		
	能够陈述城市轨道交通站台门设备组成、作用、安全管理内容、故障因素和应急处理流程	10		
综合素养（20%）	有效运用多种交流形式进行沟通	10		
	尊重他人，能与他人团结协作	10		
考核评语		考核成绩		

项目六

城市轨道交通行车安全管理与应急处理

项目描述

随着我国城市轨道交通系统的大规模、高速发展,虽然城市轨道交通系统是一个相对封闭、独立的系统,但对设施设备的技术要求较高,如不能有效地对与行车相关的设备、人员进行有效管理,将造成严重后果,因此对城市轨道交通的行车安全的管理工作不容轻视。党中央一直高度重视安全问题,交通运输部要求切实强化城市公共交通安全管理,确保人民群众出行安全。

本项目主要站在城市轨道交通列车司机的角度介绍城市轨道交通行车安全管理与应急处理的相关理论和操作方法。通过学习本项目,学员将了解行车安全管理的基本概念、工作流程、管理方法以及应急处理的基本流程和技巧。在发生行车安全事故的情况下,城市轨道交通列车司机为最大限度地降低损失或危害,防止事态扩大,将采取紧急措施或行动。同时,通过案例分析和讨论,学员将能够应用所学知识解决实际问题,并具备出色的应急处理能力。完成学习任务后,学员将参与学习测试,以评估所学知识的掌握情况。

知识目标	能力目标	素质目标
1. 了解城市轨道交通行车安全管理的基本概念和原则。 2. 掌握城市轨道交通行车安全管理的工作流程和方法。 3. 熟悉应急处理的流程和技巧。	1. 能够有效预防城市轨道交通行车安全事故的发生。 2. 能够正确处理城市轨道交通行车过程中突发情况和事故。 3. 具备城市轨道交通行车安全管理的实际操作能力。 4. 能够协调处理突发事件,保障乘客和运营安全。	1. 具备安全责任意识和行车安全管理的职业道德。 2. 具备团队合作能力和与其他部门沟通协调的能力。 3. 具备灵活应变和快速处理事故的能力。

任务导航

任务一　城市轨道交通行车安全管理概述
任务二　城市轨道交通行车安全管理工作流程和方法
任务三　城市轨道交通行车安全应急处理流程和技巧

任务一　城市轨道交通行车安全管理概述

📋 任务引导

引导问题1　什么是城市轨道交通行车安全管理？
_____
_____

引导问题2　针对城市轨道交通列车司机岗位，行车安全主要包含哪几方面安全？
_____
_____

引导问题3　影响行车安全的主要因素有哪些？
_____
_____

引导问题4　在行车过程中，城市轨道交通列车司机应遵循哪些行车原则？
_____
_____

📋 知识讲解

一、行车安全知识

城市轨道交通行车过程中会遇到很多安全问题，只有将这类安全问题采取相应措施进行管理和控制，才能够对行车安全进行有效管理。针对城市轨道交通列车司机岗位来说，行车安全主要包括列车驾驶安全和调车作业安全。

（一）列车驾驶安全

影响城市轨道交通列车驾驶安全的主要因素有：行车纪律松弛、制度执行不严；列车司机疲劳行车、带情绪行车、业务素质不高、安全意识不强；行车技术、设备不完善；恶劣气候及环境影响因素；安全管理制度、规章的适用性存在缺陷等。

城市轨道交通列车驾驶安全管理基础性工作有：
（1）加强对列车司机的违法行为的管理与控制。
（2）不断做好对列车司机的技术业务培训。
（3）强化和改善对行车设备的管理。
（4）提高列车司机适应环境变化与处置突发事件的应变能力。

（二）调车作业安全

调车作业是确保城轨列车运行的重要环节之一，它对提高地铁运行效率，做好列车后勤保障，对电动列车的维护、检查保养等修程的顺利实现有着十分突出的作用。

调车作业必须按照调车作业计划以及调车信号机或调车信号的显示要求进行，没有信号不准动车，信号不清立即停车。特殊情况下使用无线电对讲机联络进行调车作业时，列车司机与调车人员必须保持联络畅通，联络中断时应及时采取停车措施，停止调车作业；调车作业时，调车人员必须正确及时地显示信号，列车司机要认真确认信号，并且鸣笛回示；调车作业是参与调车的相关人员配合、协作的过程，车辆动力、信号确认、进路确认及注意事项都必须在作业前完成。

调车作业安全管理的基础性工作有：

（1）及时、准确地进行调车作业，保障电动列车按照运行图的规定时刻发出列车，按运行图的要求安排使用城轨列车。

（2）及时取送需检修的车辆，保障检修车辆按时就位。

（3）保证基地设备以及调车作业运行安全和人身安全。

（4）确保其他物资运输的运行秩序正常进行。

二、影响行车安全的主要因素

对于城市轨道交通行车来说，影响行车安全的主要因素有环境、人员、设备和管理等四个方面。

（一）环境因素

环境因素主要包括自然环境因素和社会环境因素，自然环境因素指恶劣天气、地震等对行车安全产生危害的自然灾害，如天气条件、地面状况和障碍物等，需要在行车过程中及时观察和调整行驶方式，确保安全。社会环境因素指对行车安全有直接或间接威胁和影响的破坏行为（如恐怖分子的蓄意破坏等）。

（二）人员因素

在影响行车安全的四个因素中，人员因素是最重要的因素。主要包括乘客和工作人员。从目前已出现的事故中分析发现，城市轨道交通中很大一部分事故是由于乘客的原因造成的，同时工作人员在运营管理中的管理不善或操作不当也会引发事故。目前随着科技的日益发展，城市轨道交通设备技术含量越来越高，已经实现了列车运行自动控制、自动驾驶、自动折返等，但这些操作仍需要城市轨道交通列车司机等相关行车作业人员进行监督和控制，一旦发生故障或特殊情况，都需要作业人员进行干预，并在紧急情况下做出正确的应急处理。所以，城市轨道交通列车司机、行车调度员和车站值班员等行车人员在突发情况下的应急处置能力是影响行车安全的重要因素。

（三）设备因素

城市轨道交通线路、车辆、信号设备、供电设备等行车设备是保证行车安全的基础。线路作为列车运营的基础，扣件、钢轨、轨枕等基础设备都是影响行车安全的潜在危险因素，其日常养护维修等工作的重要性是不容忽视的。车辆作为乘客主要接触的设备，其质量的好坏直接影响行车的安全，转向架、牵引系统、制动系统等设备都是影响行车安全的重要零部件。信号系统作为城市轨道交通运营的"大脑"，具有提高行车安全效率、保障行车安全的重要职责，现在城市轨道交通行车过程中，出行乘坐城市轨道交通的乘客越来越多，对行车间隔要求越来越高，所以对信号系统的质量和稳定性提出了更高的要求。供电设备作为列车动力的来源，其运营状态对行车安全同样有着至关重要的作用。

（四）管理因素

城市轨道交通行车安全管理是城市轨道交通运营管理非常重要的一部分。行车安全规章制度的不完善和行车作业的标准，都是影响行车安全的重要因素。特别是作为城市轨道交通列车司机来说，其在行车过程中，虽然有列车运行自动控制系统控制，更多时间是自动驾驶，但作为一名合格的司机，要时刻按照行车作业标准进行操作，严格执行"手指口呼"标准，从而保障行车安全。

三、行车安全基本原则

城市轨道交通列车司机在城市轨道交通行车安全管理中承担着非常重要的责任，在列车运行过程中，他们需要时刻保证列车的安全运行，确保乘客安全，因此，他们需要遵循以下相关行车安全基本原则。

（一）列车司机操纵技术

作为一名合格的城市轨道交通列车司机，应接受全面的培训，包括操纵列车设备、应急处理及熟悉相关安全规程和程序。在驾驶作业中，应严格、认真执行"彻底瞭望、确认信号、高声呼唤、手比眼看"的呼唤应答制度。"彻底瞭望"要做到：车动集中看，瞭望不间断；"确认信号"要做到：听不清就问，看不清就停；"高声呼唤"要做到：看准再喊，准确无误；"手比眼看"要做到：呼唤为主，手比为辅。另外还必须做到列车运行不超速，区间不运缓，确保列车安全正点。

（二）信号系统

信号系统是指挥列车运行，保证列车安全、提高运营效率的关键设备。信号系统通常由列车运行自动控制系统和车辆段信号控制系统两大部分组成。用于列车进路控制、列车间隔控制、调度指挥、信息管理、设备工况监测及维护管理等，由此构成了一套高效的综合自动化系统。信号是指示列车安全运行的指令，它具有提高行车安全效率，保障行车安全的职责。列车在运行过程中如何安全运行，是匀速运行，还是减速或停车，都应严格遵照信号显示要求。驾驶过程中，遇有信号显示不明、不正确或灯光熄灭以及天气恶劣信号辨认不清时，必须立即减速或停车，严禁臆测行车。进出车站时，应注意邻线列车运行及车站工作人员发出的信号。

（三）行车规章制度

作为列车司机，应熟悉城市轨道交通行车规章制度，包括速度限制、列车优先级、列车间隔和区段驾驶等规定，确保遵循规定的操作流程和要求。

（四）安全意识和行车技巧

列车司机应具备良好的安全意识，时刻保持高度警惕，并掌握应对各种紧急情况和突发事件的行车技巧，以确保列车行驶安全。

（五）紧急制动和应急装置

熟悉紧急制动系统和列车应急装置的操作方法和使用场景，能在紧急情况下迅速做出反应，保障乘客和列车的安全。

任务实施　分析"日本 JR 福知山线发生快速列车出轨事故"案例

一、实施流程

（1）通读阅读材料"日本 JR 福知山线发生快速列车出轨事故"。
（2）讨论文后提出的几个问题。
（3）自评与总结。

二、阅读材料

日本 JR 福知山线发生快速列车出轨事故

事故概况：2005 年 4 月 25 日，一列隶属西日本铁道公司的快速电车，因为脱轨撞击路旁公寓大楼，造成 107 人死亡，562 人受伤，这是日本国内战后铁道事故史上第四严重的意外事件。

事故详情：2005 年 4 月 25 日 9:03，列车即将从宝冢站驶向尼崎，由于是早高峰时段，人异常多，所以在车门关闭时还有乘客未进入，这时列车司机只能再次打开车门，而列车已经延误了 25 s。为了能弥补延误的时间，在出站后列车司机加速行驶，速度竟然达到了最高限速的 120 km/h。

列车即将停靠伊丹站时，司机却并未有要减速的意思，这时驾驶室内已经响起了超速警报，此时列车司机突然拉下了刹车，列车在紧急制动之下，超出了站台 80 m，大约有两节车厢的长度。意识到出了问题的司机，又立即开启了倒车，试图弥补错误，这就导致原本车内因紧急制动混乱的乘客，再次被倒车搞得人仰马翻。情绪激动的乘客纷纷站在驾驶室外对司机叫骂，这使得本来就紧张的司机压力更大了。

列车再次出发后，由于此时列车已经整体延误了 80 s，为了抢回延误的时间，司机不顾超速可能引发的危险，再次高速行驶。9:08，在列车驶向尼崎的路上即将向右转弯时，乘客明显感受到列车的速度比平时快得多，车窗也开始抖动。此时，只见列车的前五节车厢突然脱离了轨道，驶向了轨道外侧的 9 层公寓大楼。

列车脱轨后，一号车厢整个撞进了公寓大楼内部的停车场，二号车厢紧随其后，撞向了公寓的外墙，随即又在三号车厢的冲击下，被挤压成了 L 形，整个车厢内顿时一片哀嚎。救援队伍很快赶到现场，24 h 不间断的救援工作持续了三天。

三、任务实战

通过阅读以上案例后，讨论及回答以下问题：

（1）在此次列车出轨事故中，请分析发生事故的原因，并提出在安全管理中应做出怎样的改进措施。

（2）随着技术的革新，科技的发展，请联系所学知识，从设备管理角度分析该如何避免此类事故的发生。

任务二　城市轨道交通行车安全管理工作流程和方法

任务引导

引导问题1　城市轨道交通列车司机岗位工作特点是什么？
_____
_____

引导问题2　针对城市轨道交通列车司机岗位，如何进行安全管理？
_____
_____

引导问题3　城市轨道交通列车司机的安全管理流程是什么？
_____
_____

引导问题4　城市轨道交通列车司机的安全管理方法有哪些？
_____
_____

知识讲解

一、城市轨道交通列车司机岗位工作特点

地铁列车司机是地铁重要的行车安全关键岗位，其岗位具有以下特殊性：

（1）岗位责任重大：一列地铁车辆上承载上千人，上千人的生命安全与司机操作和应急处置紧密相连。

（2）岗位单兵作战：要求司机具备较强的综合素质，司机遇到故障及突发情况难以及时获得直接协助，必须靠自己处理问题。

（3）岗位作业单调枯燥：司机不断重复相同作业，需要使用频繁的"手指、口呼"标准化作业来确保行车安全，长期反复"手指、口呼"作业，容易使部分司机思想松懈。

（4）岗位责任心要求高：司机岗位不同于其他工种，对人员的责任心要求较高，上岗期间要全神贯注地进行瞭望和操作，如有丝毫走神，都可能会导致车毁人亡的惨剧发生。

二、城市轨道交通列车司机岗位通用安全管理

（1）电动列车司机须认真贯彻"安全第一、预防为主"的安全生产方针。严格执行各项规章、作业标准，服从命令、听从指挥，确保列车运行安全、准点、快捷、舒适。

（2）负责列车驾驶人员，在行车过程中须认真确认行车凭证，彻底瞭望前方线路，遵守

各项限制速度规定，发现危及行车及人身安全时，立即采取紧急措施，确保行车和人身安全。

（3）加强自身业务和理论知识学习，不断提高自身业务素质。遇车辆故障和突发事件时，按要求安全、准确、快速、果断地进行处置，有效降低对列车运行组织产生的影响。

（4）严格执行标准化作业，引导、监督学习司机或行车相关人员按章作业，确保学习司机的培、带质量和作业安全。

（5）必须经过系统培训，取得上岗证后，方可独立驾驶本线列车。

（6）必须熟练掌握列车的构造、作用和性能，熟悉线路、信号和站场设施。

（7）必须严格按图行车，维护运行秩序，坚守工作岗位，不得擅离职守。

（8）行调/场调发布调度命令时，受令司机必须认真逐句复诵，清楚命令内容。

（9）列车运行过程中严格执行"两不四盯"要求，两不：不做、不想与行车无关的事；四盯：盯住信号、道岔、线路、速度。列车运行中司机必须严格执行手指呼唤和瞭望制度，有异常情况及时判断处理并上报。

（10）列车运行过程中如发现影响行车安全的情况时，应采取紧急停车措施，并报告行调，切实做到"宁可错停，绝不盲行"。

（11）运行途中认真确认信号、进路、道岔，沿途发现信号、进路、道岔位置与调度命令不符时，立即停车报行调/场调。运行时集中精神，严格按照线路限速要求、信号显示运行，严禁超速行驶、冒进信号。

（12）在非正常情况下行车，禁止无凭证动车，需要越过红灯或关闭的信号机时必须得到行调/场调的同意并严格执行调度命令。

（13）禁止擅自降级或切除 ATP；禁止无凭证动车和超速行驶；禁止电动列车在无人引导的情况下推进运行；原路折返时，必须得到行调/场调批准，禁止没有指令、未确认道岔动车。

（14）打开司机室侧门/间壁门时必须把门固定好，关闭司机室侧门/间壁门时必须掌握好关门的力度及手的位置，防止手被夹伤，严禁背身反手关门，并确保司机室侧门/间壁门关闭良好。

三、城市轨道交通列车司机专业安全管理

地铁运营安全稳定是一个综合结果反映，需要各专业全员紧密配合才能实现，地铁司机安全管理涉及人、机、环、管 4 个方面，从加强"人"的管理方面入手，以作业标准为主线，狠抓安全管理流程，以保证行车作业安全。

（一）待乘作业

值乘前须充分休息，保证精力充沛，在家休息待乘须于 22:00 前就寝。次日早班值乘或备用司机在公寓休息时原则上须在退勤后 1 h 内就寝，若遇培训则须在培训结束后 30 min 内就寝。正线待乘时须在轮乘室范围待乘并注意接车时间，严禁擅自离开。进出轮乘室区域随手关门，防止无关人员进入。

（二）出退勤作业

出勤作业：要求按规定着装，携带上岗证、相关规章制度等手册按时到指定地点出勤，

如无法按时到达出勤地点，应提前 30 min 向当班车队长报备，经车队长同意进行人员调整安排后告知运转值班员做好登记。出勤前需抄写行车重要信息，掌握安全注意事项、有效调度命令等。酒精检测时含量超过 10 mg/100 ml 禁止出勤。出勤时将手机关机后放于工作包内，工作期间严禁开机。二次出勤时应及时打卡，主动核对接车时间及地点，并及时到达接车地点接车。遇轮乘计划变更时，服从运转内勤值班员安排。

退勤作业：退勤时准确确认下次出勤时间及地点。驾驶列车回库退勤时应及时归还行车备品，确保备品齐全完好。电话退勤时汇报本班工作情况、落实行车备品及相关报单事宜，待值班员确认后方可退勤。

（三）整备作业

整备列车前司机必须先确认列车车号、所处股道与检车明细表记录一致。确认限界内无施工作业及异物侵限、列车端部无警示标志、接触网未挂接地线，地铁系统还须确认列车受电弓已降下。检车过程严格按标准进行，确保列车在投入运营前技术状态良好。

（四）出入段/场作业

列车出入段/场时，列车司机应对添乘出入段/场列车人员进行卡控，严格确认所有登乘出入段/场列车的人员身份资格，如发现有违反本规定的人员登乘出入段/场列车时，在劝阻无效情况下应立即上报行调/场调，在未得到调度命令前，司机可拒绝动车。列车在车辆段动车前、升降弓、平交道口、天气不良以及其他需要鸣笛警示时，必须鸣笛。动车前必须确认地沟、列车前无人、无异物，出库时按规定限速运行至平交道口前一度停车，确认无异常后方可通过，列车尾部越过库门后方可提速；单轨系统出库时按规定限速运行至库门处一度停车，确认无异常后方可通过，列车头部越过库门后方可提速。

（五）正线作业

列车投入载客服务前，确认列车广播、空调系统、运行交路及当前站设置正确，并按规定时间发车，严禁早点或晚点。起动列车前，必须确认行车凭证和发车条件正确。在按压 ATO 启动按钮后，如列车因故未能启动，司机需离开司机室进行处理时，必须将主控手柄置于紧急位，取消 ATO 启动条件，方准离开司机室进行其他操作。采用人工驾驶模式时，应提前减速进站，进站速度不得超过 45 km/h，做到精准对标；加强瞭望，时刻注意站台情况，发现异常情况及时采取紧急措施。值乘中遇身体不适时，应及时报告行调，并通知正线值班人员和车队管理人员，请求协助，并尽可能地维持列车的正常运行。列车停稳后，司机应保持主控手柄在"制动 7 级"，司机需离开司机室或停车时间超过 60 s 时，应将主控手柄置于"紧急"位。在站台开门前，须确认列车在应停站是否准确对位及车门开启方向。需操作相关旁路开关开门时须报告行调，经行调允许后方可操作，并加强对车门、站台门开闭状态、目测（可视责任范围）内空隙安全、站台监控显示器、站务人员手信号显示情况的确认，确保站台作业安全。站台立岗时，在规定位置立正立岗，面向站台，观察乘客上下车情况，不得背手、手插进口袋或手搭在相关设备上，不得有打哈欠或伸懒腰等影响形象的行为。站台门未关好时，信号不能开放，司机及时报告行调，按行调命令执行。正线交接作业时要严格遵守交接班制度，坚持"有车必有人"的原则。严格按照交接班作业流程执行，严禁简化作业标准。遇轮乘站无人接车时，应保证列车正点开行，交车司机主动继续值乘该趟列车，再将相关情况报告正线值班员和车队管理人员，并听从其安排，不能以任何理由拒绝继续值乘。

（六）调车作业

当电动列车凭自身动力调车作业时，调车前应按整备作业程序整备，确认列车工况正常，确认"调车作业通知单"内容，做好调车预想，车场调度发布进路开通和允许动车的命令后，应确认命令内容与"调车作业通知单"一致后方可动车。如遇车辆段/场内股道未联锁或道岔故障等特殊情况时，按照车场调度命令执行。调车过程中，禁止电动列车进入无接触网的线路，防止进入无网区及发生受电弓损坏事故。需换端操作时，司机应在列车停稳后，换端确认列车尾部已越过相应调车信号机。司机联系车场调度，得到回复后，确认调车进路、信号、道岔开通位置和线路是否有侵限情况，确认正常后将列车运行至停放股道。

当无电调车时，一般由地勤司机和工作车司机完成，应急救援或应急处置时由电动列车司机和工作车司机完成。连挂前注意确认电动列车停放制动施加、降弓；连挂好后认真确认车钩连挂状态，动车前注意确认停放制动缓解、防溜措施撤除。连挂前司机须确认车钩状态，连挂过程中必须站在安全位置，防止出现人身伤害事故。调车过程中电动列车司机在运行方向端司机室监护车辆运行状况，发现异常时立即通知工程车/内燃机车司机停车，并采取制动措施。电动列车到达规定的股道停稳后，及时报告车场调度，采取防溜措施后方可解钩。若列车气压不足无法缓解制动时，电动列车司机报车场调度，交由车辆专业进行处置和调车。

四、城市轨道交通交通列车司机安全管理流程及方法

城市轨道交通目前对地铁司机的安全管理工作提出了一定的要求，但地铁运营企业如果要切实保障好行车安全，要深入理解二十大报告中提到的数字中国建设，在地铁运营中要将数字化转型充分应用到地铁列车司机作业标准、技能素质、思想动态等多方面，以加强日常安全监督管理，切实保证行车安全，促进轨道交通事业的健康发展。

（一）利用数字化设备规范员工作业标准

在地铁列车驾驶过程中，常常因为地铁司机作业不标准，未按要求进行相关的"手指、口呼"，导致安全事故的发生。为了加强对地铁司机的安全管理，必须时刻规范员工作业标准，将作业标准养成习惯，使操作习惯符合作业标准。在规范作业标准方面主要思路是：利用标准视频资源进行培训学习，使员工能够进行标准化操作学习；现场示范指导；加装能精准识别手指口呼的数字化设备，进行强制规范；利用大数据进行分析、处理问题；定期现场巡查指导优化标准。持续进行安全指导检查，实现标准化作业，保证员工作业标准逐步规范。

（二）标准化操作学习考核

为了让所有员工都能够进行标准化操作，达到较好的标准化操作效果，可以将各个流程作业标准制作为图文并茂的简易操作手册或者拍摄为标准化作业视频，组织全员开展理论、实操学习，并进行现场实操考试。

（三）现场示范指导

通过线上线下标准化操作学习后，为了让所有地铁司机都能达到统一标准，需安排培训师在现场逐一示范指导，通过现场示范、纠正，使员工个人作业行为达到作业标准要求。对于新入司员工，要强化练习，在符合要求后，让新员工选择作业习惯良好的师傅一对一接受指导，并签订师徒协议。指导师傅要对新员工的作业习惯有严格要求，防止其养成不良作业陋习，避免为以后行车作业埋下安全隐患。

（四）数字化设备进行强制规范

因地铁司机的工作环境因素，使得其工作较为枯燥，员工在进行标准化作业时，偶尔会抱有侥幸心理，在执行作业标准时存在不手指、口呼，或者手指、口呼不到位，简化作业标准、作业标准流于形式等问题，如果不及时纠正制止，长期形成不良作业陋习，将给运营安全埋下极大隐患。在数字化转型的时代，可以加装能精准识别手指口呼的数字化设备，进行强制规范，一旦未执行到位，即发出蜂鸣声以提醒，并记录在案，最后将其与工作绩效挂钩，以养成员工的标准化作业操作习惯。

（五）大数据分析处理问题

现代化管理过程中，可以通过强化大数据的应用，通过安装摄像头、数字化设备等方式，利用大数据分析员工在工作过程中长期存在的问题，及时与员工谈心谈话，加强对其的教育，并对需要修订完善的作业标准及时组织讨论形成意见后上报申请修订。对于作业标准执行不规范、不到位等问题，要及时分析问题原因，针对违章员工采取谈心教育、考核处理等方式进行纠正，并对存在问题的员工进行复查，确保问题及时整改，实现问题整改闭环管理。

（六）定期现场巡查指导优化标准

进行大数据分析后，要根据情况对作业标准进行优化，优化时需要谨慎、考虑周全，应该站在防范安全风险的角度进行思考，加强指导，以确保标准化作业操作流程能够落实到位，通过持续循环，使制定的作业标准科学合理，员工作业标准执行统一。同时对于长期出现问题的员工，也不能单一地通过考核等方式来优化标准，而应该加强现场巡查指导的频次，强化对落后人员的帮扶力度。

（七）持续提升员工技能素质

为了不断夯实地铁列车司机的技能素质，需要建立一套完整高效的培训体系，结合司机工作特点，形成技能素质提升闭环管理体系，具体分为培训计划、培训组织、效果评估、分析整改、转岗淘汰 5 个环节。

（八）培训计划制定

培训计划根据司机年龄、技能等级、专业知识结构进行制定，计划主要分为年度计划、月度计划、周计划，培训内容要结合新、老员工业务知识水平进行制定，新员工培训计划需考虑以下几个方面：实现对行车、车辆、通号、供电、线路等多方面相关专业知识的全覆盖，同时要注重循序渐进，建议可以按照工作流程或项目，通过理论与实操穿插结合和案例教育来提升新员工安全意识、职业技能。为具备工作经验的老员工制定培训计划时需要考虑：老员工所具备的知识能力水平、各个阶段的培训重点、一个周期内要覆盖所有重点业务，同时要多强化对行车安全事故分析处理的培训，强化对老员工的思维训练。

（九）培训组织实施

考虑到不便于对地铁司机开展集中培训，具体的培训组织工作分为师徒帮扶训练及集中培训两大类。试图帮扶训练主要是指在日常工作过程中，跟随老师进行跟车无设备操作训练，在低峰期由老师指导进行手动驾驶、末班车故障训练及回库故障处理训练，为了保障行车安全及取得较好的培训效果，帮扶训练需一对一进行，并将其纳入月度考核。

月度集中培训主要由车间级、公司级组织，为了取得较好的效果，培训形式可多样化，可以让培训师进行讲解指导，也可以互换角色，通过情景式训练的方式开展小组讨论、演练学习。

（十）培训效果评估

培训效果评估以月度为单位开展，培训效果评估主要分为以下几个方面：一是检查培训台账记录，核查培训计划是否兑现、相关培训是否留有记录；二是通过抽考、抽问的形式检验员工学习情况；三是通过实操形式，抽查部分员工技能掌握情况，了解整体培训效果及存在的问题。

（十一）原因分析整改

进行培训效果评估后，应找出业务薄弱人员、找出业务薄弱环节、找出培训计划遗漏项目、找出培训实效成绩差的各种原因，在此基础上制定整改措施，并将整改措施反馈至下阶段培训计划进行实施。

（十二）转岗淘汰

因为地铁司机岗位具有特殊性，其个人操作直接影响到整辆列车及上千乘客的安全，所有实操技能必须考核达标才能上岗，所以要严格卡控好上岗考试的各个环节。新员工通过一系列理论、实操培训及跟岗训练，经多次考核仍无法达到上岗要求的建议转岗淘汰。

（十三）持续关注员工思想动态

不同员工的上班状态与其班前休息情况、个人生活、家庭环境等多方面息息相关，如果员工班前未休息好，家里出现重大变故等，虽然其业务技能达标、日常标准化作业规范，如果未及时关注、引导，可能在班中因精神状态不良，作业标准流于形式而引发安全事故。员工队伍思想状态稳定是确保安全生产的重要因素，需要对其持续关注和疏导，具体包括以下几个方面：

一是及时了解员工思想动态，及时疏导化解矛盾，车队、车间建立两级员工思想动态档案，明确车队、车间两级员工思想摸排及疏导职责，及时做好员工谈心谈话帮扶等工作。员工思想动态掌握具有一定难度，需要车队长、指导司机和车队建立全员动态关注跟踪机制，要利用好班前会、班中检查、班后总结等机会关注员工精神状态，对苗头问题要有敏感性，并要对员工违章问题发生的真实原因深入分析，找准症结，对症下药，采取相应措施。

二是定期组织团队活动，营造团队协作的工作氛围，进一步提升员工队伍的内部凝聚力。

三是持续开展心理帮扶，建议每月开展心理疏导工作，随时掌握员工心理状态，帮助员工做好心理亚健康状态的提前判断及干预。

任务实施　分析"列车司机未按流程确认信号机，列车闯红灯"案例

一、实施流程

（1）通读阅读材料。
（2）讨论文后提出的几个问题。
（3）自评与总结。

二、阅读材料

列车司机未按流程确认信号机，列车闯红灯

事故概况：××月××日，某地铁公司一列车于××:××进站停稳，到达司机操作站台打开屏蔽门，接车司机则打开司机室侧门进入司机室与到达司机交接，待乘客上下车完毕后，接车司机关闭屏蔽门及客室门，接车司机做完相关站台作业后，立即坐到司机室主控台驾驶座位上打开主控钥匙，未确认前方信号机就将方向手柄推至"前"位，接着推牵引手柄动车。动车后发现列车走向不是直向而是侧向，司机意识到闯了出站信号机显示的红灯，进错了股道，便立即停车。列车在越过前方信号机，进入道岔区域约 10 m 后停车，而后司机未将此情况汇报行调，直接将方向手柄打至"后"位，退行越过信号机后进入站内停车。

事故原因：该司机责任心不强，动车前精力不集中，未确认信号就盲目动车。司机没有严格执行标准化作业流程和呼叫应答制度，没有凭信号显示动车，导致事故发生。在人员安全管理方面，当值司机在 18:50 至次日 1:30 上了一个班，接着在次日 12:30 至 19:30 上第二个班，在第二个班中发生冒进信号事故，司机出勤前休息不够充分是一大原因。

三、任务实战

阅读案例后，讨论及回答以下问题：
（1）在此次列车冒进信号事故中，请分析发生事故的原因，并提出在人员管理和流程管理方面的防范措施。
（2）随着科技的发展，请结合案例和所学，提出更加有效的安全管理方法。

任务三　城市轨道交通行车安全应急处理流程和技巧

任务引导

引导问题 1　城市轨道交通列车故障处置流程是什么？
_____
_____

引导问题 2　城市轨道交通列车发生故障时，应该如何组织进行救援？
_____
_____

引导问题 3　城市轨道交通列车发生不同故障时，应如何分别开展应急处理？
_____
_____

知识讲解

一、应急预案概述

应急预案适用于运营公司已开通运营线路所辖区域及设施内（含车站、控制中心、车辆段、区间、主变电站、地铁保护区等），发生的和可能发生的对人民群众生命财产和轨道交通正常运营秩序产生威胁的突发事件。

根据预案体系以人为本、预防为主、统一指挥、分工协作、精心组织、有效应对、快速反应、科学处置、对外宣传坚持归口管理的原则，不得擅自发布相关信息。

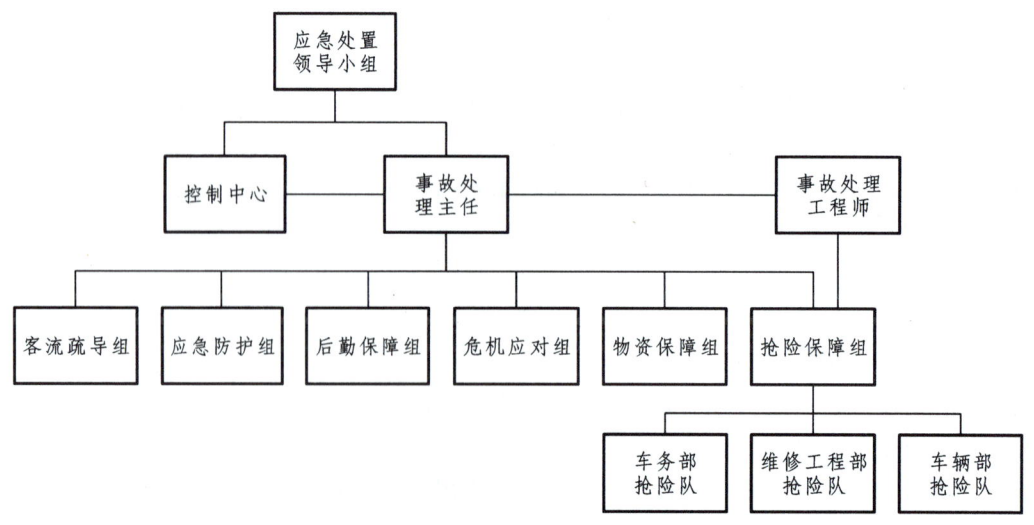

图 6-1　应急救援组织机构框架

不同时期、不同情况下，危险源的级别会产生变化；新线开通可能有新的危险源产生，因此，危险源情况需要定期识别、更新。

根据应急组织体系，成立应急领导小组，根据指挥机构与职责"统一指挥、快速反应、各司其职、配合协同、以人为本、减少危害"。

根据突发事件造成的不同影响，应急响应行动按照事件的可控性、严重程度和影响范围，参照事件的分级由高到低划分为Ⅰ级、Ⅱ级、Ⅲ级、Ⅳ级、Ⅴ级五个级别。

根据预案要求，事件发生后，运营企业必须及时通过媒体向民众告知相关信息，市民可根据启用的预案级别，判断事件严重程度以及可能在多久之后恢复运营。

在后期处置工作上，运营公司应急指挥部负责组织运营公司级运营突发事件的善后处置工作，包括治安管理、人员安置与补偿、征用物资补偿、救援物资供应和及时补充、恢复生产等事项。各有关部门应指导、协调开展工程设施设备修复、现场清理、卫生防疫等工作，尽快消除事件影响，保证社会稳定，尽快恢复轨道交通正常运营秩序；善后处置工作要求积极、稳妥、深入、细致。根据事件的分级，给出调查报告。

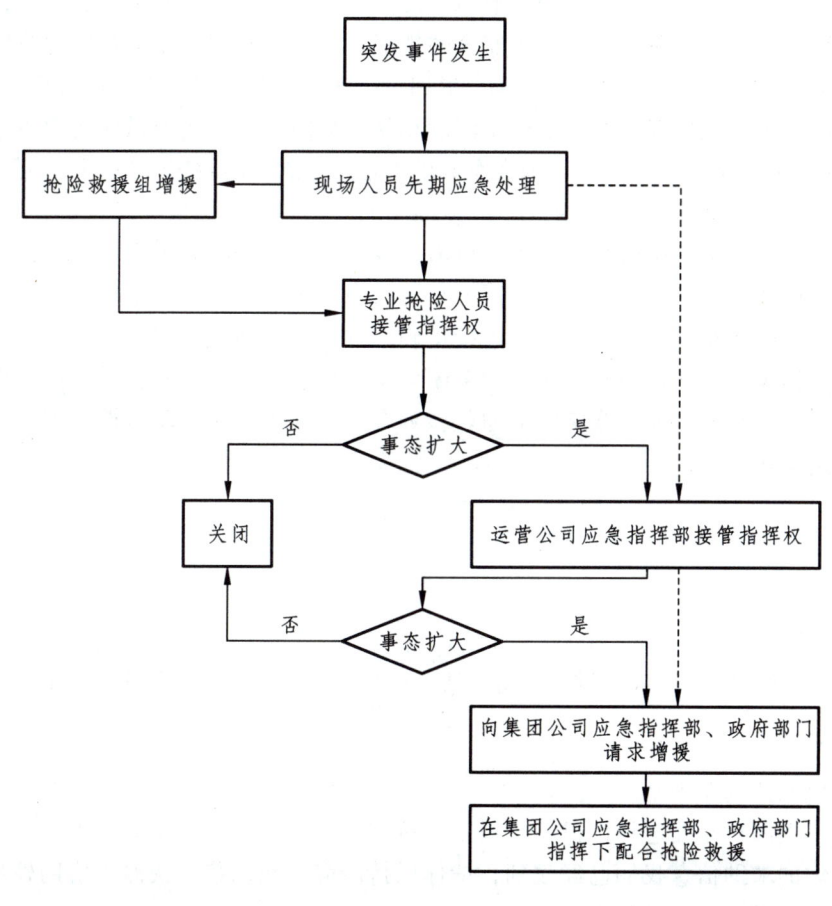

图 6-2 突发事件处理流程

二、列车故障处置

按照"处理与汇报同时进行"的原则，应做到汇报及时，且汇报时应简明扼要，处理后及时汇报处理结果。遇突发事件（如车辆或信号故障等情况），应停止学习司机的练习，防止事件扩大及出现安全事件。处理故障严格按照《行车组织规则》《运营突发事件应急处置预案》执行。操作车辆旁路开关时，必须确认满足条件后再操作，操作后应对操作状态进行确认。需离开司机室处理故障时必须锁闭相应门窗，并携带手持台、行车钥匙等相关工具。列车 ATO 模式下进站对位过程中，严禁臆断信号异常或故障而提前采取人工干预，司机须确认列车已越过停车标后，才能采取人工干预措施停车。列车发生挤岔，在未得到行调或场调许可前禁止再次移动列车。当相关专业人员在列车上或线路上开展应急抢险工作时，司机禁止擅自移动列车、禁止擅自操作影响安全的列车设备。

三、列车救援

列车在运行途中发生车辆、接触网故障，发生火灾、爆炸或遭遇毒气袭击时，司机确认列车制动系统功能正常，在不危及行车安全的情况下，尽量利用列车运行惰力或坡道运行到前方车站，或者在得到行车调度员准许后，退回后方车站疏散乘客。不能运行至就近车站时，列车司机应将列车停在平直路段。如列车因制动系统故障，须先实施纵向疏散救援，再进行纵向连挂救援。担任救援的列车，必须在车站清客后，才能担任救援任务，严禁载客救援（已经进入同一站间区间的续行列车除外）。故障列车向行调申请救援后严禁擅自移动列车位置。救援连挂作业时，救援车司机与故障车司机需互控确认列车停稳并不再动车后，再进行连接电气连接线、确认车钩状态等工作。救援列车与故障列车连挂后，须进行两次试拉，风管接和电气连接，确认车钩、风管和电气连接正确，并进行功能试验正常后才能动车。地铁系统遇车钩风管漏风时，须将两车车钩塞门关闭。救援列车推进运行时，前方进路由故障列车司机负责瞭望，实时通过列车联络电话向救援列车司机通报。正常救援情况下，救援列车严禁采用高加速模式。

四、乘客报警时的应急处理

1. 处理原则

在运行中出现乘客报警时，维持列车进站，动车时出现则立即拉停列车保持车门开启状态。

2. 处理程序

（1）司机维持列车进站。

（2）司机立即对车厢进行广播，广播用语按规定的标准执行，例如"人工广播用语：尊敬的乘客，你的求助信息我们已经收到，请你保持冷静，我们将尽快派人协助处理"。

（3）报告行调，进站过程中联系车站。

（4）进站后立即开门。

（5）待车站处理完毕后凭其"好了"信号关门动车。

五、车门与屏蔽门之间滞留乘客或物品时的应急处理

1. 站台岗人员在站台时的处理

接听到站台的呼叫时,立即停车;列车停车后,在 PSL 盘上重新打开屏蔽门,并开车门;确认站台显示"好了"信号,关闭屏蔽门,报告行调;停车后,如果列车离开站台,用对讲机与车站联系,依照车站的指挥进行处理。

2. 站台岗不在站台时的处理

司机发现时马上紧急停车并报告车站和播放广播;列车停车后,在 PSL 盘上打开屏蔽门,并重新开一次车门;凭站台的"好了"信号关门,确认屏蔽门与车门的空隙安全后动车,并报告行调。

六、车门夹人的应急处理

(一) 车门开门时夹人司机的处理

(1) 司机发现或接到列车车门开门夹人的信息后,保持车门打开状态,联系车站并报告行调。

(2) 司机做好广播,带好屏蔽门端门钥匙和方孔钥匙到夹人车门处,将车门切除后,再适度地移动车门拿出被夹的手。

(3) 司机将乘客交给车站工作人员,恢复车门,返回司机室。

(4) 确认动车五要素后动车。

(5) 将情况汇报给行调。

(二) 车门关门时夹人夹物司机的处理

司机在关门时,发现夹人夹物或关门报警声有延时,司机确认人员和物品处于安全位置,重新开关门一次。

七、车门紧急解锁的应急处理

(1) 列车发生乘客解锁车门事件时,司机必须在第一时间做好乘客安抚广播,及时满足乘客知情权,稳定乘客情绪,同时结合情况立即报告行调,调度在接到司机报告列车出现紧急情况时,应先提醒司机通过相应广播安抚乘客,并按程序进行处理。如果发现司机已经离开驾驶室,而没有播放安抚广播,控制中心必须通过中央对列车广播协助安抚乘客。

(2) 列车在车站站台车的车门被解锁处理完毕后,司机动车前必须确认空隙是否滞留乘客,防止动车时夹人夹物。

(3) 车门在区间被解锁,列车可维持进站时,司机做好乘客广播进站后再处理,防止造成乘客恐慌。

(4) 列车因车门解锁在区间停车后或列车在站台时非站台侧出现车门解锁故障时(包括

解锁车门后自动恢复的），及时广播安抚乘客，到达现场处理询问乘客情况后，还必须确认是否有乘客或物品掉下隧道或进入区间。

（5）司机使用"强行开门"按钮开门时，由于两边车门都有开门使能信号，必须严格按"一确认、二呼唤，跨半步、再开门"的作业程序开门。

（6）列车发生车门夹人夹物或解锁，凡是需司机到现场处理的，处理完毕后将车门切除。

（7）列车运行过程中，司机加强线路的瞭望，发现有人在隧道时，立即采取停车措施，报行调并通过广播安抚乘客。

（8）具体的广播词内容，务必满足运营事业总部、客运服务信息发布管理办法中运营事业总部广播信息发布内容及形式的要求。

八、发生火灾时的应急处理

（一）处理流程图

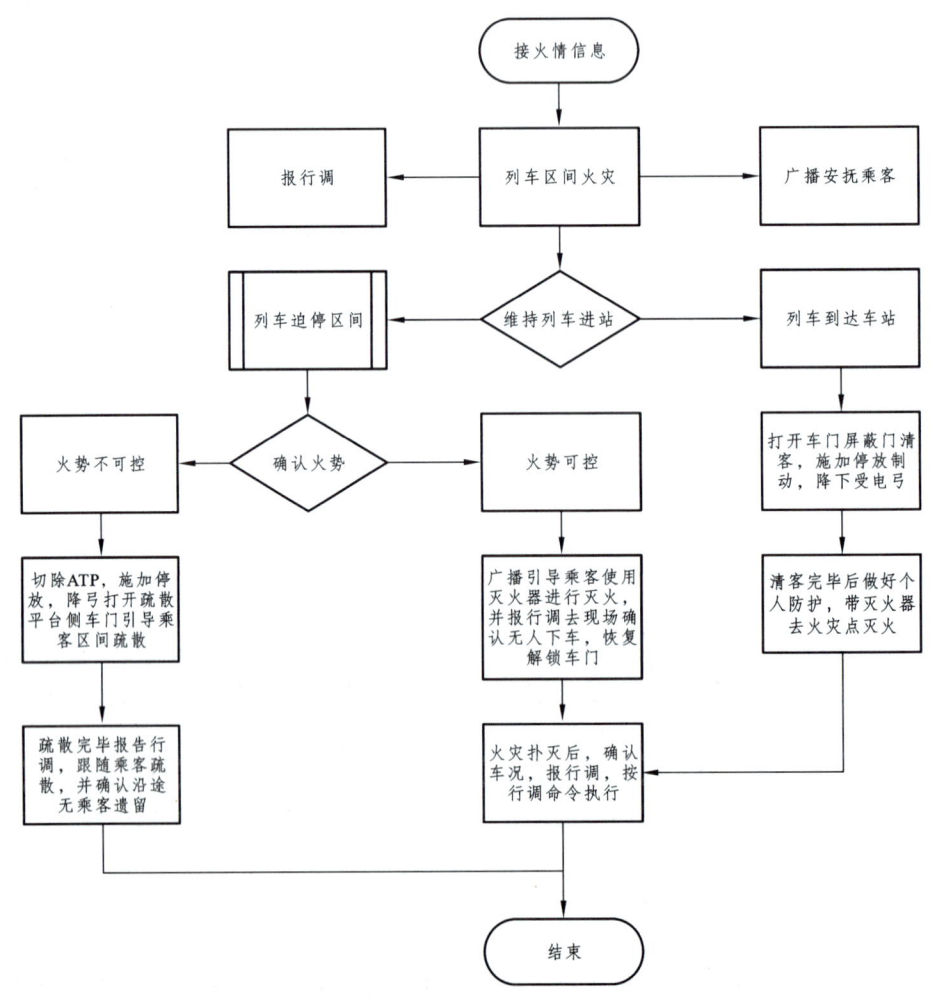

图 6-3　火灾应急处理流程

（二）车站火灾应急处理程序

1. 站厅公共区火灾时司机的处理

当行调通知在火灾站的后方站扣车时，在站台开门待令，并做好乘客广播；接到车站发生火灾的通知后，行调决定在火灾站停车时，司机做好乘客广播，通知车上乘客在该站不下车；如行调决定在火灾站通过时，司机做好乘客广播并加强瞭望确认进路；当列车停在火灾站时，立即关门动车开往下一站。

2. 站台公共区火灾时司机的处理

当行调通知在火灾站的后方站扣车时，在站台开门待令，并做好乘客广播；如行调决定在火灾站通过时，司机做好乘客广播并加强瞭望确认进路；当列车停在火灾站时，立即关门动车开往下一站。

（三）列车火灾应急处理

1. 列车在站台发生火灾（包括列车区间时发生火灾后运行到车站）时司机的处理

接到火警信息后，司机立即打开车门、屏蔽门，通知站台岗到现场确认，报告行调；确认列车发生火灾后，广播指引乘客疏散；立即降下受电弓，施加停车制动；做好个人防护，到现场进行灭火；严格执行行调的指挥，充分配合事故处理主任的工作；火灾扑灭后动车前，负责确认车况，并报行调。

2. 列车在区间时发生火灾时司机的处理

司机接报警信息后，迅速向行调报告，并广播安抚乘客，指引乘客使用车厢座位下的灭火器进行灭火，尽量维持运行到车站处理；当列车维持运行到车站后，按照列车在站台火灾的标准处理；列车被迫停在区间后，立即降下受电弓，施加停放制动；到火灾点进行初步扑救；判断火灾不可控制后，停止扑救，引导乘客疏散；确认列车上乘客疏散完毕后，报行调；配合车站值班站长的工作；火灾扑灭后动车前，负责确认车况，并报行调。

（四）隧道火灾应急处理

接隧道火警的信息，或发现隧道发生火灾时，立即在起火点前停车，报行调，广播安抚乘客，按照行调命令退回车站；当列车无法在起火点前停车时，维持运行到前方站，并报行调；列车停在区间无法启动时，报行调，按照行调命令执行。

九、乘客擅自进入隧道（线路）应急处置

（一）处理原则

发现有人掉下轨道时，立即采取紧急停车措施，按下紧急停车按钮。

（二）司机的处理

（1）报告行调，通知车站，做好临时停车广播。

（2）行调通知清客时，通知车站，与车站值班站长联系后进行清客，播放清客广播，解锁站台侧的车门或使用应急门。

（3）需要稍微动车时，严格按照事故处理主任的要求动车，动车前务必确认现场人员的安全，控制好速度，及时停车和降弓。

（4）确认当事人被抬出线路后向行调报告。

（5）与车站值班站长共同确认线路出清后，报告行调，按其指示执行。

（6）到事发站书写事件经过并接受调查。

十、接触网（轨）异物、停电应急处置

司机发现进路前方的接触网上有异物时，立即采取停车措施，拉快速制动停车，停车后依据列车的停放位置进行相关的处理。

（一）在异物前停车时司机的处理

（1）在站台时报告行调和车站，听从事故处理主任的指挥。

（2）在区间时将情况报告行调，做好临时停车广播。

（二）在异物后停车时司机的处理

1. 列车停在站台时

网压显示正常时，司机降下后端的受电弓，限速 5 km/h 对标停车并注意监听有无异响，停车后听从事故处理主任和行调的指挥；网压显示不正常或有其他异常情况时，停车后听从事故处理主任和行调的指挥。

2. 列车停在区间时

网压正常（包括前端受电弓越过接触网的情况），降下后端受电弓，限速 5 km/h 通过，并密切监控好列车的状态；网压不正常或有其他异常时，司机停车后执行事故处理主任和行调的指示。

列车在运行中出现接触网（轨）供电中断时的处理原则：尽量维持列车进站，通过显示屏确认网压和受电弓升降灯的状态；马上报告行调。

3. 列车能维持进站时司机的处理

广播安抚乘客；进站对标停稳后，打开车门和屏蔽门；施加停放制动，降下受电弓；报告行调按照行调的指示执行。停电时间超过 30 min 时，建议行调清客，分蓄电池，在车站待令，向车站借用行调电台。

4. 列车不能维持列车进站时（部分在站台）或停在隧道内时司机的处理

马上报告行调；不停地通过广播安抚乘客；施加停放制动和降弓；按照行调的指示执行。停电时间超过 30 min 建议清客（通过解锁站台侧的车门清客，在区间时，优先使用前端疏散），分蓄电池；向车站借用电台；确认清客完毕后，恢复车上设备，在两端放置红闪灯做防护，在车上待令。

5. 风险识别

（1）行车过程中对接触网（轨）的认真瞭望是保证行车安全的基础。

（2）发现异物后如制动距离不够，司机应及时采取操作紧急制动，避免弓网事故。

（3）列车停车后应及时、准确判断异物与受电弓（靴）的位置，避免二次事故发生。

（4）列车停车后应及时做好乘客服务，避免乘客产生恐慌。

（5）发现接触网（轨）停电，司机应时刻留意列车蓄电池电压，防止列车出现馈电情况。

十一、列车脱轨与挤岔时的应急处理

（一）车辆在正线脱轨时司机的处理

运行过程中注意监听异常，观察列车晃动情况，观察车辆屏显示状态，发现异常及时停车；将列车现象报告行调，按行调指令操作；当行调命令区间紧急疏散时，严格按区间疏散程序执行。

（二）挤岔时司机的处理

发生挤岔事故时，司机要马上按压紧急停车按钮停车，在相关工作人员未到达时严禁动车。司机马上将情况如实地报告行调或车厂调度及轮值。如车厢内有乘客时，司机要做好广播安抚乘客，必要时按照行调的指示清客，司机要做好现场情况的保护工作。坚守岗位，至事故处理主任到达后执行其指示。

（三）风险识别

（1）发生挤岔、脱轨事故后，司机严禁盲目动车避免事故扩大。

（2）列车停稳后要及时施加停放制动、降下受电弓。

（3）报告行调时要将事故发生的具体位置及车上人员伤亡情况尽量汇报清楚，以保证后续及时开展相应救援工作。

十二、隧道积水的应急处理

（一）隧道积水的处理

（1）地铁正线运营线路由于无法正常排水造成的轨行区水淹的事故。

（2）轨行区积水淹过钢轨，列车不能通过。

（3）行车中断轨行区积水面距轨面高度为 $5\ cm \leqslant h \leqslant 18\ cm$，允许列车限速 $25\ km/h$ 通过积水区段；当积水面距轨面高度 $h \leqslant 5\ cm$，原则上不允许列车通过，必须通过时限速 $15\ km/h$。

（4）列车司机发现轨行区积水，但积水面距轨面高度 $h \geqslant 18\ cm$，允许列车以正常速度通过积水区段，不影响列车正常行驶。

（二）风险识别

（1）列车运行过程中加强对前方进路的瞭望，发现前方线路积水时司机应及时减速，如积水已越过轨面，司机应及时停车。

（2）列车通过积水区段严格按限速要求执行，并加强列车状态的检查。

（3）报告行调时要将积水区段具体公里标汇报清楚。

十三、区间疏散乘客应急处理

（一）事故类别

根据列车被迫停车的原因，区间乘客疏散分两种情况：一是接触网故障、列车脱轨、客车故障等设备故障，导致列车无法继续运行且不能使用其他列车救援的一般情况下的区间乘客疏散；二是火灾、爆炸等严重危及乘客人身安全的紧急情况下的区间乘客疏散。

（二）信息报告

1. 信息报告流程

当地铁列车需要进行区间乘客疏散时，依据应急信息报告规定进行报告。

2. 信息通报内容

信息通报内容一般包括：事故发生的时间、对运营的影响程度；事故发生的原因，后续跟进措施；事故处理的进展及预计恢复运营的时间；人员伤亡情况及车辆、线路等地铁设备损坏情况；其他必须说明的内容及要求。

（三）设备故障情况下的乘客疏散应急处理

1. 设备故障情况下乘客疏散的基本原则

（1）尽量维持列车进站，或将列车救援到就近车站，在车站进行乘客疏散，尽量避免在区间组织乘客疏散。

（2）列车被迫在区间停车，预计 30 min 内无法恢复动车前往下一站或退回发车站时，经运营主管安全副总经理同意后，行调应组织区间乘客疏散。

（3）疏散过程中，应采取必要的安全措施，保证乘客和工作人员的人身安全，防止次生灾害的发生。

（4）待车站工作人员到达，故障列车司机请示行调同意后，才能打开车门疏散乘客。

（5）尽快将乘客疏散到就近的车站站台，应尽量缩短从开始实施疏散到全部乘客到达站台的时间。

（6）尽量减少乘客在区间行走的距离，避免乘客长时间身处相对陌生、非正常运营服务的场所。

（7）采取单线双向运行或小交路运行等方法，最大限度地维持地铁运营。

2. 列车司机应急处理措施

（1）列车停车后，应立即播放广播安抚乘客，提醒乘客保持镇定，切勿打开车门跳下轨道。

（2）将列车位置（区间、百米标、上下行正线）及现场情况报告调度室；当区间设备故障或司机与行调通信中断，司机应通过其他联系方式，如通过隧道电话告诉车站，由车站转报行调。

（3）行调通知疏散后，司机应立即降弓，施加停车制动，并确认疏散方向。

（4）待车站工作人员到达，报告行调并得到指示后，打开紧急疏散门，广播引导乘客下轨道沿车站方向疏散，并协助车站工作人员维持疏散的秩序。

（四）火灾、爆炸等紧急情况下的乘客疏散应急处理

1. 紧急情况下乘客疏散的基本原则

（1）尽量维持列车进站，在前方车站组织乘客疏散和利用前方车站的消防设施灭火，尽量避免在区间组织乘客疏散。

（2）列车在区间发生火灾、爆炸等危及生命安全的事故，且不能动车前往下一站时，行调立即要求司机组织隧道清客。

（3）广播引导乘客远离事故点（着火点等），尽快组织乘客离开事故现场。

（4）疏散过程中，应采取必要的安全措施，保证乘客和工作人员的人身安全，防止次生灾害的发生。

（5）尽快将乘客疏散到相应的车站站台。

（6）采取单线运行或小交路运行等方法，最大限度地维持其他区段的地铁运营。

（7）执行《区间乘客疏散应急预案》时，值班主任应视情况启动公交接驳预案，并按《应急信息报告规定》通报。

2. 列车司机应急处理措施

（1）接报或发现火灾、爆炸后，尽量维持列车进站，若确认火势或现场情况失控或严重危及乘客人身安全时，应立即停车疏散乘客，并报告行调。

（2）将现场情况（事故位置、列车位置、火情及伤亡情况）报告调度室，与调度室联系中断时设法联系就近车站。

（3）播放广播安抚乘客，引导乘客远离危险点和使用车厢内灭火器进行灭火。

（4）停车降下受电弓，根据事故位置和现场情况，组织区间乘客向两端、前方或后方进行疏散。

（5）列车迫停区间或遇其他需立即疏散乘客的情况时，通过广播引导乘客下车并同时广播：勿进入轨行区，防止轨电位高触电。

（6）车站人员到达后，协助车站工作人员维持疏散的秩序。

（五）风险识别

（1）当列车在区间被迫停车后，司机应及时与调度室联系，避免造成时机延误。

（2）及时对列车上乘客进行广播，安抚乘客的情绪。

（3）事故相关车站做好乘客广播、告示牌等客运设施的准备、设置工作，其他车站应对因列车迫停而造成的运营延误的乘客开展解释和宣传工作，将影响降至最小。

十四、突发自然灾害的应急处理

（一）处理原则

（1）实行高度集中，统一指挥。各单位、各部门要听从指挥和分工，各司其职，各负其责。
（2）先全面、后局部，先救人、后救物，先抢救通信、供电等要害部位，后抢救一般设施。
（3）根据需要，在确保安全的情况下，尽快开通线路，恢复运输（含局部线路）。

（二）应急处理措施

（1）对全线列车、车站及相关部门及时进行天气情况通知，并要求车站及司机对线路情况加强瞭望，注意区间及车站设备情况，司机按照规定的速度运行。组织车厂做好加开备用车、工程车的准备工作。
（2）通知相关部门派人添乘列车检查设备情况，并做好抢修抢险的准备工作，通知抢险车辆在车辆段待令。
（3）通知车站及机电人员对环控设备进行监控，密切留意水泵运行情况及区间水位报警情况。
（4）通知供电人员加强对地面主变及牵引变电所的巡视，密切注意暴雨、雷电对地面线路接触轨的影响。

（三）乘务人员注意事项

（1）车站及司机要密切留意小型漂浮物及接触网悬挂物的情况，加强瞭望、注意观察线路状况，发现水淹或边坡、挡土墙倒塌等异常时，要及时报告。
（2）根据城市轨道交通车辆的大灯照明距离及制动距离标准和要求，确定在不同的能见度下的客车限速。例如：能见度小于 50 m 时，限速 25 km/h、能见度小于 100 m 时，限速 45 km/h、能见度小于 200 m 时，限速 60 km/h。
（3）根据工程车的大灯照明距离及制动距离标准和要求，确定在不同的能见度下的限速；例如，能见度小于 50 m 时，限速 20 km/h、能见度小于 100 米时，限速 30 km/h、能见度小于 200 m 时，限速 40 km/h。

（四）风险识别

（1）严格按规定限速，避免因速度过快、制动不及时等造成其他事故。
（2）列车在区间不能动车需要救援时，司机一定要将具体停车位置与列车上乘客情况汇报清楚，以保证后续相应救援工作的及时开展。
（3）注意人身安全，不要擅自离开列车，如需离开司机室处理相关工作，一定要做好个人安全防护。

任务实施　分析"××地铁发生挤岔""××地铁出现积水"案例

一、实施流程

（1）通读阅读材料。
（2）讨论文后提出的几个问题。
（3）自评与总结。

二、阅读材料

××地铁发生挤岔

事故概况：××年××月××日，某地铁列车司机驾驶列车进行站后折返，在未确认出站信号的情况下冒进信号，致使挤坏道岔，导致后续列车均无法实现站后折返。事后通过录像查询证实，司机出站时未确认出站信号，且在玩手机。

××地铁出现积水

事故概况：××年××月××日，突降暴雨，某地铁线路××站在建工地因地势较低，排水不畅，积水不断升高，先是漫过1号出入口挡水墙较低位置，后挡水墙被积水冲垮，部分墙体坠落到出入口洞底，地面积水下泄到基坑形成流水，流水越过基坑与地铁站之间的隔离墙，夹带黄泥涌入车站。施工项目部发现挡水墙垮塌后，立即安排两台挖机、应急物资及人员组织1号出入口土袋堆码封堵及基坑抽水工作。之后站务人员发现4号在建预留出入口处玻璃幕墙有水渗出流到了地面，立即组织查找水源，组织保洁、安检等人员搬运沙包围堵。随后车站立即启动应急预案，疏散乘客，关停设备，上报地铁运营控制中心并通知相关防汛联动单位。

三、任务实战

阅读案例后，讨论及回答以下问题：
（1）结合以上所学内容，针对案例1出现的问题提出相应的应急处理流程。
（2）针对案例2出现的问题，分析该事故中涉及人员的应急处置是否合理，并结合所学，分析此时地铁列车司机应如何进行应急处置，并分步写出处理流程。

项目测试

一、选择题

1. 城市轨道交通行车安全管理的主要目的是什么？（　　）
    A. 提高乘客舒适度　　　　B. 减少运营成本
    C. 防止事故的发生　　　　D. 加快列车运行速度
2. 在城市轨道交通行车过程中，影响行车安全的主要因素有哪些？（　　）
    A. 环境因素　　　　　　　B. 人员因素
    C. 设备因素　　　　　　　D. 管理因素
3. 根据突发事件造成的不同影响，应急响应行动按照事件的可控性、严重程度和影响范围，参照事件的分级由高到低划分为（　　）几个级别。
    A. Ⅰ级、Ⅱ级
    B. Ⅰ级、Ⅱ级、Ⅲ级
    C. Ⅰ级、Ⅱ级、Ⅲ级、Ⅳ级
    D. Ⅰ级、Ⅱ级、Ⅲ级、Ⅳ级、Ⅴ级
4. 在站台作业时，发生车门开门时夹人的情况，司机的处理程序应为（　　）
    A. ①④③②⑤　　　　　　B. ①②④③⑤
    C. ①③④②⑤　　　　　　D. ①②④③⑤

① 司机发现或接到列车车门开门夹人的信息后，保持车门打开状态，联系车站并报告行调。

② 确认动车五要素动车。

③ 司机做好广播，带好屏蔽门端门钥匙和方孔钥匙到夹人车门处，将车门切除后，再适度地移动车门拿出被夹的手。

④ 司机将乘客交给车站工作人员，恢复车门，返回司机室。

⑤ 将情况汇报给行调。

二、填空题

1. 城市轨道交通列车司机在驾驶作业中，应严格、认知执行_____、_____、_____、_____的呼唤应答制度。
2. 应急处理是在突发事件发生时，迅速采取措施应对和处理，以最大限度地减少_____。
3. _____通常设置于站台、车辆内部等常见地点，在紧急情况下，乘客可以按下_____，用以触发报警或停车等紧急措施。

4. 除列车在车站和车辆基地到发以外的一切机车、车辆或列车有目的的移动作业,叫作_____。

5. 列车运行过程中如发现影响行车安全的情况时,应采取紧急停车措施,并报告行调,切实做到_____。

6. 根据应急组织体系,成立应急领导小组,根据指挥机构与职责,应_____、快速反应、各司其职、配合协同、_____、减少危害。

三、简答题

1. 城市轨道交通行车安全管理的基本概念是什么?
2. 应急处理的流程包括哪些步骤?
3. 城市轨道交通列车司机岗位的工作特点有哪些?
4. 城市轨道交通列车在隧道发生火灾时,应如何开展应急处理?

扫码进行在线答题

项目考评

考核内容		考核评分		
项目	内容	配分	得分	批注
学习态度（30%）	能够做到课前预习，并查阅本项目相关资料	10		
	积极参与课堂，参加教学中实训、讨论、练习	10		
	按要求完成课堂练习和课后作业	10		
学习效果（50%）	能够陈述城市轨道交通行车中应遵循的行车安全基本原则	10		
	能够根据城市轨道交通列车司机岗位工作特点，陈述城市轨道列车司机岗位安全管理方法	10		
	能够陈述城市轨道交通突发事件应急处置流程	10		
	能够针对城市轨道交通列车发生的故障，陈述如何开展救援工作	10		
	能够根据不同突发事件（教师随机提出突发事件）陈述应急处理流程	10		
综合素养（20%）	担当作为，能快速处理突发事故	10		
	团结协作，能与事故发生相关部门沟通协调	10		
考核评语　　　　　　　　　　　　　　　　　　　　　　　　　考核人员：　　　　　　日期：　　年　月　日		考核成绩		

项目七

法律法规与职业素养

📘 项目描述

安全生产相关的法律法规,具有明确性、稳定性和强制性等特点,是城市轨道交通安全管理正常运作的前提和保证,是城市轨道交通安全管理正常运作的前提和保证。同时,相关法律法规也是城市轨道交通相关人员的行为指南,对于城市轨道交通安全管理具有非常重要的指导作用。

城市轨道交通是城市现代化发展的重要组成部分,保证城市轨道交通的安全和有序能够为城市发展提供坚实的保障。相关专业的学生作为未来的从业人员,要遵守道德规范并提高个人素质,增强公民意识和法制观念,促进文明礼仪和良好习惯的养成,具有责任感和公共意识,才能为交通事业的发展添砖加瓦。

党的二十大报告指出,当代中国青年生逢其时,施展才干的舞台无比广阔,实现梦想的前景无比光明。广大青年要坚定不移听党话、跟党走,怀抱梦想又脚踏实地,敢想敢为又善作善成,立志做有理想、敢担当、能吃苦、肯奋斗的新时代好青年,让青春在全面建设社会主义现代化国家的火热实践中绽放绚丽之花。

📘 学习目标

知识目标	能力目标	思政目标
1. 了解国家安全生产相关法律法规。 2. 了解与城市轨道交通安全管理相关的法规	1. 正确解读法律、法规条文含义。 2. 运用法律法规维护正当权益的能力。 3. 初步运用法律、法规解决实际工作能力的问题	培养学生养成正确的职业道德观,提高法律意识,强化守法观念,弘扬社会主义核心价值观,从而使学生成为德、智、体、美、劳全面发展的高素质人才

📘 任务导航

任务一　国家安全生产法律法规

任务二　城市轨道交通安全管理法规

任务三　职业道德

任务一　国家安全生产法律法规

任务引导

引导问题 1　《中华人民共和国安全生产法》的方针是什么？
_____
_____

引导问题 2　铁路运营安全事故罪的主体是？
_____
_____

引导问题 3　《中华人民共和国突发事件应对法》有哪些内容？
_____
_____

知识讲解

一、法律、法规和规章制度

法律，由全国人民代表大会及其常委会按照立法程序制定，由国家主席签署公布的规范性文件。法律一般以"法"字配称，由国家强制力保证实施。

法规，是国家机关制定的规范性文件。如我国国务院制定和颁布的行政法规，省、自治区、直辖市人大及其常委会制定和公布的地方性法规。设区的市、自治州也可以制定地方性法规，报省、自治区的人大及其常委会批准后施行。法规一般用"条例""规定""规则""办法"等配称，法规也具有法律效力。

规章制度是指各级各类机关、团体、企事业单位，为实施管理、规范工作和活动，在其职权内制定的，要求相关人员遵守的办事规程或行为准则等。

二、《中华人民共和国安全生产法》相关知识

《中华人民共和国安全生产法》（简称《安全生产法》）于 2002 年 6 月 29 日经第九届全国人大常委会第 28 次会议审议通过，以中华人民共和国主席第 70 号令予以公布，自 2002 年 11 月 1 日起施行。《安全生产法》是国家机关为加强安全生产监督管理，落实安全生产技术措施，保护人民群众生命和财产安全，防止和减少安全生产事故，促进经济发展，按照一定的法律程序制定并颁布实施的法律规范。其主要任务是调整生产经营活动中相关组织之间及其从业人员之间在安全生产方面的权利和义务的关系，保护有关人员的人身和财产的安

全。《安全生产法》是我国第一部安全生产基本法律，在我国安全生产法律体系中具有最高的法律地位和法律效力，是各类生产经营单位及其从业人员实现安全生产所必须遵守的行为规范，是各级人民政府和各有关部门进行监督管理和行政执法的法律依据，是制裁各种安全生产违法犯罪行为的法律武器。

（一）总则

（1）安全生产工作坚持中国共产党的领导。

安全生产工作应当以人为本，坚持人民至上、生命至上，把保护人民生命安全摆在首位，树牢安全发展理念，坚持安全第一、预防为主、综合治理的方针，从源头上防范化解重大安全风险。

安全生产工作实行管行业必须管安全、管业务必须管安全、管生产经营必须管安全，强化和落实生产经营单位主体责任与政府监管责任，建立生产经营单位负责、职工参与、政府监管、行业自律和社会监督的机制。

（2）生产经营单位的从业人员有依法获得安全生产保障的权利，并应当依法履行安全生产方面的义务。

（3）国家实行生产安全事故责任追究制度，依照本法和有关法律、法规的规定，追究生产安全事故责任单位和责任人员的法律责任。

（二）生产经营单位的安全生产保障

（1）生产经营单位应当对从业人员进行安全生产教育和培训，保证从业人员具备必要的安全生产知识，熟悉有关的安全生产规章制度和安全操作规程，掌握本岗位的安全操作技能，了解事故应急处理措施，知悉自身在安全生产方面的权利和义务。未经安全生产教育和培训合格的从业人员，不得上岗作业。

生产经营单位使用被派遣劳动者的，应当将被派遣劳动者纳入本单位从业人员统一管理，对被派遣劳动者进行岗位安全操作规程和安全操作技能的教育和培训。劳务派遣单位应当对被派遣劳动者进行必要的安全生产教育和培训。

生产经营单位接收中等职业学校、高等学校学生实习的，应当对实习学生进行相应的安全生产教育和培训，提供必要的劳动防护用品。学校应协助生产经营单位对实习学生进行安全生产教育和培训。

生产经营单位应当建立安全生产教育和培训档案，如实记录安全生产教育和培训的时间、内容、参加人员以及考核结果等情况。

（2）生产经营单位应当在有较大危险因素的生产经营场所和有关设施、设备上，设置明显的安全警示标志。

（3）生产经营单位进行爆破、吊装、动火、临时用电以及国务院应急管理部门会同国务院有关部门规定的其他危险作业，应当安排专门人员进行现场安全管理，确保操作规程的遵守和安全措施的落实。

（4）生产经营单位必须为从业人员提供符合国家标准或者行业标准的劳动防护用品，并监督、教育从业人员按照使用规则佩戴、使用。

（5）两个以上生产经营单位在同一作业区域内进行生产经营活动，可能危及对方生产安全的，应当签订安全生产管理协议，明确各自的安全生产管理职责和应当采取的安全措施，并指定专职安全生产管理人员进行安全检查与协调。

（三）从业人员的安全生产权利义务

（1）生产经营单位的从业人员有权了解其作业场所和工作岗位存在的危险因素、防范措施及事故应急措施，有权对本单位的安全生产工作提出建议。

（2）从业人员有权对本单位安全生产工作中存在的问题提出批评、检举、控告，有权拒绝违章指挥和强令冒险作业。

生产经营单位不得因从业人员对本单位安全生产工作提出批评、检举、控告或者拒绝违章指挥、强令冒险作业而降低其工资、福利等待遇或者解除与其订立的劳动合同。

（3）从业人员发现直接危及人身安全的紧急情况时，有权停止作业或者在采取可能的应急措施后撤离作业场所。

生产经营单位不得因从业人员在紧急情况下停止作业或者采取紧急撤离措施而降低其工资、福利等待遇或者解除与其订立的劳动合同。

（4）从业人员在作业过程中，应当严格落实岗位安全责任，遵守本单位的安全生产规章制度和操作规程，服从管理，正确佩戴和使用劳动防护用品。

（5）从业人员应当接受安全生产教育和培训，掌握本职工作所需的安全生产知识，提高安全生产技能，增强事故预防和应急处理能力。

（6）从业人员发现事故隐患或者其他不安全因素，应当立即向现场安全生产管理人员或者本单位负责人报告；接到报告的人员应当及时予以处理。

（7）生产经营单位使用被派遣劳动者的，被派遣劳动者享有本法规定的从业人员的权利，并应当履行本法规定的从业人员的义务。

（四）安全生产的监督管理

（1）应急管理部门和其他负有安全生产监督管理职责的部门依法开展安全生产行政执法工作，对生产经营单位执行有关安全生产的法律、法规和国家标准或者行业标准的情况进行监督检查，行使以下职权：

① 进入生产经营单位进行检查，调阅有关资料，向有关单位和人员了解情况。

② 对检查中发现的安全生产违法行为，当场予以纠正或者要求限期改正；对依法应当给予行政处罚的行为，依照本法和其他有关法律、行政法规的规定做出行政处罚决定。

③ 对检查中发现的事故隐患，应当责令立即排除；重大事故隐患排除前或者排除过程中无法保证安全的，应当责令从危险区域内撤出作业人员，责令暂时停产停业或者停止使用相关设施、设备；重大事故隐患排除后，经审查同意，方可恢复生产经营和使用。

④ 对有根据认为不符合保障安全生产的国家标准或者行业标准的设施、设备、器材以及违法生产、储存、使用、经营、运输的危险物品予以查封或者扣押，对违法生产、储存、使用、经营危险物品的作业场所予以查封，并依法做出处理决定。

监督检查不得影响被检查单位的正常生产经营活动。

（2）生产经营单位对负有安全生产监督管理职责的部门的监督检查人员（以下统称安全生产监督检查人员）依法履行监督检查职责，应当予以配合，不得拒绝、阻挠。

（3）负有安全生产监督管理职责的部门依法对存在重大事故隐患的生产经营单位做出停产停业、停止施工、停止使用相关设施或者设备的决定，生产经营单位应当依法执行，及时消除事故隐患。生产经营单位拒不执行，有发生生产安全事故的现实危险的，在保证安全的前提下，经本部门主要负责人批准，负有安全生产监督管理职责的部门可以采取通知有关单位停止供电、停止供应民用爆炸物品等措施，强制生产经营单位履行决定。通知应当采用书面形式，有关单位应当予以配合。

负有安全生产监督管理职责的部门依照前款规定采取停止供电措施，除有危及生产安全的紧急情形外，应当提前24小时通知生产经营单位。生产经营单位依法履行行政决定、采取相应措施消除事故隐患的，负有安全生产监督管理职责的部门应当及时解除前款规定的措施。

（4）任何单位或者个人对事故隐患或者安全生产违法行为，均有权向负有安全生产监督管理职责的部门报告或者举报。

因安全生产违法行为造成重大事故隐患或者导致重大事故，致使国家利益或者社会公共利益受到侵害的，人民检察院可以根据民事诉讼法、行政诉讼法的相关规定提起公益诉讼。

（五）生产安全事故的应急救援与调查处理

（1）生产经营单位发生生产安全事故后，事故现场有关人员应当立即报告本单位负责人。

单位负责人接到事故报告后，应当迅速采取有效措施，组织抢救，防止事故扩大，减少人员伤亡和财产损失，并按照国家有关规定立即如实报告当地负有安全生产监督管理职责的部门，不得隐瞒不报、谎报或者迟报，不得故意破坏事故现场、毁灭有关证据。

（2）有关地方人民政府和负有安全生产监督管理职责的部门的负责人接到生产安全事故报告后，应当按照生产安全事故应急救援预案的要求立即赶到事故现场，组织事故抢救。

参与事故抢救的部门和单位应当服从统一指挥，加强协同联动，采取有效的应急救援措施，并根据事故救援的需要采取警戒、疏散等措施，防止事故扩大和次生灾害的发生，减少人员伤亡和财产损失。

事故抢救过程中应当采取必要措施，避免或者减少对环境造成的危害。任何单位和个人都应当支持、配合事故抢救，并提供一切便利条件。

（3）任何单位和个人不得阻挠和干涉对事故的依法调查处理。

（六）法律责任

（1）生产经营单位的其他负责人和安全生产管理人员未履行本法规定的安全生产管理职责的，责令限期改正，处一万元以上三万元以下的罚款；导致发生生产安全事故的，暂停或者吊销其与安全生产有关的资格，并处上一年年收入百分之二十以上百分之五十以下的罚款；构成犯罪的，依照刑法有关规定追究刑事责任。

（2）两个以上生产经营单位在同一作业区域内进行可能危及对方安全生产的生产经营活动，未签订安全生产管理协议或者未指定专职安全生产管理人员进行安全检查与协调的，责令限期改正，处五万元以下的罚款，对其直接负责的主管人员和其他直接责任人员处一万元以下的罚款；逾期未改正的，责令停产停业。

（3）生产经营单位与从业人员订立协议，免除或者减轻其对从业人员因生产安全事故伤亡依法应承担的责任的，该协议无效；对生产经营单位的主要负责人、个人经营的投资人处二万元以上十万元以下的罚款。

（4）生产经营单位的从业人员不落实岗位安全责任，不服从管理，违反安全生产规章制度或者操作规程的，由生产经营单位给予批评教育，依照有关规章制度给予处分；构成犯罪的，依照刑法有关规定追究刑事责任。

（5）违反本法规定，生产经营单位拒绝、阻碍负有安全生产监督管理职责的部门依法实施监督检查的，责令改正；拒不改正的，处二万元以上二十万元以下的罚款；对其直接负责的主管人员和其他直接责任人员处一万元以上二万元以下的罚款；构成犯罪的，依照刑法有关规定追究刑事责任。

（6）生产经营单位违反本法规定，被责令改正且受到罚款处罚，拒不改正的，负有安全生产监督管理职责的部门可以自作出责令改正之日的次日起，按照原处罚数额按日连续处罚。

（7）生产经营单位发生生产安全事故造成人员伤亡、他人财产损失的，应当依法承担赔偿责任；拒不承担或者其负责人逃匿的，由人民法院依法强制执行。

生产安全事故的责任人未依法承担赔偿责任，经人民法院依法采取执行措施后，仍不能对受害人给予足额赔偿的，应当继续履行赔偿义务；受害人发现责任人有其他财产的，可以随时请求人民法院执行。

三、《中华人民共和国消防法》

《中华人民共和国消防法》(后简称《消防法》)是为预防火灾和减少火灾危害，加强应急救援工作，保护人身、财产安全，维护公共安全，于1998年4月29日第九届全国人民代表大会常务委员会第二次会议通过，1998年9月1日起施行的全国国家法律文件。历经2008年修订和2019年、2021年二次修正。本法共七章节七十四条。包括：总则、火灾预防、消防组织、灭火救援、监督检查、法律责任、附则七章七十四条。任何单位和个人都有维护消防安全、保护消防设施、预防火灾、报告火警的义务。任何单位和成年人都有参加有组织的灭火工作的义务。

《消防法》规定，赶赴火灾现场或者应急救援现场的消防人员和调集的消防装备、物资，需要铁路、水路或者航空运输的，有关单位应当优先运输。非法携带易燃易爆危险品进入公共场所或者乘坐公共交通工具的，依照《中华人民共和国治安管理处罚法》的规定给予处罚。

四、《生产安全事故报告和调查处理条例》

2007年3月28日，国务院第172次常务会议通过《生产安全事故报告和调查处理条例》，自2007年6月1日起施行，条例共六章四十六条。此条例是为了规范生产安全事故的报告和调查处理，落实生产安全事故责任追究制度，防止和减少生产安全事故，根据《中华人民共和国安全生产法》和有关法律而制定。

本《条例》将事故划分为特别重大事故、重大事故、较大事故和一般事故4个等级，指明了事故调查报告的批复主体和批复的期限，对落实事故责任追究做了规定，明确了防范和整改措施的落实及其监督检查，确立了事故处理情况的公布制度。

五、《中华人民共和国刑法》

严重的生产安全事故会造成人民群众生命财产损失和恶劣的社会影响,构成犯罪的,人民法院要追究相关单位和人员的刑事责任。《中华人民共和国刑法》(简称《刑法》)规定了相应的刑事责任。

(一)铁路运营安全事故罪

《刑法》第一百三十二条规定:"铁路职工违反规章制度,致使发生铁路运营安全事故,造成严重后果的,处三年以下有期徒刑或者拘役;造成特别严重后果的,处三年以上七年以下有期徒刑。"该条款也适用于城市轨道交通运营事故。

(二)非法携带枪支、弹药、管制刀具、危险物品危及公共安全罪

《刑法》第一百三十六条规定:"非法携带枪支、弹药、管制刀具或者爆炸性、易燃性、放射性、毒害性、腐蚀性物品,进入公共场所或者公共交通工具,危及公共安全,情节严重的,处三年以下有期徒刑、拘役或者管制。"

(三)消防责任事故罪;不报、谎报安全事故罪

《刑法》第一百三十九条规定:"违反消防管理法规,经消防监督机构通知采取改正措施而拒绝执行,造成严重后果的,对直接责任人员处三年以下有期徒刑或者拘役;后果特别严重的,处三年以上七年以下有期徒刑。在安全事故发生后,负有报告职责的人员不报或者谎报事故情况,延误事故抢救,情节严重的,处三年以下有期徒刑或者拘役;情节特别严重的,处三年以上七年以下有期徒刑。"

(四)寻衅滋事罪

《刑法》第二百九十三条规定:"有下列寻衅滋事行为之一,破坏社会秩序的,处五年以下有期徒刑、拘役或者管制;随意殴打他人,情节恶劣的;追逐、拦截、辱骂、恐吓他人,情节恶劣的;强拿硬要或者任意损毁、占用公私财物,情节严重的;在公共场所起哄闹事,造成公共场所秩序严重混乱的。"

六、《中华人民共和国反恐怖主义法》

《中华人民共和国反恐怖主义法》是为了防范和惩治恐怖活动,加强反恐怖主义工作,维护国家安全、公共安全和人民生命财产安全,根据宪法制定,于2015年12月27日发布,2016年1月1日起施行。2018年4月27日第十三届全国人民代表大会常务委员会第二次会议进行了修正,共十章九十七条。

本法第二十条规定:铁路、公路、水上、航空的货运和邮政、快递等物流运营单位应当实行安全查验制度,对客户身份进行查验,依照规定对运输、寄递物品进行安全检查或者开封验视。

本法第二十二条规定：运输单位应当依照规定对运营中的危险化学品、民用爆炸物品、核与放射物品的运输工具通过定位系统实行监控。

本法第三十四条规定：大型活动承办单位以及重点目标的管理单位应当依照规定，对进入大型活动场所、机场、火车站、码头、城市轨道交通站、公路长途客运站、口岸等重点目标的人员、物品和交通工具进行安全检查。

本法第三十五条规定：对航空器、列车、船舶、城市轨道车辆、公共电汽车等公共交通运输工具，营运单位应当依照规定配备安保人员和相应设备、设施，加强安全检查和保卫工作。

本法第三十八条规定：公安机关和中国人民解放军应当严密组织国（边）境巡逻，依照规定对抵离国（边）境前沿、进出国（边）境管理区和国（边）境通道、口岸的人员、交通运输工具、物品，以及沿海沿边地区的船舶进行查验。

本法第五十三条规定：公安机关调查恐怖活动嫌疑，经县级以上公安机关负责人批准，可以根据其危险程度，责令恐怖活动嫌疑人员，未经公安机关批准不得乘坐公共交通工具或者进入特定的场所。

七、《中华人民共和国突发事件应对法》

《中华人民共和国突发事件应对法》（简称《突发事件应对法》）由中华人民共和国第十届全国人民代表大会常务委员会第二十九次会议于 2007 年 8 月 30 日通过，自 2007 年 11 月 1 日起施行。该法律包括：总则、预防与应急准备、监测与预警、应急处置与救援、事后恢复与重建、法律责任、附则七章 70 条。

《突发事件应对法》第二十二条规定：所有单位应当建立健全安全管理制度，定期检查本单位各项安全防范措施的落实情况，及时消除事故隐患；掌握并及时处理本单位存在的可能引发社会安全事件的问题，防止矛盾激化和事态扩大；对本单位可能发生的突发事件和采取安全防范措施的情况，应当按照规定及时向所在地人民政府或者人民政府有关部门报告。

《突发事件应对法》第二十四条规定：公共交通工具、公共场所和其他人员密集场所的经营单位或者管理单位应当制定具体应急预案，为交通工具和有关场所配备报警装置和必要的应急救援设备、设施，注明其使用方法，并显著标明安全撤离的通道、路线，保证安全通道、出口的畅通。

八、《中华人民共和国铁路法》相关知识

（一）总则

（1）《中华人民共和国铁路法》所称的铁路包括国家铁路、地方铁路、专用铁路和铁路专用线。

国家铁路是指由国务院铁路主管部门管理的铁路；地方铁路是指由地方人民政府管理的铁路；专用铁路是指由企业或者其他单位管理，专为本企业或者本单位内部提供运输服

务的铁路；铁路专用线是指由企业或者其他单位管理的与国家铁路或者其他铁路线路接轨的岔线。

（2）公民有爱护铁路设施的义务。禁止任何人破坏铁路设施，扰乱铁路运输的正常秩序。

（二）铁路安全与保护

（1）路运输企业必须加强对铁路的管理和保护，定期检查、维修铁路运输设施，保证铁路运输设施完好，保障旅客和货物运输安全。

（2）在铁路线路和铁路桥梁、涵洞两侧一定距离内，修建山塘、水库、堤坝，开挖河道、干渠，采石挖砂，打井取水，影响铁路路基稳定或者危害铁路桥梁、涵洞安全的，由县级以上地方人民政府责令停止建设或者采挖、打井等活动，限期恢复原状或者责令采取必要的安全防护措施。

在铁路线路上架设电力、通信线路，埋置电缆、管道设施，穿凿通过铁路路基的地下坑道，必须经铁路运输企业同意，并采取安全防护措施。

违反规定的，给铁路运输企业造成损失的单位或者个人，应当赔偿损失。

（3）对损毁、移动铁路信号装置及其他行车设施或者在铁路线路上放置障碍物的，铁路职工有权制止，可以扭送公安机关处理。

（4）禁止偷乘货车、攀附行进中的列车或者击打列车。对偷乘货车、攀附行进中的列车或者击打列车的，铁路职工有权制止。

（5）禁止在铁路线路上行走、坐卧。对在铁路线路上行走、坐卧的，铁路职工有权制止。

（6）禁止在铁路线路两侧二十米以内或者铁路防护林地内放牧。对在铁路线路两侧二十米以内或者铁路防护林地内放牧的，铁路职工有权制止。

（7）对聚众拦截列车或者聚众冲击铁路行车调度机构的，铁路职工有权制止；不听制止的，公安人员现场负责人有权命令解散；拒不解散的，公安人员现场负责人有权依照国家有关规定决定采取必要手段强行驱散，并对拒不服从的人员强行带离现场或者予以拘留。

（8）对哄抢铁路运输物资的，铁路职工有权制止，可以扭送公安机关处理；现场公安人员可以予以拘留。

（9）在列车内，寻衅滋事，扰乱公共秩序，危害旅客人身、财产安全的，铁路职工有权制止，铁路公安人员可以予以拘留。

（10）因铁路行车事故及其他铁路运营事故造成人身伤亡的，铁路运输企业应当承担赔偿责任；如果人身伤亡是因不可抗力或者由于受害人自身的原因造成的，铁路运输企业不承担赔偿责任。

违章通过平交道口或者人行过道，或者在铁路线路上行走、坐卧造成的人身伤亡，属于受害人自身的原因造成的人身伤亡。

（三）法律责任

（1）故意损毁、移动铁路行车信号装置或者在铁路线路上放置足以使列车倾覆的障碍物的，依照刑法有关规定追究刑事责任。

（2）盗窃铁路线路上行车设施的零件、部件或者铁路线路上的器材，危及行车安全，尚未造成严重后果的,依照刑法第一百零八条破坏交通设施罪的规定追究刑事责任;造成严重后果的,依照刑法第一百一十条破坏交通设施罪的规定追究刑事责任。

(3)聚众拦截列车不听制止的,对首要分子和骨干分子依照刑法第一百五十九条的规定追究刑事责任。聚众冲击铁路行车调度机构不听制止的,对首要分子和骨干分子依照刑法第一百五十八条的规定追究刑事责任。

(4)聚众哄抢铁路运输物资的,对首要分子和骨干分子依照刑法有关规定追究刑事责任。铁路职工与其他人员勾结犯罪的,从重处罚。

(5)倒卖旅客车票数额较大的,依照刑法第一百一十七条的规定追究刑事责任。以倒卖旅客车票为常业的,倒卖数额巨大的或者倒卖集团的首要分子,依照刑法第一百一十八条的规定追究刑事责任。铁路职工倒卖旅客车票或者与其他人员勾结倒卖旅客车票的,依照刑法第一百一十九条的规定追究刑事责任。铁路职工利用职务之便走私的,或者与其他人员勾结走私的,依照刑法有关规定追究刑事责任。

(6)铁路职工玩忽职守、违反规章制度造成铁路运营事故的,滥用职权、利用办理运输业务之便谋取私利的,给予行政处分;情节严重、构成犯罪的,依照刑法有关规定追究刑事责任。

任务实施　案例分析

一、实施流程

(1)通读阅读材料。
(2)结合相关法律条款分析案例,讨论阅读材料后的问题。

二、阅读材料

雷某是×市×铁路公司线桥电务部道口看守员,案发当日 20:00 许,雷某作为当日值班道口监护员,在接到车站调度行车闭塞电话指令后,未按照铁路部门相关规章制度规定履行其工作职责,未及时关闭该线 25 km 794 m 道口防护栏杆进行安全防护,导致 46715 次下行货物列车与一辆由南向北行驶的夏利轿车相撞,事故造成 55 岁男子李某、42 岁女子顾某死亡,同乘其他四名乘客不同程度受伤,两车受损价值 26 000 余元。案发后,铁路公司赔偿李某家属 44 万元,赔偿顾某家属 49 万元。事故调查报告认定:机动车驾驶人李某酒后驾车,抢越道口,负事故主要责任;道口监护员雷某未及时关闭道口栏门进行防护,负事故重要责任;铁路有限公司对道口安全管理不严格,负事故管理责任。

三、任务实战

分析案例,回答以下问题:
(1)雷某是否要承担刑事责任?
(2)根据《刑法》中的规定,应根据哪一条款对雷某进行惩处?

任务二　城市轨道交通安全管理法规

任务引导

引导问题 1　《国务院办公厅关于保障城市轨道交通安全运行的意见》的主要内容是？

引导问题 2　《国家城市轨道交通运营突发事件应急预案》制定的目标是？

引导问题 3　对违反《轨道交通乘客守则》的乘客，运营单位有权采取制哪些措施？

知识讲解

一、《国务院办公厅关于保障城市轨道交通安全运行的意见》

随着近年来运营里程迅速增加、线网规模不断扩大，城市轨道交通安全运行压力日趋加大。为切实保障城市轨道交通安全运行，2018年3月8日，国务院办公厅于印发了《关于保障城市轨道交通安全运行的意见》。该《意见》是国家层面构建城市轨道交通安全运行工作顶层设计的重要举措，对完善城市轨道交通安全运行综合治理体系，切实保障人民群众生命财产安全具有重要现实意义和影响。

该《意见》坚持"以人为本、安全第一，统筹协调、改革创新，预防为先、防处并举，属地管理、综合治理"的基本原则，主要内容有：一是构建综合治理体系，二是有序统筹规划建设运营，三是加强运营安全管理，四是强化公共安全防范，五是提升应急处置能力，六是完善保障措施。

二、《城市轨道交通运营管理规定》

2018年3月，国务院办公厅印发了《关于保障城市轨道交通安全运行的意见》，明确提出要根据实际需要及时制修订城市轨道交通法规规章。为贯彻落实《意见》要求，适应新的发展形势和需要，更好履行指导城市轨道交通运营职责，2018年5月14日交通部制定公布了《城市轨道交通运营管理规定》（简称《规定》）。《规定》坚持"以人民为中心、安全可靠、便捷高效、经济舒适"的基本原则，明确了城市轨道交通运营管理的各项政策措施，为进一步规范城市轨道交通运营管理，切实保障运营安全，统筹协调各方关系具有重要意义。

《规定》共七章五十六条，包括总则、运营基础要求、运营服务、安全支持保障、应急处置、法律责任和附则。主要内容包括：夯实行业管理基础、提升运营服务能力、加强安全支持保障、强化应急处置能力等。制定《规定》的目的是加强城市轨道交通运营管理，保证城市轨道交通正常、安全运营，维护城市轨道交通运营秩序，保障乘客和城市轨道交通运营者的合法权益。

本规定自 2018 年 7 月 1 日起施行。

三、《国家城市轨道交通运营突发事件应急预案》

为适应我国城市轨道交通行业快速发展的新形势和应对突发事件的实际需要，建立健全城市轨道交通运营突发事件处置工作机制，科学有序高效应对运营突发事件，最大程度减少人员伤亡和财产损失，维护社会正常秩序。2015 年 4 月 30 日，国务院办公厅以国办函〔2015〕32 号印发《国家城市轨道交通运营突发事件应急预案》（简称《预案》）。

《预案》分总则、组织指挥体系、监测预警和信息报告、应急响应、后期处置、保障措施、附则，共七部分，自印发之日起实施。根据《预案》，按照事件严重性和受影响程度，运营突发事件分为特别重大、重大、较大和一般四级。

本预案适用于城市轨道交通运营过程中发生的因列车撞击、脱轨，设施设备故障、损毁，以及大客流等情况，造成人员伤亡、行车中断、财产损失的突发事件应对工作。因地震、洪涝、气象灾害等自然灾害和恐怖袭击、刑事案件等社会安全事件以及其他因素影响或可能影响城市轨道交通正常运营时，依据国家相关预案执行，同时参照本预案组织做好监测预警、信息报告、应急响应、后期处置等相关应对工作。

四、各地政府颁布的城市轨道交通安全管理条例或办法

在交通部发布的《城市轨道交通运营安全管理规定》基础上，已开通运营城市轨道交通的城市也都相继发布了本地城市轨道交通安全管理条例或办法，相较于前者，后者更加具体、完善、灵活，也更加符合当地实际需求，在保障当地城市轨道交通安全方面发挥着不可替代的作用。

以北京市为例，《北京市轨道交通运营安全条例》（简称《安全条例》）经北京市第十四届人民代表大会常务委员会第十五次会议表决通过，从 2015 年 5 月 1 日起实施。

《安全条例》共 7 章 78 条，基本结构为总则、运营安全风险前期防控、设备设施运行安全与保护运营组织安全与服务、应急管理、法律责任、附则。在北京市行政区域内从事与轨道交通运营安全有关的活动时均应遵守该条例。

《安全条例》始终以"运营安全"的主线，突出了乘客权益保护和社会共管共治两个重点，在以下几个方面进行了详细规定：

（1）禁止危害轨道交通设备设施安全的行为。

《安全条例》第二十七条规定："禁止下列危害轨道交通设备设施安全的行为：① 损坏隧道，轨道，路基、高架、车站、通风亭、冷却塔、变电站、护栏护网等设施；② 损坏车辆或

者干扰车辆正常运行；③ 损坏或者干扰机电设备、电缆、通信信号系统、自动售检票系统、视频监控设备等；④ 擅自在高架桥梁上钻孔打眼，搭设电线或者其他承力绳索，设置附着物；⑤ 损坏、移动、遮盖安全标志；⑥ 其他危害轨道交通设备设施安全的行为。"

（2）制定乘客行为守则，规范乘客行为。

《安全条例》第三十七条规定："市交通行政主管部门应当制定本市《轨道交通乘客守则》，对乘客安全乘车行为做出规范；乘客进站、乘车应当遵守《轨道交通乘客守则》，服从运营单位管理，维护运营安全秩序，保护自身人身财产安全。"

"运营单位对违反《轨道交通乘客守则》的乘客，有权采取制止、劝离或者拒绝提供服务等措施。"

（3）禁止危害轨道交通运营安全的行为。

《安全条例》第四十三条规定："禁止下列危害轨道交通运营安全的行为：① 擅自进入轨道、隧道等高度危险活动区域；② 擅自进入控制室、车辆驾驶室等非公共区域；③ 向车辆、维修工程车或者其他设备设施掷物品；④ 在轨道线路上放置、丢弃障碍物；⑤ 在高架线路桥下空间站前广场存放使用有毒有害、易燃易爆危险物品；⑥ 在通风亭周边排放粉尘、烟尘，腐蚀性气体。⑦ 在保护区内烧荒，燃放烟花爆竹；⑧ 在车站出入口、疏散通道内、闸机口滞留；⑨ 强行上下车；⑩ 在非紧急状态下动用紧急或者安全装置；⑪ 在车站、车厢或者疏散通道内堆放物品、设置摊点等影响疏散的行为；⑫ 攀爬、跨越护栏护网，违规进出闸机；⑬ 在运行的自动扶梯上逆行；⑭ 在车站、车厢内追逐，打闹或者从事滑板、轮滑、自行车等运动；⑮ 在车站、车厢内乞讨、卖艺；⑯ 在车站、车厢内派发广告等物品；⑰ 其他危害轨道交通运营安全的行为。

🚇 任务实施　举行辩论会：地铁内可以"饮食"吗

一、实施流程

（1）通读阅读材料。
（2）将学生分为2组，组成正方和反方，围绕辩论题目准备资料，开展辩论会。

二、辩论题目

2023年7月，一名南京地铁乘客饮用瓶装果汁，收到一纸"轨道交通设施内禁止行为告知单"，引发网友广泛讨论。而类似情景在同年3月份也有发生。按照南京地铁的说法，列车上禁止饮食，喝水也是"饮"的一种，发现后也会做出相应处罚。"坐地铁能不能喝水"的话题冲上热搜，并引发公众对地铁管理规定的质疑。有的网友认为喝水是基本的生活需求，在高铁、飞机上都能喝水，何以要在地铁上禁止喝水、喝饮料？也有网友提出，地铁方面在实际执法中应更加人性化地对待特殊饮食需求。

请同学们以地铁内可以"饮食"吗？为主题开展一场辩论会。

任务三 职业道德

一、职业道德

(一) 职业道德概述

职业道德是指从事一定职业的人在职业生活中所必须遵循的具有职业特征的行为模式和道德要求。它是社会的一般道德要求在职业生活中的具体体现。职业道德是各种基本要素的有机结合,一般来说,职业道德的构成要素主要包括五个方面的内容。

1. 职业的责任心

包括从事职业工作应该具备的态度、敬业精神、事业心等,这是职业道德的重要内容。

2. 职业良心感

职业良心是从业者在履行职业义务的过程中所产生的强烈的责任感和自我行为评价时的深刻的心理体验。职业良心感是职业道德发挥作用的重要途径。

3. 职业的业务能力

能否做好本职工作,间接上反映了从业人员能否服务人民、造福社会,体现了道德的意义。

4. 职业的纪律观念

职业纪律是做好职业工作的保证。

5. 职业的理想信念

职业理想一般是指职业的奋斗目标,职业信念是实现职业奋斗目标过程中所拥有的坚定态度。

(二) 职业守则

职业道德是每一个职业人必备的基本素质,城市轨道交通企业作为大众出行的公共交通服务业,为保证列车安全平稳有序运行,员工职业道德还有其自身的特点。

以城市轨道交通列车司机(以下简称"列车司机")为例,列车司机应遵守以下职业守则:
(1) 遵纪守法,遵守规程;
(2) 敬业爱岗,竭诚服务;
(3) 服从命令,顾全大局;
(4) 规范操作,安全正点;
(5) 爱护列车,文明生产;
(6) 钻研技术,不断创新;
(7) 节能降耗,保护环境;

（8）团结协作，诚实守信。

"遵纪守法，遵守规程"就是要求列车司机遵守相关法律、法规和规章，任何行为不得超出法律、法规和规章允许的范围，列车司机必须严格遵守行车组织规则和车场运作规则的各项要求，确保运营安全。

"敬业爱岗，竭诚服务"就是要求列车司机热爱本职工作，维护职业尊严，抵制不良思想的诱惑，保持热情的服务意识、认真的服务态度以及良好的服务作风。

"服从命令，顾全大局"就是要求列车司机严格服从上级的工作安排，列车运行中要绝对服从调度员的行车命令，确保运营的正常有序。

"规范操作，安全正点"就是要求列车司机严格按照司机操作手册操纵列车，按照故障处理指南进行应急处置，确保列车运行安全。安全是轨道交通永恒的主题，正点运行是企业社会声誉的保证，列车司机是列车运行安全正点的直接责任人。

"爱护列车，文明生产"要求列车司机认真检查列车，发现故障及时报修，认真填写行车日志，确保列车质量良好。平稳驾驶，停车准确，避免牵引力、制动力大幅度变化，给乘客营造舒适的出行体验。

"钻研技术，不断创新"指轨道交通企业不断使用新技术、新设备，要求列车司机不断学习，提高技术业务水平，勇于创新是企业活力的源泉，列车司机在列车操作过程中要注重总结归纳，创新作业流程和故障处置。

二、心理素质

心理素质是人的整体素质的组成部分，是在先天素质的基础上，经过后天的环境与教育的影响而逐步形成的。心理素质对其身体素质和行为具有决定性作用，心理素质好，其身体素质的水平就高，维持的时间较长，工作效果好，反之亦然。心理素质包括很多方面，一名优秀的城市轨道交通工作人员应努力加强对抗压心理、快速反应以及危机处理等心理素质能力的培养。

（一）抗压心理

心理承受能力是个体对逆境引起的心理压力和负面情绪的承受与调节的能力，主要是对逆境的适应力、容忍力、耐力、战胜力的强弱。一定的心理承受能力是个体良好的心理素质的重要组成部分。

1. 压力来源

压力源是引起压力的具体的人和事，城市轨道交通工作人员压力源大致包括：
（1）行车工作繁重辛苦，持续工作时间较长，对人体精力和体力消耗较大。
（2）长时间单独作业造成的孤独感，工作内容单调繁复引起的厌倦情绪。
（3）处理各项事故时，不可避免地要面对乘客的抱怨。
（4）行车工作必须遵守各项严格的规章制度。
（5）轨道企业管理模式变化，新设备、新技术的使用，需要不断适应新的环境。
（6）必须面对各级考核与评比。

（7）对事故的恐惧。

（8）家庭、经济带来的负担。

2. 压力应对方式

每个人都有压力，压力过大，容易让一个人失去信心，丧失自我，影响生活和工作。因此当压力来临时，必须学会自我调节。

（1）形成正确认知。

正确评估自己，接受自己，认识环境，适应环境。员工要正确理解轨道交通企业各项规章制度的重要性，换位思考，就能自觉遵守规章制度。不断学习专业知识，勇于面对新技术的挑战，适应新的岗位要求和素质要求。

（2）调整自我的心态。

员工在行车工作中要引导自己关注行车要点，关注职业形象，树立职业荣誉感。利用幽默，积极的自我暗示，保持乐观，学会放弃，维持良好的心境。

（3）善于应对工作。

员工要做好职业规划，提升个人工作能力，挖掘工作中的积极面，学会分解、传递压力，做时间的主人，把工作和休息分开。要充分认识到本岗位与其他岗位的相关性，搞好工作中的人际关系，团结协作，积极营造和谐的工作环境。

（4）掌握减压技术。

员工可通过心理知识学习掌握减压技术，自我放松，进行放松舒缓训练。在工作之余，积极参加各种文化体育活动，通过阅读等各种活动转移注意力，缓解紧张的心理压力。

（二）快速反应

员工在工作过程中常常会遇到一些突发事件，须快速反应，准确判断，果断采取措施。快速反应能力的提升应从平时训练入手。

（1）要努力加强技能训练，提高业务水平，积累工作经验。加强技术业务学习，熟悉基本技术性能，熟练掌握应知必会、故障处理指南、非正常行车办法、事故救援流程等专业知识，并积极参加技术竞赛、预案演练等活动，不断提升技术水平。

（2）要勤于思考、善于分析、果断判断。员工要养成归纳总结的习惯，及时总结日常工作的经验体会，互相交流，取长补短。要克服在工作过程中常常出现的麻痹心理、急躁心理、紧张心理、刺激心理，遇到问题能适时地采取措施，需要立即决定时，应当机立断，毫不犹豫。在无法避免事故发生时，应以损失最小化为前提进行处理。

（3）要加强身体素质训练。列车司机需要有较好的身体素质、良好的视觉特性和反应特性。平时要注重身体素质训练，行车前应充分休息，调整情绪，确保精神状态良好。

（三）危机处理

处理危机事件时，必须按照一定的原则妥善进行，赢得公众的谅解和信任，尽快恢复企业的信誉和形象。危机处理应当遵循以下原则。

1. 积极主动原则

遇到危机，要用积极的态度投入到危机处理工作中，寻求最佳的解决方案，争取专家的帮助和公众的支持与谅解。员工必须积极主动参加到危机处理的全过程中。要挺身而出，勇于承担责任，寻找解决问题的契机，变被动为主动。在危机面前不能推诿和回避调查，应主动配合，说明情况，妥善处理危机。

2. 及时真实原则

危机发生后，要迅速反应，争取时间，果断处理，避免事态恶化和蔓延。员工必须在上级领导的指挥下，及时采取措施，把危害降到最小。当现场情况出现变化时，本着实事求是的态度及时汇报最新情况，只有让事实说话，才能防止流言蔓延。

3. 冷静客观原则

发生危机事件时，员工只有沉着冷静、不急不躁，才能应对自如。要勇于承担责任，不推卸，不埋怨，客观对待。

4. 灵活处置原则

由于危机多属于突发事件，员工要严格按照相关事故预案的要求进行处置，对于在预案中没有包含的事项，在取得上级领导的同意后，根据实际情况灵活处理。

延伸阅读

某轨道运营公司安全文明生产工作标准

一、生产场所及设备设施安全文明生产工作标准

（1）办公区域卫生实行人员责任制分包管理，设备设施卫生要求无油迹、无积水、无积尘。

（2）生产区域各类警示、警告、禁止等标志牌完好、齐备、显示正常。

（3）生产区域消防器材完好、齐备，灭火器实行定置管理，放于固定位置。

（4）办公场所卫生合格，达到"五净"（门窗、桌椅、地面、箱柜、墙壁）、"五整齐"（桌椅、箱柜、桌面用品、上墙图表、柜桌内物品），箱柜顶、底无杂物垃圾。

（5）设备设施日常维护、保养主要由设备设施维保部门负责，要求设备设施标识齐全、完好、清晰。

（6）生产管理台账、记录本应完整、清洁、文字工整、摆放整齐、明确标识、记录及时准确。

（7）设备设施操作台整洁、无杂物。严禁在操作台上置放水杯、茶杯、饮料等包含液体的物品。

（8）工具柜、架等必须定置摆放，工具柜、架内的物品必须分类定置摆放，文件夹必须有文件目录及编号。

（9）严禁将私人物品、物资及工具随意摆放。

（10）保证各使用房间的洁净、整齐，工作期间不做与工作无关的事，不大声喧哗。

二、个人安全文明生产及劳动纪律管理标准

（1）全体员工应树立良好的职业道德素养，严格遵守劳动纪律、安全技术规范、行为举止、文明用语的标准要求。

（2）注意自身仪容仪表，严禁当班或检修作业中穿拖鞋、高跟鞋、钉鞋、短裤、背心、超短裙等。

（3）按规定穿戴劳动防护用品，安全帽佩戴端正，帽带紧扣下颌。

（4）接收工作指令、调度指令时严肃认真，使用规范术语、礼貌用语，接听电话不拖沓、不闲聊。

（5）24 h岗位人员在工作中应严肃认真、注意力集中，严禁无人离岗、串岗、脱岗和做与工作无关的事。

（6）检修人员应严格执行检修工艺规程，文明检修，按"三无"（无迹、无水、无尘）、"三齐"（拆下零部件排放整齐、检修机具摆放整齐、材料备品堆放整齐）、"三不乱"（电线不乱拉、管路不乱放、杂物不乱丢）和"工完料尽场地清"的要求进行检修作业；检修作业完毕后，应对设备设施、地面等作业范围内的卫生进行清理。

（7）同事之间要团结互助、相互尊敬。遇事讲原则、讲道理、和谐沟通，不得出现诽谤、恶意中伤、辱骂、殴打等恶劣人身攻击行为。

（8）办公区域禁止工作人员的小孩及亲属等无关人员随意进入，特殊情况须在工作人员的陪同下方可进入。

任务实施　小组讨论：一名优秀的城市轨道交通员工应具备哪些素质

实施流程如下：

（1）将学生分为若干小组。

（2）以"一名优秀的城市轨道交通员工应具备哪些素质"为主题开展讨论，并列举在笔记本上。

（3）讨论完毕后由老师组织学生进行分享。

项目测试

一、填空题

1. 法律专门指由 _____ 及其常委会依照 _____ 制定,由 _____ 签署公布的规范性文件。

2. 规章制度是指各级各类 _____、团体、_____ 为实施 _____、_____ 和活动,在其职权内制定的,要求相关人员遵守的 _____ 或 _____ 等。

3. 一名优秀的城市轨道交通工作人员应努力加强 _____、_____ 以及 _____ 等心理素质能力的培养。

(4)《国家城市轨道交通运营突发事件应急预案》适用于城市轨道交通运营过程中发生的因列车 _____、_____ 设备设施 _____、_____,以及 _____ 等情况,造成 _____、_____、_____ 的突发事件应对工作。

二、选择题

1. (　　) 是法律地位和法律效力最高,对所有生产经营单位的安全生产普遍适用的基本法律。
   A.《消防法》　　　　　　　B.《刑法》
   C.《安全生产法》　　　　　D.《城市轨道交通运营安全管理规定》

2.《中华人民共和国安全生产法》,自(　　)起在全国范围内施行。
   A. 2001年10月1日　　　　B. 2005年9月1日
   C. 2002年11月1日　　　　D. 2004年1月1日

3.《刑法》第一百三十二条规定:铁路职工违反规章制度,致使铁路运营安全事故发生,造成严重后果的,处(　　)有期徒刑或者拘役。
   A. 半年　　B. 无期徒刑　　C. 三年以下　　D. 十年以下

4. 乘客乘坐城市轨道交通,进站、乘车应当遵守(　　),服从运营单位管理。
   A.《轨道交通乘客守则》　　　　B.《城市轨道交通消防安全管理》
   C.《客运值班员作业标准》　　　D.《城市轨道交通企业员工行为守则》

三、简答题

1. 制定《中华人民共和国安全生产法》的目的是什么?简述从业人员的安全生产权利义务。

2. 简述《国家城市轨道交通运营突发事件应急预案》的适用范围。

3.《中华人民共和国刑法》中有哪些条款适用于对安全事故责任人进行处罚?

扫码进行在线答题

项目考评

考核内容		考核评分		
项目	内容	配分	得分	批注
学习态度（30%）	能够做到课前预习，并查阅本项目相关资料	10		
	积极参与课堂，参加教学中的实训、讨论、练习	10		
	按要求完成课堂练习和课后作业	10		
学习效果（50%）	能够陈述《中华人民共和国安全生产法》从业人员的安全生产权利义务	10		
	能够陈述《国家城市轨道交通运营突发事件应急预案》的适用范围	10		
	能够陈述《中华人民共和国消防法》制定的目标	10		
	能够陈述《城市轨道交通运营管理规定》的基本原则	10		
	能够陈述职业道德的构成要素	10		
综合素养（20%）	有效运用多种交流形式进行沟通	10		
	尊重他人，能与他人团结协作	10		
考核评语	考核人员：　　　　　　日期：　　　年　月　日	考核成绩		

参考文献

[1] 王芳梅，胡兴丽. 城市轨道交通安全管理与应急处理[M]. 北京：高等教育出版社，2019.

[2] 黄健，李选华，刘亚磊. 城市轨道交通安全管理[M]. 上海：上海交通大学出版社，2018.

[3] 连义平，韩买良. 城市轨道交通安全管理[M]. 成都：西南交通大学出版社，2015.

[4] 马国龙. 城市轨道交通安全管理[M]. 北京：国家开放大学出版社，2010.

[5] 李建国. 城市轨道交通系统概论[M]. 北京：机械工业出版社，2019.

[6] 冯溪阳，黄艺璇. 高铁乘务安全管理与应急处置[M]. 北京：航空工业出版社，2019.

[7] 交通运输部职业资格中心（交通运输部职业技能鉴定指导中心）. 城市轨道交通列车司机（初级 中级 高级）[M]. 北京：人民交通出版社，2020.

[8] 陈扶崑. 关于西安地铁司机安全管理的几点思考[J]. 科技资讯，2019.